安快银行

中小银行逆市增长之道

王礼◎著

U MPQUA　B ANK

北京联合出版公司

Beijing United Publishing Co.,Ltd.

图书在版编目（CIP）数据

安快银行：中小银行逆市增长之道 / 王礼著 . 一
北京：北京联合出版公司，2020.11
ISBN 978-7-5596-4313-1

Ⅰ . ①安… Ⅱ . ①王… Ⅲ . ①小型—商业银行—银行
发展—研究—中国 Ⅳ . ① F832.33

中国版本图书馆 CIP 数据核字（2020）第 104684 号

安快银行：中小银行逆市增长之道

作　　者：王　礼
出 品 人：赵红仕
选题策划：北京时代光华图书有限公司
责任编辑：管　文
特约编辑：李淼淼
封面设计：新艺书文化

北京联合出版公司出版
（北京市西城区德外大街 83 号楼 9 层　　　100088）
北京时代光华图书有限公司发行
北京军迪印刷有限责任公司印刷　　　新华书店经销
字数 231 千字　　　787 毫米 × 1092 毫米　　　1/16　　　20 印张
2020 年 11 月第 1 版　　　2020 年 11 月第 1 次印刷
ISBN 978-7-5596-4313-1
定价：98.00 元

07 启示：远离风口，越过山丘

附录 解读：安快银行董事长、行长写给股东的信

01

醒觉：

中小银行的远虑近忧

默察当下中小银行的发展状况，笔者认为有两个趋势非常明显：一是中国银行业的"第一增长曲线"动能逐步衰竭；二是大型中资银行的崛起蔚为潮流，中小银行转型发展受困且分化严重。

一、大银行擘画"第二增长曲线"

摩根大通集团（以下简称"摩根大通"）董事长兼首席执行官（CEO）杰米·戴蒙一直追踪中国银行业的发展。他发现，"美国在20多年的时间里还没有新建大型的机场，而仅在过去的10年里，中国就新建了75座民用机场"。一斑窥豹，戴蒙的这段话揭示了中国银行业这些年规模和盈利快速增长的时代背景及重要原因——对房地产、基础设施建设的海量融资，以及由此派生出来的大量金融服务业务，是中国银行业高速发展的核心动能。这一核心动能正是中国银行业的"第一增长曲线"动能。一方面，它推动了中国银行业的高速发展；另一方面，它也是经济转型和政策转轨新时代下关乎银行发展后劲的一大隐忧。

近期，中国建设银行（以下简称"建设银行"）掀起的关于"第二增长曲线"的话题，引发了银行业界热烈且深入的讨论。建设银行的认识是，伴随着投资拉动的动能衰减和消费时代的到来，银行所依赖的传统大型基础设施建设项目明显减少，且持续产生的增量有限；房地产业也已发展到一定地步，余地可判；大企业在市场中的地位在一定时期内虽然会持续保持，但其收益空间会不断地快速收窄；国家规范金融企业对地方政府和国有企业的投融资行为，共同防范和化解地方政府债务风险，商业银行传统的政府信用业务再次受到较大冲击。换言之，是基础设施建设的狂潮、房地产行业的繁荣、大型企业的勃兴和地方政府融资平台的大量举债，支撑了这些年来中国银行业高歌猛进的发展，而这一切，或如明日黄花，或如西下夕阳。"我们做'大'的业务已经习惯了，当大的风险向我们投放了阴影，当一场危机正一步步走来，毫不夸张地说，我们可能还在灰犀牛背上狂欢。今天，我们必须有强烈的危机意识，一定要认识到我们正站在发展和衰落的关口，面临着艰难的选择。"[1]

基础设施建设项目减少、房地产开发增速放缓、大型企业从银行"脱媒"，以及地方政府融资平台的清理等，已是可以触摸的现实，只能说是近忧。更值得担忧的是，伴随着银行 4.0 时代的到来，整个中国银行业的生态环境和增长逻辑都在发生深刻的转换。

2019 年伊始，布莱特·金的"银行 X.0 系列"的收官之作《银行 4.0》在国内发行。银行 4.0 时代是银行业颠覆大师布莱特·金关于银行业未来的终极想象。银行 4.0 时代中所探讨的银行业务，从本质上已经发生了改变：金融科技正在重新定义当今的银行业务内容，银行

---

[1] 摘自建设银行董事长田国立在 2019 年 5 月 2 日建设银行普惠金融战略启动大会上的讲话。

被迫发展新的工作和新的技能——就好像进入了一个全新的世界。

面对这种种转变，建设银行所做出的回答是：

随着传统银行的不断蜕变，边界扩大、体量变轻，银行的金融属性将进一步下沉，社会属性将不断凸显，银行将借助现代技术实现与社会各群体互联互动、共生共促。随着现代金融深度融入社会生产生活，银行服务将逐步转向无形化、移动化和场景化，银行将从过去"物理的地方"变成随时、随地、随需的"永远在线的服务"。社会属性赋予了银行解决社会问题的责任，现代科技和金融服务深度融合则使得银行提供专业化金融解决方案成为可能。

基于此，建设银行提出了"第二增长曲线"。什么是"第二增长曲线"？如果以一条曲线反映企业发展轨迹，任何一条上升的曲线在经过抛物线的顶点后，都会下降。所以，保持企业持续发展的秘诀在于，在第一条增长曲线消失之前，开始一条新的增长曲线。

如前所述，在第一增长曲线的状态下，银行的主要功能在于发展存贷款。建设银行作为国有大行，一直助力社会建设公路、铁路和桥梁等基础设施，推动工业化、城镇化进程。而开启"第二增长曲线"，则要求建设银行"围绕社会痛点问题，提供金融解决方案，并转向智慧生态，让人们的生活变得更加便捷、舒适和美好"。具体而言，就是要围绕 B 端、C 端和 G 端三个维度开启转型和重构，重新定义新时代银行的功能，找到银行新的角色定位。这三个维度具体是：B 端赋能，营造共生共荣生态，做企业全生命周期伙伴；C 端突围，回归普罗大众，做百姓身边有温度的银行；G 端连接，助力社会治理，成为国家信赖的金融重器。

工欲善其事，必先利其器。建设银行的"利器"就是金融科技。

建设银行通过聚合前沿科技、金融场景、创新商业模式的"生态朋友圈",全方位提升对现代科技的吸收、转化和实践能力,全面实施金融科技"TOP+"战略①,成立建信金融科技有限责任公司,整合形成七大核心事业群,将新一代核心系统延伸覆盖到海外机构和子公司。

在此基础上,B 端的赋能跳出固有格局,服务开展"拉清单":为企业客户搭建开放平台,互为助力营建共生共荣生态;开放共享,助力企业加快数字化转型升级;帮助企业优化再造经营管理模式,实现降本增效,提高生产和运营效率;帮助上下游企业找投资、找技术、找服务、找项目,从"资端"转向"智端";推动传统产业链升级再造和客群协同发展。

C 端的突围,实现客户用户化——从客户思维转向用户思维,实现新的价值增长;实现产品服务化——满足人们对产品的价值诉求,产品即服务;实现服务智能化——以"比用户更懂用户自己"的深刻洞察,"对用户真诚关怀",利用人工智能提供无限的可能,围绕消费、投资、保障三大场景,构建财富管理生态系统;搭建开放共享的平台,构建各类生态圈——建设开放的银行平台,提供多种模式的金融服务"出海",在第三方应用嵌入账户管理、交费支付、投融资,为客户提供无处不在的金融和非金融服务。

---

① "TOP+"战略,简单来说,T 是科技驱动,以技术和数据为双要素,实现双轮驱动。建设银行将金融科技技术聚焦于 ABCDMIX,其中,A 是人工智能,B 是区块链,C 是云计算,D 是大数据,M 是移动互联,I 是物联网,X 是现在还没有商用的一些技术(如量子计算等)。这些是建设银行实施金融科技战略主要依赖的技术。O 是能力开放、践行开放共享的理念。建设银行将传统商业银行业务和租赁、保险、基金等集团业务的功能及数据能力以服务的方式,向全社会开放。P 代表平台生态。关于客户营销,建设银行主要的经营管理是建生态、建平台,再让平台连平台,共同构建用户生态。"+"是培育鼓励创新和支持创新的文化,支持集团不断创新,实现面向未来的可持续发展。

　　G 端的连接，银行和政府深度互联合作，涉及行业管理、城市和社区治理、农村治理等方方面面。当前的举措包括：开展住房租赁综合服务，推动政务服务"掌上办、指尖办"，开发"药品溯源码"平台，等等。现代金融与 G 端的关联度越来越大，作为国有大行，建设银行要在提供公共产品、优化公共服务上发挥重要作用，一切社会"痛点"皆是机会，抓住"痛点"，拿出金融解决方案，社会和公众自然会给予银行积极回馈。可以说，以前是"哪里有重点建设，哪里就有建设银行"，现在是"哪里有社会痛点，哪里就有建设银行"。

　　建设银行领跑，中国工商银行（以下简称"工商银行"）也不遑多让，国信证券股份有限公司的金融团队关注到工商银行的"跨业、跨境、跨界"转型，用"愉见财经"的话讲，就是综合化、国际化、科技带动的零售化。

　　"跨业"即进入原本不是银行主阵地的资本市场业务。"跨境"即进军海外市场，有些海外市场发展阶段尚早，产业相对较传统，也是我国传统产业转移的目的地，有利于传统银行业功能的发挥。"跨界"即利用金融科技等手段，为客户（主要是大零售客群）提供金融和非金融服务，实现高效的获客、服务与授信，从而使大型银行可以高效地从事小微等业务，并覆盖了原先大型银行不易接触的大零售客群。

　　真是一盘大棋！

　　问题是：中小银行下得起这样的大棋吗？巨轮已然起航，小船又该如何掉头呢？在赢者通吃的新形势下，中小银行该如何栖身，找到自己的立足之地呢？

【链接】

建设银行把金融无痕融入民生服务里

2019 年 1 月 20 日，云南省推出了"一部手机办事通"App，这个 App 的后端连接公安、人力资源社会保障、卫生健康等 18 个部门，纵向贯穿"省、市（自治州）、县、乡、村"五级，有 153 个功能项，努力实现"办事不求人，审批不见面，最多跑一次"的网购般的办事体验。该应用上线一个月，下载量达到 133 万次，点击量 191 万次，办理业务 131 万件。

中国共产党云南省委员会、云南省人民政府把"一部手机办事通"App 作为 2019 年十大惠民实事项目之一，定位为"一场深层次的政府自我革命，助推社会治理现代化的一个重要平台"，把它放到了前所未有的政治高度。

这个项目的合作方就是建设银行，担当技术开发主力的是建设银行旗下新成立的建信金融科技有限责任公司，服务和维护主力是建设银行云南省分行。据云南省人民政府公告，2019 年建设银行云南省分行下辖 319 个网点均已实现政务功能布放，老百姓到就近的任一建设银行网点就可以办理政务，实现了"政务无处不在"。

而根据建设银行的说法，这一切是完全无偿和普惠的。"整个 App 自端至末，始终以民生服务贯穿，没有任何利益交换的商业属性，看不到金融的影子，却能感觉到金融的脉动。"

看似完全无偿和普惠，但如果大型银行与省一级政府结成如此紧密深厚的合作关系，并将几乎所有与公共服务相关的生活场景完全纳入大型银行的金融服务体系，会给中小银行的政务金融业务与市民金融服务带来什么样的冲击呢？

二、中小银行的"经营困境"与"成长陷阱"

此前中国银行业的"黄金十年"，是中小银行异军突起，侵袭国有大型银行地盘，掠食国有大型银行"蛋糕"的十年；是中小银行活力无限、风光无限、引领创新的十年。

然而时势变迁，当下大型银行与中小银行的竞争格局已悄然生变，四大国有银行[中国银行、中国农业银行（以下简称"农业银行"）、工商银行、建设银行]凭借坚实的客户基础、厚重的发展底蕴稳健发展，不仅在体量规模上全面碾轧国外的银行，而且在盈利能力、质量效益、金融科技等方面越来越凸显"王者气质"。

笔者近年来对标研究富国银行、摩根大通等国际先进银行，对比国内大型银行的飞速赶超，可以感觉到，在部分领域和某些方面，中国的银行，特别是国有大型银行已经走到了领跑的位置，进入了战略探索上的"无人区"，承担起转型升级、创新领跑的历史重任。

相形之下，过去高歌猛进、资产快速扩张的部分中小银行则陷入了"经营困境"与"成长陷阱"。笔者与同事曹飞先生曾一道做过一项专题研究，结果显示：以 2012—2013 年为拐点，中型上市银行在资产规模增速、效益水平、资产质量乃至总资产收益率（ROA）、净资产收益率（ROE）、市盈率、市净率等方面都已被国有大型银行追平甚至反超。可以说，中国银行业正处于"中等规模陷阱"之中。①

商业银行的"中等规模陷阱"，是指商业银行发展到一定规模后，一方面，尚未建立起"大而不倒"的市场地位，还没有发挥出规模经济效应；另一方面，其作为小银行的灵活优势却日渐消失，处在"上

---

① 王礼，曹飞. 银行业如何走出中等规模陷阱［J］. 中国银行业，2017（8）.

不着天、下不着地"的悬浮状态和危险处境，由此带来核心竞争力和经营业绩下滑的现象。

以下分析按照中国人民银行（以下简称"人民银行"）口径，将A股上市银行划分为三类：工商银行、农业银行、中国银行、建设银行、交通银行、中国邮政储蓄银行（以下简称"邮储银行"）为大型银行；招商银行、兴业银行等全国性股份制银行为中型银行；其他上市银行如江苏银行、上海银行、南京银行、杭州银行、宁波银行、江阴农村商业银行、张家港农村商业银行、常熟农村商业银行、苏州农村商业银行①、贵阳银行等为小型银行。本小节基于资产规模、经营效益、资产质量、经营效率和投资者（资本市场）视角，通过进行纵向（各家中型银行历年经营表现）和横向（不同规模银行业务发展情况）②的比较分析，研究论证中国银行业的"中等规模陷阱"问题。

1. "中等规模陷阱"现象分析③

（1）从资产规模看，中型银行整体增长放缓，增幅优势较大型银行持续收窄，较小型银行差距明显

纵向看，以2013年为分水岭，中型银行整体资产规模增幅已明显下降一个量级，平均增幅区间从15%~35%滑落至5%~20%（见图1-1）。

横向看，除个别年份受整体经济环境较差影响外，中型银行资产

---

① 原吴江农村商业银行。2019年4月，吴江农村商业银行更名为"苏州农村商业银行"，成为苏州市第一家市级农村商业银行。

② 根据数据可得性选取A股上市银行作为研究对象，由于各行上市时间不尽相同，数据指标选取的时间也有所差异。

③ 图1-1至图1-12的数据均源自各银行年报。

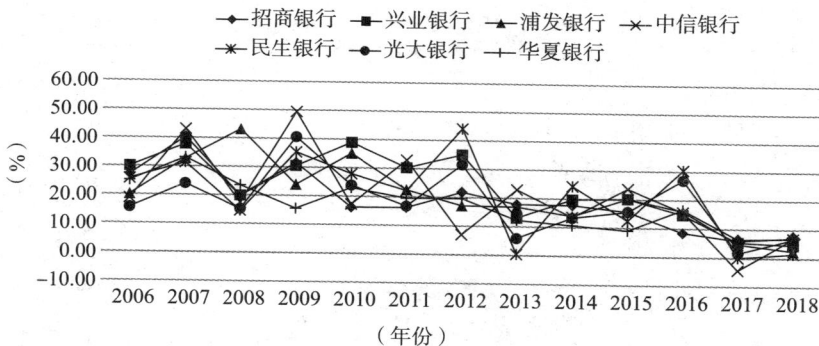

图1-1 中型银行资产规模增幅

规模增幅明显高于大型银行，但双方增幅差异自 2013 年起出现明显收窄趋势，随后一直保持在一个相对狭窄的波动区间内，中型银行没能继续展现出基数小、增幅高的优势；与此同时，从 2013 年起，中型银行的资产规模增幅已明显滞后于小型银行（见图 1-2）。

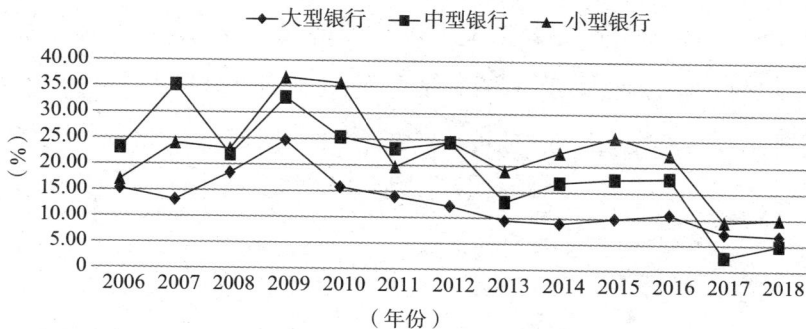

图1-2 不同规模银行资产规模增幅

（2）从经营效益看，中型银行净利润增长乏力，增幅与大型银行持平，被小型银行反超

纵向看，自 2013 年起，中型银行盈利增幅水平已下滑至 2008 年金融危机低谷水平，并且此次增幅放缓持续的时间周期也明显拉长（见图 1-3）。

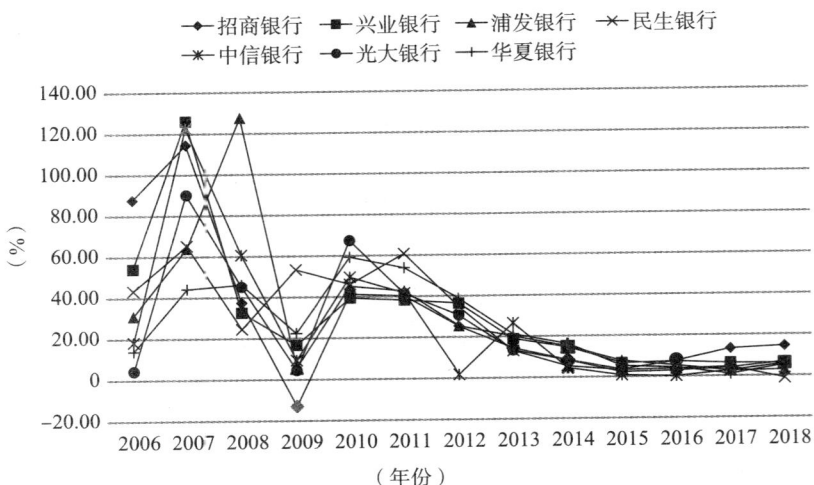

图 1-3 中型银行净利润增速

横向看，除 2009 年外，中型银行利润增幅一般都高于大型银行，自 2010 年起，双方利润增幅差距呈逐步收窄态势，差距从早期的十几、二十个百分点到 2016 年的不到几个百分点，尤其是自 2014 年起，中型银行净利润增幅与大型银行基本持平，已无优势可言，且从 2013 年起，中型银行净利润增幅被小型银行反超（见图 1-4）。

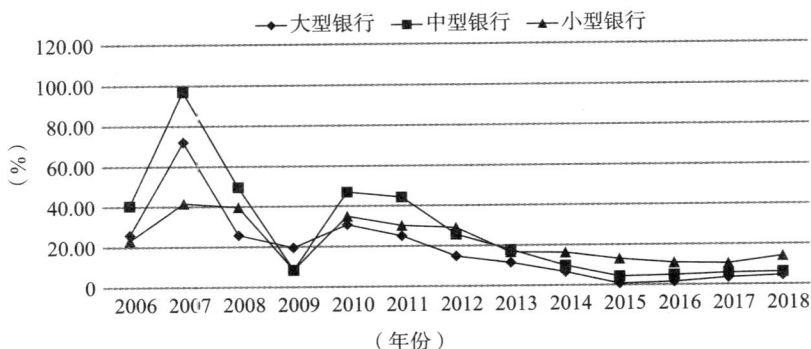

图 1-4 不同规模银行净利润增幅

（3）从资产质量看，中型银行压力最大

纵向看，中型银行不良贷款率情况呈现明显的 U 形结构，自 2011

年起一直呈上升态势，至 2016 年已经接近或超过前期高点，经营风险普遍增大（见图 1–5）。

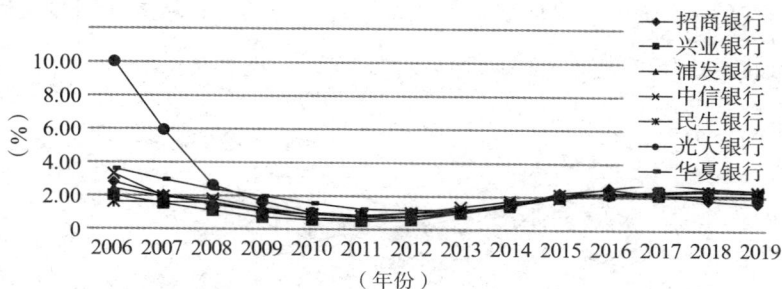

图 1–5 中型银行不良贷款率

横向看，过去中型银行资产质量一直保持行业内最佳水平，不但显著优于大型银行，也优于小型银行，但近年来中型银行不良贷款率较低的优势正在逐步丧失，自 2014 年不良贷款率超越小型银行以来，整体不良水平持续攀升，至 2016 年已基本与大型银行持平，同时达到近十年的高点。而大型银行不良贷款率水平虽然与中型银行持平，但仍明显低于前期高点（见图 1–6）。

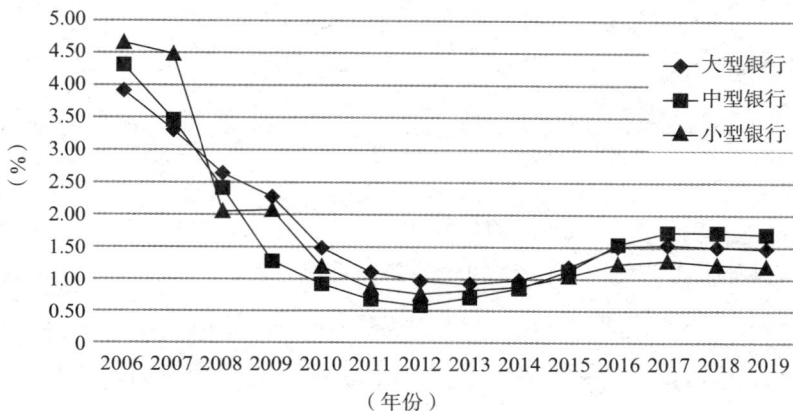

图 1–6 不同规模银行不良贷款率

（4）从经营效率看，中型银行 ROE、ROA 持续承压，相比大型银行和小型银行并无优势可言

以 ROE 为例，纵向看，各中型银行经历了一个从差异明显到逐步趋同的过程，整体上存在明显下滑趋势（见图 1-7）。

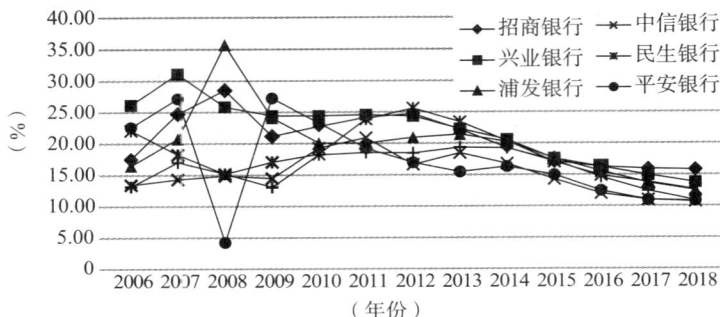

图 1-7　中型银行 ROE

横向看，不同规模银行的 ROE 下滑趋势高度趋同（见图 1-8）。

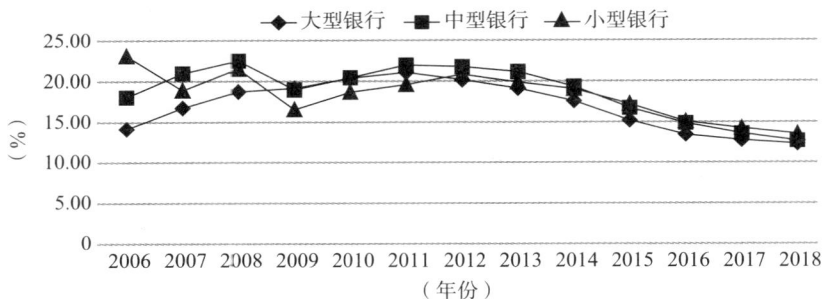

图 1-8　不同规模银行 ROE

以 ROA 为例，纵向看，中型银行资产运营效率自 2012 年起一直处在一个下降区间，并且各行表现逐步趋同——不同银行相近的经营手段、业务模式，客观上导致了 ROA 表现的相对一致（见图 1-9）。

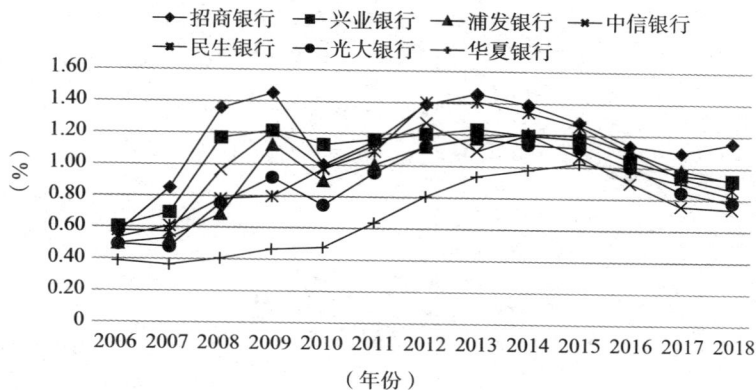

图 1-9　中型银行 ROA

横向看，中型银行 ROA 长期以来都要逊于大型银行 ROA，且这一差距保持相对稳定，小型银行 ROA 波动性则明显强于大型银行和中型银行，受外部环境和内部经营模式影响较显著（见图 1-10）。

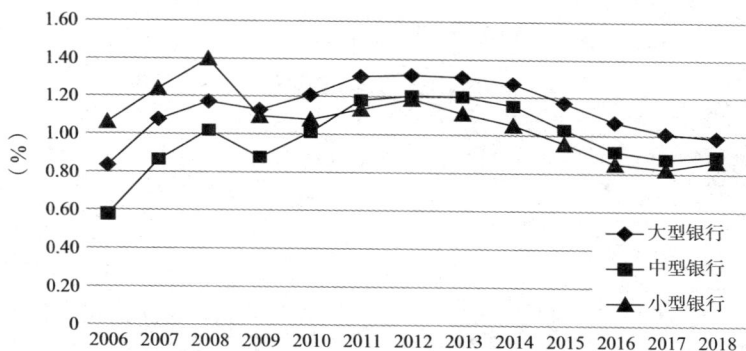

图 1-10　不同规模银行 ROA

（5）从资本市场看，中型银行由过去的一骑绝尘变成了现在的泯然众生

纵向看，各中型银行市净率自 2009 年起出现明显下滑，此后一直在低谷徘徊（见图 1-11）。

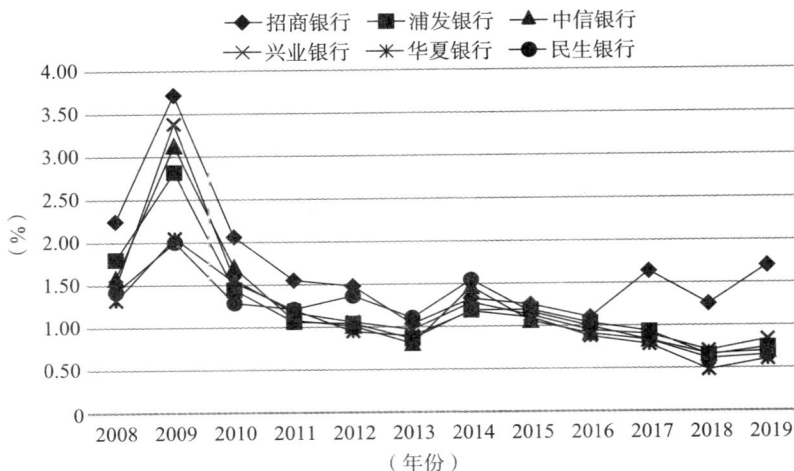

图 1-11　中型银行市净率

横向看，中型银行市净率自 2007 年高位跌落神坛，自此不同规模银行间市净率高度趋同，几乎没有明显差别，并且长期处在低谷水平，反映出资本市场对银行业整体评估较一致，不再对中型银行的发展能力另眼相看（见图 1-12）。

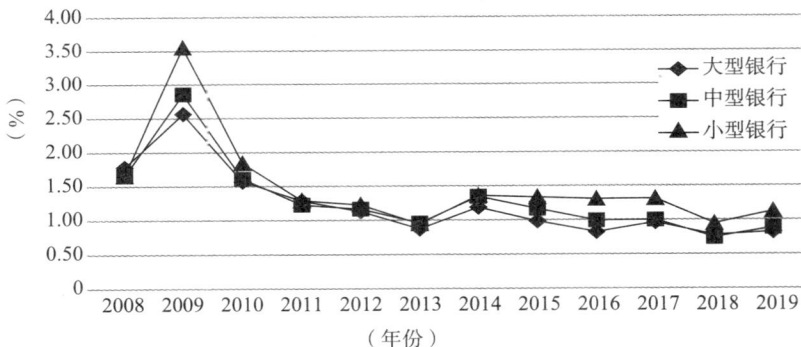

图 1-12　不同规模银行市净率

2. "中等规模陷阱"原因剖析

中国银行业的"中等规模陷阱"问题，既源于银行作为一般企业的共性，也源于银行作为特殊金融企业的特性。归纳起来，主要有以下三个方面。

（1）激情消退

在每家银行的初创阶段，每个员工都直接面向客户，为生存而战，为保饭碗而战，工作价值直观，绩效标准清晰，人心士气也不易受到金字塔组织架构和官僚习气的侵蚀。然而，随着银行规模的扩张和层级的增多，一些银行高层日益远离一线、远离市场，小富即安的思想渐生，使命感和创业激情消退，从过去的上下一心做蛋糕，变为千方百计分蛋糕；中层干部把大部分时间用于参加各种会议，处理同事关系，防止人际关系的危机产生，取悦各种正式的和非正式的、直接的或间接的领导与老板，回头再向业务线、地域和产品施加各种压力；结果是一线员工的关注点更多地聚焦于内部，银行花费时间和费用层层监控相同的数据、信息和人员，让员工心力交瘁、疲于应付。

近年来，中型银行的人员流动性显著增加，员工跳槽比例更高，对经营业绩和发展可持续性都有不利的影响。

（2）战略迷途

一方面，经过十余年的高速发展，中型银行大都已经发展成为业界翘楚，其中固然有自身努力的因素，但更离不开所处经济环境变化给银行业带来的百年一遇的发展良机。巨大的成功让银行管理者们既自豪不已又难免惴惴不安。为了更好地证明自己是通过经营管理的高超技巧来创造巨大财富的，中型银行成为学习西方先进同行的急先锋，并成为中国银行业的风向标，前有以招商银行为代表的零售银行、贵宾理财、私人银行等业务，后有民生银行引领的小微金融、社区银行等业务。每隔不久就会有一个学习标杆被树立起来，而后所有人都或主动或被动地全面跟进。

另一方面，银行发展到一定阶段后，看上去机会很多、诱惑很多，特别又赶上当前综合化经营"开闸"、互联网金融大潮汹涌，一些媒体的推波助澜和外部咨询机构的纸上谈兵让部分银行管理者心无所属，定力全无。热点的频繁变换及追星式的业务推动模式割裂了银行组织推动与业务拓展之间的联系，势必给银行持续良性发展埋下隐患。一些银行为创新而创新，慌不择路，孤注一掷，支付了高额的创新成本，陷入了所谓"不转型等死，转型找死"的怪圈。个别银行近年来管理层的频繁更替，更凸显出严重的战略发展迷局，频繁更替主管可以理解为董事会和高管层对经营发展方向有不同看法，这势必对银行自身经营思路的延续性带来负面影响。

（3）组织变形

银行业的经营特性，决定了其服务于不同种类和层级客户的产品、业务流程各有不同，客观导致其物理网点职能和系统管理架构日益复杂。中型银行在发展壮大的过程中，其管理架构也在以更快的速度膨胀，既有传统的"总行—分行—支行—网点"四级架构，又有基于产品、客户群、经营地域的矩阵式管理架构；既有基于业务性质的投行、金融市场、贸易金融事业部等，又有基于行业的矿产、能源、船舶的行业事业部等，学术界研究的所有公司组织架构形式都可以在中型银行中找到身影。此外，不少银行还针对新产品、新流程、新技术的开发、设计与实施，设置新的组织架构，层层叠加、纵横交错，形成更为复杂的业务线、产品线职能矩阵，直接造成人员数量飙升、管理层级倍增及组织体系的交叉混乱，多头管理的问题日趋恶化，最终的后果有三。

一是管理效率下降。决策链条短、市场反应快是早期中型银行的一大优势，然而，随着经营规模的扩张和管理半径的延伸，这一优势日渐削弱。二是服务体验变差。一方面，中型银行没有大型银行的综合服务能力、科技支撑体系和网点网络优势；另一方面，中型银行规模较小时的亲和力和灵活性也消失了。一些银行的前台人员逐渐背离客户、疏远客户，转向集中精力梳理内部关系，转向领导。各种名目繁多但缺乏实效的规章制度、层出不穷但流于形式的内外部检查使得一线员工疲于应付，客户的服务体验也越来越差。三是经营成本高企。大量人员、资源被消耗在内部管理而非面向客户上，人力资源投入和成本的增长明显快于资产规模、利润的增长。上述情况直接造成中型银行核心竞争力和发展源动力的丧失。当核心竞争力和发展源动力丧失后，其后果亦如美国银行业在利率市场化时期的境遇无异（见图 1–13 ）。

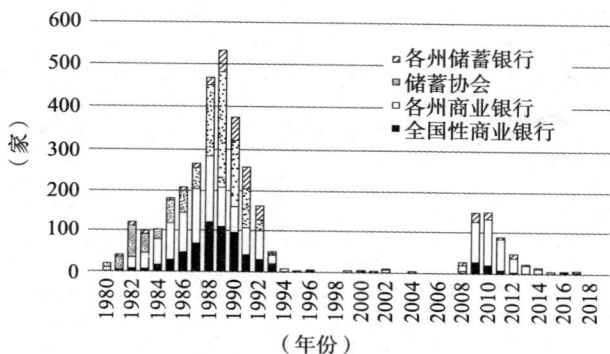

图 1–13　美国各类银行和储蓄类机构倒闭数量

数据来源：美国联邦存款保险公司。

中型银行如此，小型银行的情况更加艰难和复杂，分化更加严重。值得注意的是，以上研究选取的样本都是上市银行，由于大型银行和中型银行上市的时间较早，而小型银行的上市集中在最近几年内，且这些小型银行都是从成千上万家小银行中优中选优的，因此，中型银行与小型银行的比较不具参照性，小型上市银行也不具代表性，不代表广大小型银行全面真实的经营状况。显而易见的是，在当前乃至未来，大多数小型银行的生存状态和发展处境不容乐观，其中一些过于激进、过于粗放的小型银行更是处于风雨飘摇的境地，举步维艰。

【链接】

审计曝光的小型银行真实的经营状况

2019 年 4 月 2 日，中华人民共和国审计署（以下简称"审计署"）发布《2019 年第 1 号公告：2018 年第四季度国家重大政策措施落实情况跟踪审计结果》（以下简称《公告》）。根据《公告》，目前多数金融机构能够加强金融风险管控，但仍有 7 个地区在内的部分地方性金融机构存在不良贷款率高、拨备覆盖率低、资本充足率低、掩盖不良资产等问题。

不良贷款率方面，A 省不良贷款率高。截至 2018 年年底，该省 42 家商业银行不良贷款率超过 5% 的警戒线，其中超过 20% 的有 12 家，个别商业银行不良贷款率超过 40%。

拨备覆盖率方面，截至 2018 年年底，B 省农村信用社联合社下辖的 9 家农村商业银行和 14 家农村信用合作社、C 省内 78 家银行业金融机构、D 省农村信用社联合社下辖的 16 家法人行社、E 自治区首府市区农村信用合作联社等 10 家农合机构的拨备覆盖率均低于 120% 至 150% 的监管要求。

资本充足率方面，H 省被提及资本充足率低。截至 2018 年年底，H 省某市农村信用合作联社等 14 家农合机构资本充足率未达到 10.50% 的最低监管要求，占 H 省农合机构数量比例为 73.68%。

另有多家金融机构掩盖不良资产。《公告》显示，2016 年至 2018 年，23 家金融机构通过以贷收贷、不洁净转让不良资产、违反五级分类规定等方式掩盖不良资产，涉及金额达 72.02 亿元。

而对此前其他地方出现的掩盖不良资产现象，审计署也做出回应。其中，G 省农村信用社联合社系统曾人为调整资产评级，将不良类信贷资产划为"正常"或"关注"类，掩盖不良贷款 4.67 亿元。

审计署指出，G 省农村信用社联合社将其中 21 笔共 1.08 亿元贷款调回"不良"类，同时通过收回贷款或加强增信措施等方式确保其余 3.59 亿元贷款不再属于"不良"类，并持续加大对贷款风险的监测力度，准确反映资产质量。

三、中小银行的转型焦虑与迷茫

内忧外困，慌不择路。笔者曾听到某银行高管感慨："现在全行上下推动大零售转型，这个转型方向一定正确吗？第一，做了这么多工作，投入了这么多，好像并没有什么明显的成效。第二，面对金融科技的浪潮，在 C 端，未来银行明显干不过新兴金融科技公司。第三，现在讲大零售转型，主要就是扩张网点，结果运营成本越来越高；谈获客，结果获客的难度越来越大；做按揭，结果按揭的利率越来越低；做交叉销售，结果交叉销售的问题越来越多。

推动大零售转型的又何止一家银行呢？整个银行业都在火并大零售转型。

感到迷茫的又何止一位银行高管呢？每一位矢志推动大零售转型的银行董事长、行长面对巨额投入与微量产出之间的巨大鸿沟，会不会有那么一刹那背上发凉、额角生汗呢？

有没有标杆可以学习，有没有现成的模式可以参照呢？

向全球银行业的"交叉销售之王"——富国银行学习交叉销售经验？富国银行因为过于极端的交叉销售模式及其他因素，引发了虚假账户事件。

向国际化程度最高的"零售之王"——花旗银行学习消费金融经验？花旗银行正被汹涌而来的金融科技浪潮所冲击。目前，消费金融业务占花旗银行总收入的 51%，这让多少银行艳羡不已，然而"我之蜜糖彼之砒霜"，花旗银行的内部研究报告认为，未来最容易受到新兴金融科技公司侵袭的正是消费金融业务。

向国内银行业的转型标杆——招商银行学习大零售转型之道？截至 2018 年年底，招商银行零售客户 1.25 亿户，总资产余额 6.80 万亿元；其中私人银行客户 7.30 万户，总资产余额 2 万亿元。即 6‰ 的私人银行客户，占了 30% 的资产。招商银行的客户定位日益高端，已将其他银行甩了几条街，这岂是一般的中小银行学得来的？

向互联网企业学习提升客户体验？好像也不太靠谱。一则，不管银行怎么努力，其在客户体验上还是和互联网商业机构及其网上支付工具差一大截；二则，随着监管的逐步完善和到位，那些旨在绕开监管限制追求"极致体验"的互联网金融玩法也越来越黔驴技穷。

大零售转型困难重重，那么其他的转型方向呢？

围绕中小企业做文章，吃透中小银行的生命周期？谈何容易。2013年，国家工商行政管理总局（现国家市场监督管理总局）发布《全国内资企业生存时间分析报告》（以下简称《报告》），对2000年以来全国新设立企业、注吊销企业生存时间进行综合分析，绘制了一份企业的"生命周期表"。《报告》显示，我国近五成企业生存时间不足5年。2013年至今，受经济结构深度调整的影响，中小企业的生命周期更短。银行若没有过硬的技术和方法，集中开发中小企业无异于"火中取栗"。一系列以放宽担保条件、放低进入门槛为卖点的伪金融创新，最终让一批激进的银行损失惨重。

金融科技推动转型？看起来，中小银行并不具备在金融科技浪潮中弯道超车的能力。从国内外的银行实践来看，没有一家银行是通过金融科技做大做强的，与此同时，大型银行才是金融科技开发及应用的弄潮儿和引领者。受规模限制及文化制约，中小银行在金融科技的探索上步履维艰，不用说科技引领，就是科技支撑、科技保障也往往力不从心。

综合化转型？从国外银行的情况看，如果不能整合好内部资源，发挥协同优势，综合化经营很难成功，即使是花旗银行、富国银行这样的国际大行，它们的综合化经营也更多是通过并购而不是新设其他非银行金融机构实现的——它们不断地买进成熟的非银行金融机构，也不断地卖出经营不成功的金融子公司；从中国银行业的实践看，还几乎没有综合化经营取得成功的案例。

找咨询公司？好的咨询公司对企业发展的助力不小，但也有一些咨询公司的建议不过是蜻蜓点水，你可能越听越有道理，也可能越听越糊涂。银行面对的问题那么多，只找一家咨询公司，把鸡蛋放在一个篮子里，心里没底，那就找一群咨询公司，各部门、各业务条线分别对应一家咨询公司，结果都拿着咨询公司的理论、方案来争资源，总行就像体内被注入了好几股真气，搞不好经脉全断。

中小银行普遍感染上了转型的焦虑和迷茫，找不到明晰的转型路径。走出焦虑，告别迷茫，中小银行的转型究竟该如何破题呢？能否找到一个好的范本与路标呢？

【链接】

某大牌咨询公司的 5 000 万元咨询服务费，银行还付吗[①]

从 2015 年起，某大牌咨询公司（以下简称"咨询公司"）开始为 A 银行提供咨询服务，直到 2019 年年初，费用紧张的 A 银行依然咬牙续签了与咨询公司的合作合同。一年 5 000 万元的咨询服务费，对曾经的 A 银行来说当然不在话下，然而在 2019 年 5 月某个不平静的周末晚上之后，咨询公司还能顺利拿到自己的咨询服务费吗？

2015 年，A 银行引进咨询公司专家团队进行体制改革，目标瞄准零售银行业务和小微信贷业务。

咨询公司显然对推动国内银行的零售转型非常感兴趣。2016 年，

[①] 见彼得财经（微信号：bidecaijing），2019-05-27。

咨询公司发布的重磅研究报告中提及，以客户为导向的转型和全面数字化布局的创新将是未来银行的发力方向，其中零售银行业务也是重点发展方向之一。

2017 年年初，A 银行负责人接受媒体采访时也谈到，A 银行在咨询公司的指导下进行了大刀阔斧的改革，其中最重要的是架构改革，大零售制打造强大的零售总部，打造明确的零售战略。

且不说擅长制作 PPT 的咨询公司到底在其中起到了多大的作用，A 银行的零售银行业务在城市商业银行中确实也曾一度领先。据该行 2018 年 6 月披露的一组数据显示，2015 年 A 银行零售银行业务营收同比增幅为 6.50%，2016 年全零售银行业务营收增幅高达 37.90%，2017 年增幅高达 30.30%。与 2014 年年底相比，2017 年零售银行业务营收接近翻番，增幅高达 91.30%。当年投放涉农贷款 104.70 亿元，同比增加 45.20 亿元，增幅 76%；累计投放 215 亿元，受惠农户超过 120 万人；与 2014 年年末相比，零售贷款余额增幅高达 135.80%，其中小微贷款增幅 61.30%，个贷余额增幅 187.10%。

看起来双方的合作特别圆满，A 银行的领导在多个场合都用到了"咨询公司将 A 银行引为国内城商行零售转型变革的成功典范"的话术。

但在基层员工看来，业务是自己做的，成绩却被咨询公司拿来装裱了金字招牌——"做了很多漂亮的 PPT，热衷成立各种虚拟项目组，没有一个方案能落地实现"。

以业绩为导向的管理方式本没错，但如果考核标准、考核实施流程不到位，反而容易造成内部部门之间的效率损耗。

在 2015 年各家银行纷纷设立直销银行的热潮中，A 银行推出了其数字银行业务平台，主推小额贷款和理财产品。该平台于2015年8月28日正式上线，采取相对独立的事业部制度管理，作为对新业务的一种支持，员工激励水平高于行内，这也引起了行内员工的不满，因为从根本上说，平台与零售部门的用户及产品是同质化的，平台抢了零售部门的客户，还拿高提成，双方很难形成融洽的合作关系。

零售银行业务做得好，但股东结构不稳定，对业务开展带来的伤害依然是致命的。A银行已经两年没有公布财报了，但据内部员工透露，其非零售银行业务不良贷款率可能超出外界的想象。

最终被国有大行接管的A银行，还有1 700亿元的同业负债、600亿元公开市场存单在等着兑付。根据人民银行和中国银行保险监督管理委员会（以下简称"银保监会"）最新的说法，5 000万元以上的对公存款和同业负债，由接管组和债权人平等协商，依法保障。

那么，咨询公司这5 000万元的服务费用，如今的A银行还能正常埋单吗？

UMPQUA
BANK

02

破题：

学习安快好榜样

放眼全球，地处美国的安快银行便是一个让中小银行走出焦虑、告别迷茫、转型破题的不二范本与路标。

一、美国银行业还值得我们学习吗

理性思考建立在感性认识的基础上。以下是美国银行业的一些现状。

1. 资产规模被赶超

截至 2019 年年底，中国银行业总资产折合为 41 万亿美元，而美国银行业总资产不到 20 万亿美元，中国银行业总资产已超过美国银行业总资产的两倍。而在近年来各大机构的综合排名中，除了在市值上，美国的摩根大通和富国银行较为领先外，其他如资本、资产等方面，中国的四大银行基本上也就是全球的四大银行（见表 2-1）。"吨位决定地位"，这样的体量对比让中国银行业很难对美国银行业服气。

表 2-1　2019 年全球银行 1 000 强榜单前 10 名

榜单排名	2018 年排名	银行名称	国家	一级资本（10 亿美元）
1	1	工商银行	中国	338
2	2	建设银行	中国	287
3	4	农业银行	中国	243
4	3	中国银行	中国	230
5	5	摩根大通	美国	209
6	6	美国银行	美国	189
7	7	富国银行	美国	168
8	8	花旗集团	美国	158
9	10	汇丰银行	英国	147
10	9	三菱日联金融集团	日本	146

数据来源：英国《银行家》杂志。

2. "金字招牌"蒙尘

曾几何时，富国银行一直是中国银行业大零售转型的标杆，它的社区银行模式和交叉销售策略被称为大零售转型的"王道"。然而，自 2016 年虚假账户事件曝光以来，富国银行不仅市值大幅缩水，并被课以 20 亿美元的巨额罚款和限制新的市场准入；2020 年伊始，又传出富国银行再因虚假账户事件被追加罚款 30 亿美元的消息。虚假账户事件就发生在其最引以为豪的社区银行部门和交叉销售环节。现在尽管富国银行底蕴犹在，根基不可撼动，但其光环已黯然失色。

3. "狼来了"已成故事

中国加入世界贸易组织（WTO）前后，金融业被视为将遭受最大冲击的软肋和短板，大家都在说"狼来了"。时至今日，人们悄然发现，抢滩登陆的外资银行在国内银行高歌猛进、不断延展的版图中至今都没有太多的存在感。对比这些年中美银行业的规模消长，大家对外资银行的敬畏感已荡然无存。

4. 金融科技反差明显

业内人士认为：金融科技的创新源头在美国，场景应用在中国。不管怎样，从现象看，中国二维码支付、支付宝遍地开花，最近招商银行正式成为中国首家实现网点"全面无卡化"的银行。而在美国，人们在很大程度上仍然沿袭着签支票的习惯，让人顿生"时空倒换"之感。

【链接】

"华尔街之王"论中国银行业

杰米·戴蒙——摩根大通董事长兼CEO，他带领摩根大通成功抵御2008年金融风暴，并逐步超越富国银行成为全球市值最高的金融机构。《纽约时报》称戴蒙为"全世界最具影响力的银行家"，《华尔街日报》称之为"华尔街最后一位可以依靠的银行家"，《巴伦周刊》更赞誉他为"华尔街之王"。在奥巴马时代和特朗普政府组建之时，戴蒙多次被提议担任美国财政部部长，"股神"沃伦·巴菲特还曾公开表示支持。虽然戴蒙对参政一再婉拒，但他对"议政"当仁不让，多次就美国及其他国家的经济、金融形势和国家大政方针发表意见。戴蒙的致股东信洋洋洒洒，长达50多页，在美国其内涵与影响力堪比巴菲特的致股东信。近年来，戴蒙在致信中不断提到中国，而且篇幅越来越长。在2019年的致股东信中，除美国外，他专门拿出一段来分析的唯一国家就是中国。作为成功的职业银行家，戴蒙对中国银行业的发展非常关注，发表过许多评论，这也可以为正在强势崛起却亟待转型的中国银行业提供参照。

2014年，戴蒙开始重点关注大型全球中资银行，他把中资银行的竞争列为"除了我们面临的常规竞争对手外，目前重点关注的三个领域"之首（其他两个分别是技术和日益复杂的影子银行）。他写道："目前，有四家体量巨大且增长迅速的中资银行，它们可能在比我们更不受限制的规则下运作；它们雄心勃勃，有着全球化的战略理由（跟随它们在海外迅速增长的中国公司）；它们已经开始全球扩张，并将成为摩根大通强大的全球竞争对手。"

2015年，戴蒙把"美国本土以外的大型银行即将崛起"列为"新兴竞争对手"第一位，而中资银行当仁不让。这一次，戴蒙将目光进一步聚焦到工商银行和建设银行，并将聚光灯打到了工商银行身上。他认为："在盈利能力方面，排前两位的中国的银行几乎是我们的两倍。30年前，工商银行仅在少数几个国家开展业务，而现在它在50多个国家都设有分支机构或子公司，它凭借巨大的本土市场和战略性的眼光走向海外，为中国大型的、快速增长的全球跨国公司服务。它们的崛起可能需要10年的时间，但我们必须尽早准备。"[①]

2016年，戴蒙认为美国的金融体系仍然是世界上最好的。他认为，美国最大的银行不仅仅是全球领导者，而且是全球金融市场、企业甚至国家内政管理（如反洗钱）标准的制定者。但是他明确地提到

① 王礼.打造金融堡垒：摩根大通银行战略解码［M］.广州：广东经济出版社，2018.本书其他有关摩根大通内容的引用皆出于此书。

了中资银行对美国银行业领导者地位的威胁："我不希望在未来20年内会有美国人反思，试图找出为什么美国的银行失去了在金融服务业中的领导地位。若不是我们，可能是一家中国的银行。今天，许多中国的银行已经比我们大，而且还在继续快速增长。它们雄心勃勃，又有政府的支持，它们有理由走向全球——中国的银行正在跟进支持中国公司在海外拓展金融服务。"

2017年，戴蒙在致股东信中没有特别提到工商银行及其他中资银行，他认为"美国拥有世界上最广泛、最深刻、最透明、最优秀的金融市场。我们的金融市场一直是伟大的美国商业机器的重要组成部分"。但同时，他写道："另一个有趣而令人沮丧的事实是：美国在20多年的时间里还没有新建大型的机场，而仅在过去的10年里，中国就新建了75座民用机场。"戴蒙的这段话揭示了中国银行业这些年规模和盈利快速增长的时代背景及重要原因。对基础设施建设的海量融资及由此衍生出来的大量金融服务业务是中国银行业的核心动能，也是经济转型和政策转轨新时空下关乎银行发展后劲的一大隐忧。

2018年，摩根大通向中国证券监督管理委员会（以下简称"证监会"）提交了设立新的合作券商的申请，拟持股51%。在接受记者采访时，戴蒙明确表达了其"中国雄心"："我希望有一天，摩根大通在中国内地能有一栋可容纳7 000名员工的大楼，就像我们在中国香港、伦敦一样，摩根大通的确揣有'中国雄心'。"戴蒙说："如果我的预测是对的，中国公司在未来20多年会占全球3 000强企业的35%，那么这些公司都是我们服务的对象。我们为中国公司、投资者提供服务，我们为在中国的中国企业和那些到中国来的跨国企业提供服务，我们为在海外的中国投资者提供服务，我们也帮助全球各国的人来中国投资。因此，我们业务未来的增长曲线是不断向上的。"

2019 年，戴蒙的致股东信对中国银行业着墨不多，却专门拿出一节的内容来分析中国的经济走势。戴蒙认为，中国经济（除了贸易）存在合理的担忧，但这些担忧是可控的。

关于金融科技这一热点问题，戴蒙提到，在美国和世界各地，有许多有能力的金融科技公司正在颠覆现有的商业模式，而摩根大通最近刚刚派出了一个高级团队到中国学习人工智能和金融科技。他说，对中国取得的进步"很难不印象深刻，很难不有些担心，这促使我们的管理团队更积极迅速采取行动"，"我只想说，无论我们目前的表现如何，我们都不能满足于过去的成绩"。摩根大通消费者与社区银行板块的 CEO 领队这次考察，他说："我们对中国同行的飞跃进步印象深刻。通过机器学习，我们访问过的用户在几秒钟内开立账户，或在几小时内根据智能手机图像支付理赔。看到这些，只会激励我们更快地行动起来，突破我们认为能为客户和股东实现目标的边界。"

以上是美国银行业的表象，而一旦深入其内核，我们陡然发现，美国的银行业仍然非常强悍，强悍就强悍在其零售银行业务上。

二、美国银行业如何推动零售转型

笔者在《零售转型亟待走出"战略迷局"》[①]中论及，是"基础设

---

① 王礼. 零售转型亟待走出"战略迷局"[J]. 零售银行，2008（12）.

施建设的狂潮、房地产行业的繁荣、大型企业的勃兴和地方政府融资平台的大量举债"支撑了十余年来中国银行业高歌猛进的发展。该文一并引述了建设银行董事长田国立和摩根大通董事长兼 CEO 杰米·戴蒙的两点论述，两位董事长所处一中一外，举证一正一反，均论证了国内银行集中做"大"业务模式的不可持续和零售转型的势在必行。在此之外，对比美国银行业的业务结构，回顾美国银行业走过的转型历程，更有助于我们找准发展方位，厘清转型方向。

1. 美国银行业的业务结构

与中国银行业过去依托的对房地产、基础设施的海量融资，以及由此派生出来的大量金融服务[①]的发展沃土不同，近十年来，美国的大型基础设施建设基本停滞，政府几乎不直接向银行贷款，且美国的资本市场非常发达，大型企业（银行）"脱媒"的现象十分严重，大公司业务发展空间极为有限。不仅如此，资本市场对零售银行业务也造成了极大的竞争，抢占了绝大比例的个人金融资产，据了解，美国家庭存放在银行的资产仅占其金融资产总额的 10%。在如此残酷的发展环境下，美国绝大多数银行都依托零售银行业务而活，扎扎实实地做零售银行业务，靠过硬的经营之道获得生存和发展。[②]

---

① 以建设银行为例，2017 年基础设施建设行业领域贷款余额 33 574.53 亿元，较上年增加 4 162.97 亿元，增幅达 14.15%，余额在公司类贷款和垫款余额中占比达到 52.11%，独占半壁江山以上，且尚未计入地方政府融资平台的贷款和房地产贷款余额。

② 美国银行业零售银行业务的强悍与美国零售业的强悍是一脉相承的，在全球最有价值零售品牌 10 强的排行榜中，美国独占 9 席，美国以外仅有中国的阿里巴巴上榜，且敬陪末座（见表 2-2）。

表 2-2　2019 全球最有价值零售品牌 10 强排行榜

排名	品牌	所在地	品牌价值（亿美元）	年增长率
1	亚马逊	美国	1 879.05	24.60%
2	沃尔玛	美国	678.67	10.40%
3	家得宝	美国	470.56	39.40%
4	劳氏	美国	239.38	49.40%
5	宜家	瑞典	215.31	11.10%
6	CVS Health 公司	美国	212.54	3.20%
7	好市多	美国	171.15	40.50%
8	塔吉特	美国	164.83	20.50%
9	沃尔格林	美国	159.30	2.50%
10	阿里巴巴	中国	146.07	51.10%

　　美国的银行在零售银行业务上的精耕细作、根深蒂固，还体现在其对金融科技侵袭的成功反击上。根据富国银行高级副总裁萧兵博士的分析，不是美国的金融科技公司不"凶猛"，而是美国的银行太强悍，没有给第三方金融科技公司的掠食留下太多的机会和太大的空间。以支付为例，中国线上第三方支付基本被微信和支付宝"统治"，而美国科技公司和银行的博弈方兴未艾，从美国的银行 Zelle[①] 和科技公司 Venmo[②] 过往几年的交易量比较情况来看（见图 2-1），可以说两者势均力敌，银行全无败相。P2P 支付尚只是支付的一小部分，而在 C2B 这块，银行更是牢牢占据优势。美国的银行认为，支付是重要的

　　① Zelle 由摩根大通、富国银行和美国银行联合发起，现在已扩展为美国银行业中广泛使用的银行间即时转账系统，使用 Zelle 给他人即时转账，只需要知道对方的姓名和手机号或邮箱即可，十分方便。只要双方使用的银行都是 Zelle 的合作伙伴，就可以实现即时转账，不必是同一家银行。

　　② Venmo 是 PayPal 旗下的一款支付工具，允许用户互相转账、支付和存钱，相当于支付宝或微信支付。

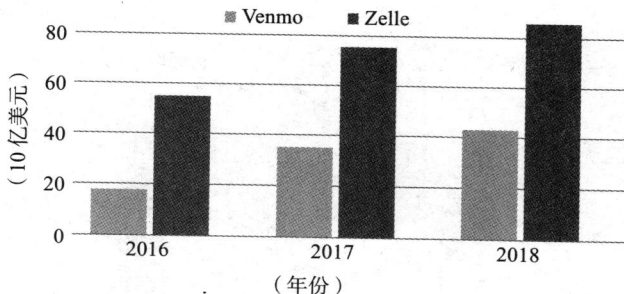

图 2-1 Venmo 和 Zelle 交易量对比

数据来源：Venmo 和 Zelle 公司年报。

阵地，它们"寸土不让"，构筑起了零售银行业务的牢固"城墙"。

2. 美国的银行的转型历程

萧兵博士介绍：在 20 世纪 80 年代以前，美国的银行过着"3-6-3"的幸福日子。所谓"3-6-3"，指的是 3 个点左右的存款利率，6 个点左右的贷款利率，然后银行行长下午 3 点左右去陪同客户打高尔夫球。这是典型的批发银行业务的发展模式。

但是，随着利率市场化等改革步伐的加快，美国制造业的红利逐步消耗殆尽，基础设施建设陷入停滞，美国银行业进入了艰难的调整期。这一时期，美国银行机构的数量从 1985 年的约 18 000 家急剧减少到 2017 年的 5 607 家，而生存下来并成功发展的银行大都经历了一个由大客户为重心的经营模式向零售转型的过程。如图 2-2 所示，美国银行业的零售贷款占比从 1985 年的 25% 飙升至 2010 年的 58%，即便金融危机后美国家庭债务经历一波惨烈的"去杠杆"，2017 年该项占比仍然达到 45%。值得注意的是，美国银行业的零售贷款还不包含被大量证券化出表的住房按揭贷款。而中国利率市场化提速进程中

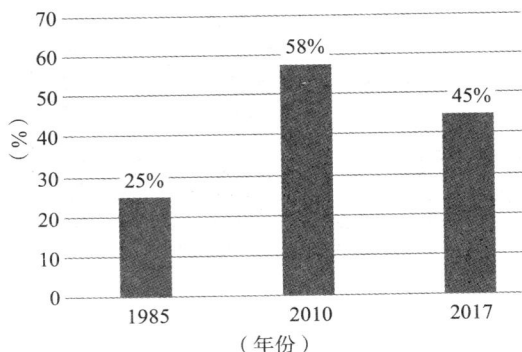

图 2-2　美国零售贷款占银行总贷款的份额

数据来源：美国银行业公开资料。

的 2012 年，银行业零售贷款占比约为 24%，正与美国利率市场化提速进程中的 1985 年比率相当，其后，中国银行业也迎来了零售贷款与消费金融发展的热潮。

　　历史不是惊人的巧合，它预示的是改革的逻辑和转型发展的走势。从这个意义上说，零售贷款比重的提升在中国银行业中尚有很大的空间，而储蓄存款占比和零售银行业务板块利润占比的情况则高度趋同。

　　再以建设银行为例，如图 2-3 所示，2012 年至 2018 年，公司银行业务与零售银行业务利润此消彼长之势非常明显，足证零售转型是大势所趋。

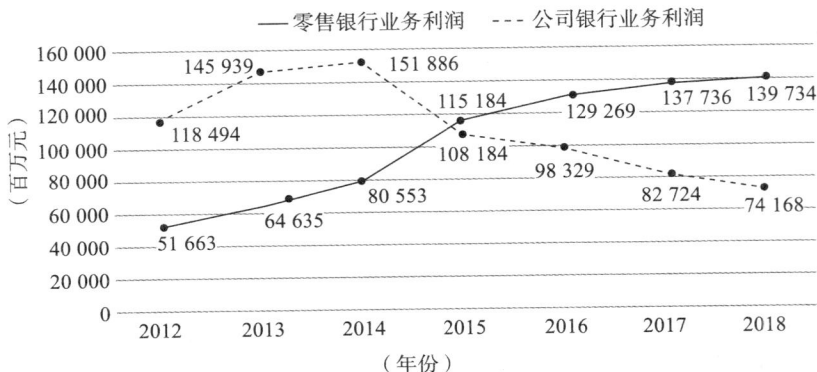

图 2-3　建设银行零售银行业务和公司银行业务利润走势

数据来源：建设银行年报。

所谓转型，实际上是银行革自己的命，它常常是银行被逼到逆境的壮士断腕和浴火重生，意味着不得不转，意味着痛苦的观念革新和利益调整，意味着勇敢地走出熟悉的"舒适区"。从这个意义上说，当前零售转型中的迷茫、纠结和痛苦是不可避免的正常反应。从美国银行业的转型历程中，我们可以看到中国银行业的过去、现在和将来。

三、美国银行业零售转型的"本"与"道"

美国银行业的零售转型之所以成功，在于美国银行业找准并坚守了零售转型的"本"与"道"。篇幅所限，下文仅简要分析，后续再详细探讨。

1. 本：以有效优质的客户为本

做银行，特别是做零售银行，实质就是做客户，经营、服务、维护和深度开发好银行的客户。我们也有"以客为尊""以客为本""以客户为中心""以客户需求为导向"的理念和口号，但在实践的过程中，缺乏具体的落地方法、步骤和路径，口里说的是"客户为上帝"，实际践行的可能是"背向客户，面向领导"。

美国的银行是如何坚持"以客户为本"的呢？

（1）高度重视客户

譬如《富国之本：全球标杆银行的得失之道》提出："富国银行只有三种工作，满足现有客户的需求、招揽新客户和管理两者之间的风险。"

（2）有科学的客户分层的理念

我们常常宣扬"二八定律"，即20%的客户贡献了80%的利润，而在实际业务开展过程中，由于做不到有效地识别优质客户，常常"眉毛胡子一把抓"，在获客上"捡到篮子里的都是菜"，在服务维护上则常常是千人一面。美国的银行则认为，是20%的客户贡献了110%的利润，60%的客户贡献了10%的利润，20%的客户为银行带来了20%的净损失，其中60%的中间客户并非不够优质，而是因为银行对他们的维护不够紧密和全面，因此其表现为休眠客户或冷淡客户。

在此基础上，它们对客户进行科学的分层管理，为20%的优质客户提供最贴心的服务，留住客户；对60%的中间客户进行交叉销售和深度开发，争做客户的主办行，提高客户的忠诚度和综合效益回报；对20%的亏损客户进行收费或限制性服务。一项调查表明，美国3/4的银行把"成为客户的主办行"作为银行的主要战略目标。这个"主办行"指的是，成为向客户提供大多数金融产品和服务的银行，要做到这一点，必须在渠道、产品、客户体验、销售策略、品牌等方面持续不断地发力。

2. 道：差异化、特色化的经营之道

中国的银行的同质化问题非常严重，即使是当前的零售转型，众银行也是千军万马挤独木桥，在一片红海中厮杀，最终多半是通过"存款利率上浮到底"、送米送油等低阶方式做存款推转型。美国银行业可以说是多姿多彩、气象万千，比如，一家只有500名客户的银行也能活得有滋有味；再比如，专为中小微企业提供服务的银行中，有

一家专门做兽医服务的银行，因为兽医的分布不够集中，这家银行没有一个网点，但是有两架直升飞机，其通过美国兽医协会等机构到处找客户，好几年客户满意度都是全美第一。

这些名不见经传的小银行如此，更不用说声名遐迩、以特色经营著称的安快银行等银行了。通过差异化竞争、特色化经营，美国银行业做到了在利率完全市场化、管制完全放开的激烈竞争环境中，整个行业的净息差一直保持在较高的水平上，确保了银行健康良性发展（见图2-4）。

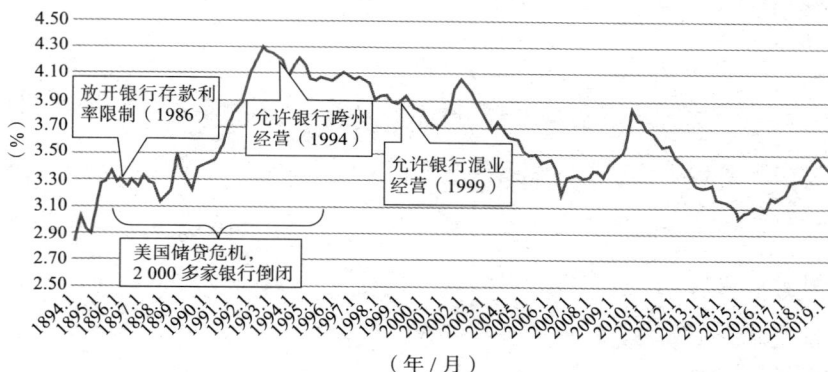

图 2-4　美国商业银行净息差

数据来源：美国联邦存款保险公司。

四、安快银行独特的样本价值

向美国银行业学习，也需要找准一个合适的标本和参照系。很多中小银行的高管会说：摩根大通、富国银行、花旗银行是很牛，但是我们学不会，像这样的巨无霸，它们的经验对我们不是很适用。信哉斯言。在这方面，对众多的中小银行而言，安快银行更加"门当户对"，更适宜作为范本。除了规模、体量上的相似或相近性外，更重要的是安快银行提供了一个不发达地区小银行"逆袭"成长的范本。

和人一样，银行不能选择自己的出身，但出身其实很重要。银行的出身包括"出生地"、股东背景、第一代高管层和创业元老等，这些因素不仅决定着银行的资源禀赋、经营基础，还决定着银行的文化基因、视野格局和商业模式。

【链接】

小微金融"台州模式"的台州地域因素

很多银行都在学习泰隆商业银行（以下简称"泰隆银行"）、台州银行的小微金融模式，当然也能从中学到一些经验和方法，但绝对不可能照搬它们的模式。一方水土养一方人，一地经济和金融生态也会从根本上塑造一家银行。泰隆银行、台州银行的成功固然源自其在小微金融上几十年如一日的持续深耕，但也与其所处地台州繁荣兴盛的民营经济密切相关。在小微信贷业务领域，地方中小银行要正视自身与台州及江浙地区地方中小银行的市场环境差异。台州是中国股份制经济的发源地，是"温台模式"的发源地之一。其中，台州民营经济的比重占了台州经济总量的97%以上。据不完全统计，台州已经有48个产品在国际、国内市场占有率名列第一，包括：全球最大的圣诞工艺礼品生产和出口基地，中国最大节日灯、一次性医疗设备、化学原料药生产和出口基地，中国三大汽车、摩托车整车及零部件生产和出口基地，等等。

以小商品批发市场为例，中国三大日用商品交易市场之一、中国最早的小商品市场都在台州，台州是全中国乃至全世界专业市场最密集的地方，仅台州路桥区就拥有各类专业市场近百个。此外，浙江省其他地区小微企业数量、经营模式与台州具有较高相似度，甚至优于台州。庞大的小微企业数量、分布空间的高密度，以及企业主之间的关联关系，都有助于泰隆银行等台州地方中小银行以小微信贷息差驱动因素实现自身经营目标。

反观一些地区的地方中小银行，其主要经营区域内小微企业的数量、质量、分布密度与台州地区不可同日而语，各类批发市场充其量也只是辐射本省，规模相对较小且分散，且各行经过多年开发，已经积累一定数量的优质小微信贷存量客户，被排除在外的客户有相当部分是当地地方中小银行公认的高风险客户。基于上述因素，各地地方中小银行在小微信贷业务投放户数、额度占比、户均额度等指标上向台州地方中小银行看齐存在一定的客观困难。

此外，整个台州小微金融模式的成功与当地政府的"有所为、有所不为"是分不开的。台州当地政府是有名的"服务型政府"，国家"放管服"改革的示范区，政府管得少，对银行经营坚持"参股不控股、参与不干预"的原则，不派驻高管，不摊派项目，不干预具体经营管理。可以说，银行需要良好的外部环境。台州当地银行的股权结构、公司治理优势之所以能够保持，与台州当地开明的政治和人文生态密不可分。不仅如此，近年来，台州着力打造全市金融服务信用信息共享平台，大力推进信用软环境建设，这也对当地银行的经营有所助益。

一般而言，那些大银行、明星银行大都"生长"在经济发达地区，且不说工商银行、农业银行、中国银行、建设银行、邮储银行都是"含着金钥匙出生"的，总行都在首都北京，交通银行、浦发银行、民生银行、招商银行、平安银行等羽翼已成的全国性股份制银行，也大都诞生于北京、上海、深圳这样的一线城市，兴业银行在沿海省会城市福州，得开放之先，而恒丰银行整顿的第一步，就是把总行从烟台迁到省会济南。

被称为"中国银行业增长第三极"的城市商业银行更是分化明显，直辖市、省会城市、中心城市所在地城市商业银行与其他城市商业银行之间的差距明显，大者如北京银行、上海银行、江苏银行等，坐落在北京、上海或江浙一带，经济规模巨大，银行体量已与部分全国性股份制银行不相伯仲，而位于三、四线城市，资产数百亿元的小规模城市商业银行也不在少数。基本上，城市商业银行发展的地域特征非常明显，包商银行曾被誉为城市商业银行在不发达地区"逆袭"成长的一个传奇，事实证明还是经不起时间的考验，这不禁让广大身处欠发达地区的中小银行心灰意冷。安快银行的标本意义或者说样本价值正是体现在：不发达地区小银行逆袭的成长传奇。

安快银行从来就不讳言自己的"出身"：

> 我们创立于一个小镇，这个"根"（起源和出身）让我们始终脚踏实地。

> 像许多伟大的起源于俄勒冈州的创业故事一样，我们的先驱者从这里起步。安快银行的成立是坎宁维尔——俄勒冈州南安普夸河畔一个盛产木材的小镇社区生活的一部分。

通过一代又一代人不懈的努力，众多的小社区聚沙成塔，不断达成人们的心愿：一所学校，一座教堂，一间杂货店，一家餐厅，一个汽车展厅……当坎宁维尔的居民需要一个比当地酒吧更好的地方来处理他们的现金支票时，他们走到一起，建立了一家银行。

尽管俄勒冈州的经济较为发达，但安快银行的诞生地仅是该州的一个小镇。安快银行刚成立时，只有六名员工、一个网点。从1953年至1994年，这家名不见经传的小银行艰难求存，惨淡度日。

1994年，独立银行家雷·戴维斯上任安快银行CEO，他曾经这样记述他开局时的窘况："银行业是一个发展已达饱和状态的行业，各种银行已经存在了数百年之久。漫步于任何一座城市、一个小镇，你都可以看到一些街区中坐落着许多银行，不要再跟我提银行业的成长！当1994年我们开始让安快银行改头换面之时，我们的市场正处于全面衰退当中。我们所在的地区以木材业为经济基础，也是斑点猫头鹰的家乡和一场环境运动的发源地。当地经济停滞不前，整个市场并没有增长。"此后，安快银行通过"重新定义银行业的业务范围"获得新生，一路向前，成长为今天的"社区银行先锋"。

值得注意的是，安快银行的成长并没有"地利"及与此相关的优势，其崛起历程也没有"天时"之便。从20世纪80年代起，美国银行业逐步告别基础设施建设海量融资红利，制造业转型升级深度调整，利率市场化掀起狂风，从此时起，美国将近2/3的银行破产或被接管、兼并。安快银行转型的起点就如同中国银行业的今天。可以说，安快银行提供给中国中小银行的借鉴意义包括但不限于以下方面。

1. 怎样以差异化、特色化经营之道，应对利率市场化

我们可以看到，今天中国众多的中小银行在利率市场化大潮面前进退失据，存款利率上浮到顶，贷款利率步步后退，拼价格、拼利率，一步一步沦丧利差空间，失守盈亏平衡的底线，在这样的情况下，即使不发生大的信用风险，经营上依然难以为继。那么，安快银行是怎样坚持差异化、特色化发展，坚持独特的价值定位，抵御利率市场化冲击的呢？

2. 怎样坚持社区银行模式，应对网点消亡论

人们对于商业银行的未来有截然相反的看法，物理网点的存亡是讨论的一个热点。一方面，有一种广泛流行的观点是未来银行的网点会消亡；另一方面，当前中国银行业一个普遍的转型方向就是零售转型，从某种意义上说，"打造领先的大零售银行"几乎成为行业自我救赎的"华山一条道"，而发展零售银行业务似乎又离不开物理网点。

早在2004年，富国银行时任董事长兼CEO理查德·柯瓦希维奇就说过："过去一些年来，尤其在20世纪90年代，很多银行人认为银行网点已经过时。我们认为网点作为与电子渠道全面融合的基础支付渠道的一部分，将继续会是银行重要的渠道工具。事实证明我们是对的，仅仅因为我们认真倾听了客户的需求。我们绝大多数的客户在一个月内会到访我们的网点多次，我们将继续扩充网点。"这个说法，说出了很多一线零售银行人的心声，没有网点，或者网点太少、覆盖

率太低，都不太好做零售银行业务。

从 2010 年至今，中国银行业的网点数量在稳步增长，这种网点数量的增加是普遍性的，既包括建设银行等国有银行，在过去几年间网点增加了 1 000 多个；也包括招商银行、民生银行这样的全国性股份制银行，2010 年至今网点数量几乎增加了一倍；而在这期间力图改变蜗居一城状态的广大城市商业银行，网点的扩张更加迅猛。

近年来，以民生银行的"两小战略"（小区金融、小微金融）为代表，中国银行业还掀起了一股社区银行的发展热潮。一方面鼓吹未来银行网点会消亡，一方面大肆扩充机构网点，或者大举进军社区银行，期望"打通发展零售银行业务和普惠金融的最后一公里"；一边是海水，一边是火焰，这样冰火两重天的现象带给我们怎样的困惑呢？未来银行网点会消亡吗？如果会，为什么中国的银行还在纷纷探索发展社区银行？什么是网点转型的正确方向呢？社区银行是打开未来银行的正确方式吗？美国是怎样发展社区银行的？中国式的社区银行走入歧途了吗？这些问题归结到一点，就是我们要探寻的：安快银行是怎样坚持社区银行战略，推动网点转型的？

3．怎样回归本源，避免陷入金融乱象

近年来，监管部门都在不遗余力地推动中小银行回归本源、回归实体。对于广大中小银行而言，这究竟是政策的要求、监管的压力，还是自身发展的康庄大道、正确选择？是被动地响应监管要求，或者消极抵抗，还是壮士断腕，浴火重生，主动回归？从安快银行等一众国际领先的中小银行身上，我们能够得出哪些一般的经营规律，汲取到什么样的经验教训呢？

4. 怎样通过"有机增长 + 并购"的方式做强做大

在中国银行业供给侧结构性改革纵深推进的今天，去杠杆、去产能已成大势，中小银行还需要做大吗？还能做大吗？中国银行业的并购大潮会来吗？如何把握并购时机和并购原则？且看安快银行的经验。

尤其难得的是，安快银行是一家仍在不断探索前行、依然处于关键转型期的中小银行。安快银行目前也面临诸多的挑战和迷茫，它所面对的经济金融形势与中国中小银行越来越同频，它的困惑与迷茫也让中国的同行们越来越感同身受。可以说，安快银行作为一个鲜活的、行进中的样本，它的经验不是"完成时"的，而是"进行时"的，唯其如此，才显真实，也更有参照和借鉴的价值。未来安快银行的探索转型可能走向失败，然而即便如此，也丝毫不损安快银行独特的样本价值，这正是鲜活样本的迷人之处。

【链接】

《基业长青》中那些公司基业长青了吗[①]

管理学经典著作《基业长青》成书于 1994 年，有人于 2019 年统计其作为研究样本的 18 家公司，有 8 家确认基业长青，有 2 家不确定，有 8 家并没有基业长青。对此，研究者认为：

公司生老病死乃常态，并不存在真正的基业长青。毕竟科技发展、时代进步，组织机构和体制都在不停变革，好比人体身上的细

---

① 见晨稳投资（微信号：chenwen–inv），2019–05–13。

胞，有新陈代谢才是正常的，才能保证整体充满活力。

一家公司活得久、干得出色，很可能只是随机因素所致，就好比抛硬币也会有连续数次都是正面的情况。但只要我们把时间拉长，大数定律总会起作用。归于平庸才是最稳定的常态。在许多案例中，一枯俱枯、一荣俱荣是常见的状态。

时代的进步或突然转向，可能会无情地碾轧一家公司个体的努力。从这种意义上说，安快银行未来的成败怎可定论呢？

03

守正：

坚守本源做银行

在一些媒体的描述里和一些银行人的眼里，安快银行是一家完全颠覆式发展的银行，这是不客观的。实际上，银行业有自己沉淀数百年的行之有效的经营规律，每一家银行都必须遵守银行业基本的经营规律和管理之道，努力做好基础工作；同时，在新的时代、新的环境、新的形势下，又必须与时俱进，不断创新。用戴维斯的话来说，就是："有一点需要注意：我们自称从事零售业务，并不意味着我们不需要成为一家非常优秀的银行，而是意味着我们需要同时成为一家非常优秀的银行和非常优秀的零售商，我们需要达到银行业的高标准及零售服务业的高标准。"

关于安快银行的经营之道，我把它总结为四个字——"守正出奇"：守正，即正道而行，坚持本源做银行；出奇，即锐意创新，跳出银行做银行。换成戴维斯的语境，笔者觉得他所说的"成为一家非常优秀的银行"即为"守正"，成为一家"非常优秀的零售商"则是"出奇"。

一、安快银行是一家什么样的银行

让我们先来了解安快银行到底是一家什么样的银行。在网络上可以读到很多关于安快银行的文章，其中充满了溢美之词。关于其基本的情况，安快银行是这样"自我介绍"的：

安快控股公司（Umpqua Holding Corporation，以下简称"安快控股"）是一家上市银行控股公司，于 1999 年 3 月成立于美国俄勒冈州。成立伊始即收购了南安普夸银行（South Umpqua Bank）100% 的流通股，这是一家成立于 1953 年的俄勒冈州特许银行。安快控股根据《1999 年金融服务现代化法案》（又称"格雷姆 – 里奇 – 比利雷法"）的规定，于 2000 年 3 月正式成为一家金融控股公司。

安快控股有三个主要的运营子公司：安快银行（Umpqua Bank）、安快投资有限公司（Umpqua Investment, Inc., 以下简称"安快投资"），以及 Pivotus Ventures, Inc.（以下简称"Pivotus 公司"）。

1. 背景概述

安快银行总部位于俄勒冈州的罗斯堡，它被认为是美国最具创新性的社区银行之一。它以其独特的企业文化和客户体验策略而享誉国内外，使其有别于竞争对手。它提供范围广泛的存款、汇兑、理财、抵押贷款服务，并为企业、机构和个人客户提供其他金融服务。

安快投资是一家注册经纪自营商和注册投资顾问公司，在俄勒冈州、华盛顿州和加利福尼亚州设有办事处，并通过安快银行的"商店"①

---

① 关于"商店"的称谓，戴维斯曾经做过这样的说明：很多金融期刊推介安快银行。这些期刊总是说安快银行光彩的一面，比如我们强劲的业务增长、我们给股东丰厚的收益回报、我们的行业知名度和美誉度，以及我们卓然不群的企业文化。然而，这些文章总会添加一些我不喜欢的评论。无论这些文章怎么样赞誉安快银行，也总是会有"安快银行称网点为'商店'"这样的话，就好像"商店"一词是一个噱头。实际上，在我们看来，"商店"一词反映了安快银行对于我们是谁、我们如何看待银行自身业务的认识。他们不理解，这一点正是我们引人注目的地方，这正是他们所赞誉安快银行独特文化的一部分。为什么我们把分支机构称为商店而不是分行？因为我们理解我们从事的是什么业务。我们从事的是零售服务业，对我们而言这意味着我们在自己的商店里向公众出售产品和服务。

提供产品和服务。它是美国西北地区最古老的投资公司之一，提供全方位的投资产品和服务，包括固定收益证券（市政、公司和政府债券、大额可转让定期存单和货币市场工具）、共同基金、年金、选择权、退休计划、咨询账户服务、目标规划及保险产品。

Pivotus 公司成立于 2015 年，它是一家专注于构想与创造金融和商业的关键变革技术及业务模式的创新工作室。其成立的目的是综合利用初创公司的优势，以及直接获取只有成熟的金融服务机构才有的资金、客户和基础设施，使其既能发挥初创企业的活力，又能与安快银行有效协作。Pivotus 公司帮助开发和测试新的银行平台，这些平台可能会对银行客户体验和运营效率产生重大影响；同时，它借助银行通过广泛的客户测试，并大规模地交付产品和创意。其战略是引领创新方式，通过聚集全世界的一些最佳构想来提出新的数字银行主张，从根本上转变客户体验。安快银行相信设立金融科技公司的做法及这种合作模式将增强自身的想象力和技术创新的能力。

2．公司战略

安快银行的主要目标是成为全球领先的以社区为导向的金融服务机构，打算继续扩大市场份额，扩大资产规模，提高盈利能力，通过以下策略将自己与竞争对手区分开，实现股东价值。

（1）利用技术留住和扩大客户群

随着科技的发展，消费者的偏好也在不断变化，安快银行的策略却始终保持一致：在所有客户接触点上交付非凡的客户体验。因此，其继续扩展用户友好的、基于技术的系统，以提供和提升独特的客户体验而闻名。安快银行相信，自己能够很好地快速适应客户使用物理渠道和数字渠道的融合式发展。安快银行提供基于技术的服务，包括远程存款取现、网上银行、票据支付和移动库务银行服务、语音应答银行、工资自动存款程序、高级功能自动柜员机、交互式产品亭及网站。安快银行相信，实体银行和电子银行服务的结合，增强了其吸引存款的能力，夯实了更广泛的客户基础，让其能跨越所有渠道传播自己的价值主张。

（2）利用创新的产品交付系统，创造一个独特的交付模式

为了将银行业务从一件"琐事的处理"转变成一种既与客户相关又与其他金融机构业务高度不同的体验，安快银行创新了"银行商店"的定义，旨在聚焦客户需求，使产品和服务更加有形和有感，坚持社区信仰和推动收入增长。

从 2017 年第二季度起，安快银行宣布推出为期三年的"安快下一代"（Umpqua next gen）战略，旨在使公司现代化、多样化，增加收入，精简开支。"安快下一代"战略坚持以客户为中心，致力于打造新的银行服务模式，使安快银行能够在市场中脱颖而出，创造差异化竞争优势。

这一战略是一种帮助安快银行转型为"人性化的数字银行"的战略，它使用技术、数据和分析来帮助员工建构起更深入、更有价值的组织，打造更具盈利性的客户关系。鉴于目前银行客户偏好的整体行业性转变，安快银行正在优化和调整零售银行的规模、网点布局，以反映这些变化的关键点，并继续聚焦日益加深的客户关系。

安快银行在数字和数据方面的投资，使其客户能够有更强的意愿和以更方便的方式将资金存入银行，也使银行员工更有效地为客户提供明智、有价值的财务解决方案。在 2017 年第四季度，安快银行推出了一系列新的数字产品和数字功能，包括新的、优化的手机版网站，增强的在线原创能力和新的数字产品。

（3）注重客户体验

在银行内部的各个层面，从董事会到员工，他们通过所有的客户服务提供渠道致力于提供非凡的客户体验。作为安快文化的一部分，他们坚称安快银行是首批引入可衡量的优质服务计划的银行之一。在他们的质量回报（Return On Quality，ROQ）计划框架中，每个客户经理和商店的业绩都基于具体可衡量的指标，包括匿名"神秘购物者"的报告和客户调查。根据得分情况，安快银行的 ROQ 计划为员工个人和商店团队提供财务激励。通过这样的项目，安快银行能够衡量为客户提供服务体验的质量，并持续提升服务体验，推动员工提供优质的客户服务。

（4）建立强大的品牌意识

安快控股投入了大量的资源来开发"安快银行"品牌，包括：持续优化面向客户的服务渠道，营造积极的公共关系，广泛开展基于社交媒体和社区的活动和倡议——从银行品牌袋定制到烤咖啡豆、安快品牌冰激凌车、教育研讨会、店内沙龙活动和社会公益捐赠等，通过设计策略、市场营销、销售规划和交付来达成目标。

安快银行的目标是以新奇和有吸引力的方式让客户和社区参与进来。其商店独特的设计和观感（见图 3-1、图 3-2、图 3-3），以及互动展示致力于兑现其承诺——这是一个具有创新活力的、对客户友好的金融产品和服务提供商，奉行积极的社区参与和社区投资传统。其品牌坚持"行胜于言"，即基于行动，而不仅仅是广告，建立消费者对其产品和服务的强大认知。

（5）谨慎地管理资本

安快银行策略的一个重要部分是审慎地管理资本和运用资本，以深思熟虑的方式把握机会获得超额资本，从而提高股东回报。安快银行通过分红、股票回购和战略并购技术驱动型的企业或银行，以及其认为有增长潜力市场中的金融服务公司，来管理和运用资本。

图 3-1　安快银行在美国旧金山的一家商店的外景一角

图 3-2　安快银行商店内的本地特色（亮点）展示台

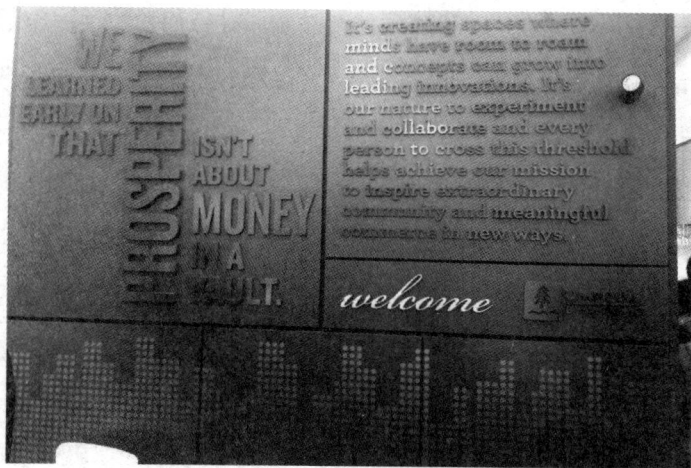

图 3-3　安快银行商店内的文化墙展示

3. 市场和销售

安快银行致力于提高其在市场上的金融服务份额，举措包括技术、市场和销售策略等重点。

（1）整合营销与传播

安快银行的全面营销和传播策略旨在加强其品牌影响力，通过创新的市场营销和公关活动来提高市场知名度及行业美誉度，通过使用新媒体和独特的方法来开展公共关系活动，使"安快银行"成为美国一个知名的品牌。安快银行利用本地重点项目、冰激凌车和社交捐赠平台，开展互动活动，无论在传统媒体渠道还是新兴媒体渠道，其都以新的方式提升品牌影响力，与客户建立有意义的联系。

（2）零售商店的概念

安快银行相信物理网点将继续发挥作用，尤其在树立品牌和特许经营意识，以及为客户提供正确的产品和服务方面发挥关键作用。安快银行采用更接近其他零售商的方式，鼓励现有客户和潜在客户到访其物理网点。

为此，安快银行创新设计了实体商店，以各种方式展示其金融服务和产品，这是非常有触感和吸引力的。与许多金融机构不同，安快银行鼓励社区的所有人访问其网点，在那里，客户受到训练有素的员工的欢迎，并被鼓励浏览银行的产品和服务。安快银行的新概念商店（"下一代"商店）服务包括免费无线上网、免费使用笔记本电脑、开放有冰箱的房间等，还提供了饮料及创新产品包装。从诗歌朗诵到瑜伽课程，从电影之夜到如何开展艺术收藏的沙龙，这些商店举办各种各样的活动。

（3）服务文化

安快银行坚信，银行如果以服务文化为先导，将有更多机会为客户提供产品和服务，并跨越所有部门，从零售银行业务到抵押贷款业务，和商业客户建立更深入的关系。虽然一个成功的营销方案会吸引客户，但高度优化的服务环境和训练有素的员工才是销售产品与服务的关键。

安快银行的服务文化已经建立，其对员工的销售和服务的各个方面都有明确的重点及持续的培训，通过其被称为"世界上最伟大的银行大学"的内部培训来表彰和推动个性化服务。这种服务文化已经成为安快银行的品牌，是其吸引有才华的员工和忠诚的客户的关键因素。

4．产品和服务

安快银行提供一系列传统金融产品和数字金融产品，以满足其市场区域和目标客户的需求。

安快银行为了确保自己的产品始终具备竞争力，会定期检查现有产品和潜在的新产品的市场表现及盈利情况。客户还可以通过除网点外的其他途径了解和申请产品，包括安快银行的网站、手机银行App、24 小时电话语音应答系统。

（1）存款产品

安快银行提供的存款产品包括非计息支票账户、计息支票及储蓄账户、货币市场账户和定期存单。计息账户按利率计息，利率由管理层建立的基于市场竞争因素的模型和增加某些存款负债期限类型的意愿决定。其方法是定制合适的产品，并将满足客户需求的产品打包。这一方法旨在为客户增加价值，增加每个家庭的产品，从而为银行带来相关的佣金收入。

（2）私人银行

安快银行的私人银行为高净值个人和非营利组织提供投资服务。私人银行旨在增强安快银行现有的高净值客户体验，并与 Pivotus 公司提供全面、综合的方法，以帮助客户达成财务目标，包括财务规划、信托服务和投资、券商及投资顾问服务，具体建议可包括现金管理、风险管理（保险规划 / 销售）、投资规划（投资建议 / 投资组合检查）、退休计划（为雇员和雇主）或遗产规划等方面。

（3）商业贷款和租赁及商业房地产贷款

安快银行为小企业主和商业客户提供各种类型的贷款，包括应收账款和库存融资、多户型贷款、设备按揭、设备租赁、国际贸易贷款、房地产开发贷款、永久性融资和小企业管理局计划融资，以及资本市场和财资管理服务。

此外，安快银行通过小企业贷款中心为小企业提供专门设计的贷款产品，同时，有一个专设的部门推动对中小企业的贷款。当前信贷拓展的重点是继续专注于商业地产贷款，因为这是安快银行贷款组合的重要组成部分。安快银行也在继续推动贷款组合多样化，包括大力发展对自住物业进行融资的商业和工业贷款。

（4）住宅房地产贷款

这是一款可用于住宅的建设、购买，以及业主自住或出租物业再融资的房地产贷款，借款者可以选择各种固定和可调整的利率选项和条款。安快银行将发放的住宅房地产贷款大部分出售给二级市场，但继续做好这些贷款的后续管理和服务。安快银行还支持住房可负担再融资计划和住房可负担调整计划。

（5）消费贷款

安快银行为个人借款者提供各种用途的贷款，包括有担保的和无担保的个人贷款、房屋净值、个人信用额度及汽车贷款。贷款可以直接发放给借款者或通过安快银行的经销商部门加以发放。

5.市场范围及竞争

在存款、贷款、租赁和零售经纪业务方面，安快银行所服务的地域市场竞争非常激烈。竞争对手既有传统的银行机构，也有提供金融服务的非银行机构，如信用合作社、经纪公司和抵押贷款公司等。在俄勒冈州、华盛顿州、加利福尼亚州、爱达荷州和内华达州的主要市场地区，大型区域性银行通常占据主导市场份额，它们拥有更雄厚的资本和资金实力，放贷能力要比安快银行强得多，它们的分支机构网络通常更广泛，科技投资能力也比安快银行强得多。安快银行的竞争对手还包括很多其他以社区为中心的小型或微型商业银行。

随着金融服务行业越来越依赖于科技引领和数据驱动，非银行机构通过计算机、电话、平板电脑和其他移动设备进行运作，吸引存款资金、发放贷款并开展其他金融服务，并在非安快银行所在的主要服务地域开设机构，一些保险公司和经纪公司还通过提供高于银行基准的利率来争夺存款。安快银行在遵照资产负债管理计划目标的前提下，提供各种各样、灵活化的存款产品来满足客户需求，同时发挥与安快投资的协同优势，通过综合化的金融产品及服务来赢得与这些非银行机构的竞争。

信用合作社对安快银行的产品和服务构成重大的竞争挑战。它们享受所得税的减免和政策上的优惠，能够在可比的基础上提供比银行更高的存款利率和更低的贷款利率，也不受某些监管约束，如《社区再投资法》对安快银行严格明确了贷款发放的相关程序，但信用合作社得到了豁免。在银行服务的社区，遵守这些监管要求会使安快银行增加贷款成本，降低潜在的经营利润。

因此，安快银行寻求提供优质的服务，并提供多种商业银行产品，如商业银行房地产贷款、存货质押及应收账款融资和其他中小企业贷款项目，通过聚焦客户需求来应对竞争。

6. 贷款及信贷功能

安快银行向个人和企业提供有担保及无担保贷款。截至 2017 年

12 月 31 日，商业地产贷款、房地产贷款、商业贷款、住宅和消费及其他贷款分别约占贷款总额的 51.20%、22.40%、22.50% 和 3.90%。美国联邦银行监管机构通过跨机构协调指导方针，对金融机构房地产贷款抵押率和资本管理提出明确要求。安快银行采用的贷款政策是各类贷款价值比分别较每个类别的指引低 5% 到 10%，但是对于资金实力雄厚的房地产贷款客户，在政策允许范围内有所区别。

7. 愿景使命与核心价值观

关于安快银行的使命、愿景与核心价值观，安快银行是这样表述的：

我是谁

安快银行是一家由人来运营的银行，而不是钱所驱动的机器。

您，您的生活，您的财务管理习惯，对于安快银行而言，所有这些信息都比您的账户余额更加重要。我们有作为金融专家的专业优势，加上对了解您个性特征的无限热诚，我们不是寻求充当您的私人健身教练这样的角色，我们的使命是帮助您管理您的财富，确保您过上理想的生活。要做到这一点，我们致力于全方位了解和关注您，而不仅仅是记住您的账户号码。

这就是为什么我们要花时间去理解，银行如何融入您的更大的生活场景，为您提供尽可能简单的访问和移动工具，让您按照您所习惯的用语管理您的资金；这就是为什么我们的商店感觉更像一个居家的客厅，而不是一家银行分支机构；这就是为什么我们的员工将会永远记住您的名字。我们已经超越了我们作为一家小型社区银行的出身，但我们要做到不忘初心，社区精神永远是我们所做一切的中心。

我们从哪里来

我们创立于一个小镇，这个"根"（起源和出身）让我们始终脚踏实地。

像许多伟大的起源于俄勒冈州的创业故事一样，我们的先驱者从这里起步。安快银行的成立是坎宁维尔——俄勒冈州南安普夸河畔一个盛产木材的小镇社区生活的一部分。

通过一代又一代人不懈的努力，众多的小社区聚沙成塔，不断达成人们的心愿：一所学校，一座教堂，一间杂货店，一家餐厅，一个汽车展厅……当坎宁维尔的居民需要一个比当地酒吧更好的地方来处理他们的现金支票时，他们走到一起，建立了一家银行。

安快银行的前身——南安普夸银行的开业可以追溯到1953年，我们已经发展了很多年，经营规模不断扩大，但我们始终不忘初心，我们的价值观始终如一，向阳而生。我们相信社区的力量，我们懂得感恩回馈，我们认为做银行应该始终坚持以人为本。

戴维斯在 2007 年著书复盘安快银行为什么能够高速发展壮大时，直指要旨地提到，"对于任何一家处于成长中的企业而言，其面临的最大挑战是如何在成长的道路上保持对企业固有价值观的忠诚度。时至今日，我们的价值观仍然保持最初的韵味"，"在企业成长的过程中，不要让扩张挤走了曾经帮助企业获得成长的价值观和战略"。他强调一家银行的舵手必须时刻记住自己是谁。那么，引领安快银行稳步前行的核心价值观是什么呢？兹录如下：

以下这些是我们银行和员工的心脏与灵魂。它们代表了我们提供卓越服务的承诺，代表了我们对待客户的态度。它们时刻提醒我们，为什么我们会存在。

社区

通过对社区医疗卫生事业进行管理、领导、参与、保护和扩张，分担社区的风险，以及对社区的未来发展进行投资，安快银行向其所服务的社区展示了一种非凡的责任感。作为一家社区银行，我们尝试为每一个我们所服务的社区提供与众不同的服务。通过这样做，我们真正做到给人一种"社区银行"的感觉。

员工

通过创新的领导力、积极的主动性、持续不断的改革、新颖的问题解决方案、卓越的服务质量，以及满足客户的要求，安快银行的员工展示了他们过人的专业才能和个人才能。作为回报，员工们可以尽情地享受各种活动带来的乐趣，这些活动包括各种激励计划、认可与奖励项目，以及只有在持续发展的组织里才能获得的职业发展机会。

文化

我们的企业文化是安快银行客户体验的心脏与灵魂，是

我们区别于竞争者的所在，正是它使得公众对我们做出这样
的评价："安快真是与众不同！"我们的文化由与员工息息
相关的卓越服务与销售环境及客户体验组成。我们在内部和
外部所展示的行为使我们可以自豪地说："我们是世界一流
的银行。"

行动

安快银行采取各种行动，为客户提供诚实、可靠、安全
的理财服务，赢得并保有客户对我们的信赖，努力将我们的
服务标准提升到更高的水平。我们不断地寻找解决办法，满
足客户的需求。我们在开展业务的同时始终保持一种紧迫
感，确保我们的行动和回应能使客户忍不住地发出赞叹。[①]

二、尊重规律：安快银行的经营地图

安快银行怎么样坚守本源做银行？如何把安快银行引领至"成为
一家非常优秀的银行"呢？简单地说，就是按照银行的经营规律和思
维习惯来思考怎么样经营安快银行。每一年，安快银行的决策层都要
思考并回答如下问题，这其实就是安快银行的"经营地图"：

- 我们吸引新存款、贷款和租赁的能力，以及在门店合并期
  间保留存款的能力。

---

① 戴维斯 . 零售银行领导力打造 ［M］. 杨俊川，译 . 北京：企业管理出版社，
2010.

- 市场区域对金融服务的需求。

- 竞争性市场定价因素。

- 我们有效开发和实施新技术的能力。

- 经济状况恶化，可能导致贷款和租赁损失增加，尤其是那些与房地产相关贷款集中有关的风险。

- 市场利率波动。

- 长期的低利率环境压缩净息差。

- 资金来源的稳定性和借款的持续性。

- 法律或监管要求的变化、监管检查的结果可能会增加费用或限制增长。

- 我们招聘和留住关键管理人员与员工的能力。

- 竞争和获取并购机会。

- 与并购整合相关的风险。

- 公司市场价值大幅下降，可能导致商誉受损。

- 我们在合理条件下筹集资本或负债的能力。

- 监管限制银行向公司支付股息的能力。

- 金融监管改革，包括《多德－弗兰克华尔街改革和消费者保护法案》的影响，法案及其他有关本公司业务运作的法律与执行规例如何影响本公司的合规成本、利息费用和收益。

- 我们的操作系统或安全系统，或第三方供应商网络攻击的结果。

- 竞争，包括来自金融科技公司的竞争。

　　显然，这份经营地图反映出安快银行的决策层在银行基础的经营策略上，与其他银行并无二致。无论是"成为一家非常优秀的银行"，还是"打造一家独一无二的银行"，其不变的底层核心是"银行"二字。一切的战略打法，都需建立在"银行"这块基石之上。戴维斯所引领的安快银行，之所以能够在美国众多小银行里持续增长、发展壮大，还在于他的战略定力和对战略执行的持之以恒。戴维斯自己就曾经说过："用各种令人惊叹的新产品及服务创新让现有和潜在的客户眼花缭乱，是有百弊而无一利的。在你朝思暮想要满足客户疯狂的愿望之前，一定要保证首先满足他们的基本需求。"

　　这份经营地图看似朴实无华、了无新意，笔者却在深究安快银行发展史和戴维斯经营管理理念后，读出了"看山是山，看山不是山，看山还是山"的第三层境界的真义。山还是山，银行还是银行，但如何把银行做好的心境是不一样的。戴维斯强调"战略即主张"，你的战略即你的文化，你的文化即你的战略。安快银行每年不厌其烦地审视、思考这份经营地图，源于其"以前是，以后永远都是社区银行"的自我定位。由此出发，遵从本源，在巨变的时代和技术飞跃革新的当下，为更好应对不确定性的未来，消除了不必要的焦虑，更积极主动且从容地调整应对，以找到适合自身发展的经营路径。

三、基础为王：把基础工作做到极致

　　戴维斯曾在其书中引用美国杰出的商业哲学家吉米·罗恩的金

句——"成功既不神奇也不神秘,它是持之以恒地运用基本原理的自然结果",来注解做好基础性工作的重要性。他认为:"如果你的公司建在高跷上,商业活动中哪怕最轻微的震动也足以让你的公司倒塌。所以,基础越牢固、深厚,你的公司挺立得越稳,越有可能熬过哪怕最困难的时期。"①

戴维斯进一步举例:假如,你经营的是一家餐馆,要做的基础性工作之一,就是要通过政府部门的卫生标准检查;另一项基础性的工作就是,你提供的食物一定要可口,餐馆内的环境要让人感到舒适,能够把顾客吸引进来。你的服务员应待客友好,点菜或者上菜不应该让顾客等太长的时间。当人们把自己辛辛苦苦挣来的钱花到一家餐馆的时候,这些都是他们期盼能够得到的最基础的服务。

如果你经营的是一家建筑公司,你的客户一定期望你懂得看设计图,期望你雇用经验丰富、工作水准高的分包商。

"每个行业都有一套必须做好的基础性工作。银行业是一个监管非常严格的行业,我们必须达到监管机构对于我们的各种监管要求或标准。如果做不到这一点,监管机构就会让我们关门歇业,就像卫生部门在餐馆没有达到《中华人民共和国卫生法》要求之前,可以关闭餐馆一样。如果你连基础性的工作都做不好,没有建立起牢固和强有力的基础,这就意味着你的银行随时有倒闭的可能。"

综上所述,安快银行强调首先要做好基础性的工作,这就是"守正"。不仅如此,安快银行坚持高标准,要把基础工作做到极致。这源于戴维斯的一次亲身经历。

---

① 戴维斯,伊科纳米.在不确定性中引领[M].李明,译.北京:中信出版社,2014.

有一次，戴维斯入住新奥尔良的温莎苑酒店，在会议期间的某个时刻，戴维斯穿过过道，询问一位酒店员工洗手间怎么走，戴维斯的本意是希望这位站在梯子上擦拭艺术品的员工指下路，不料这位员工迅速从长长的梯子上爬下来，亲自带戴维斯来到洗手间门口。戴维斯后来了解到，该酒店有规定：员工不得为顾客指路，必须亲自带顾客到他们要去的地方。这件事情给戴维斯留下了深刻的印象，从此他建立起高标准严要求的坚定信念。

风险管理是银行的一项基础管理工作，安快银行能够一路成长走到今天，和其在风险管理方面的严明纪律是分不开的，尤其是其在2008年美国金融危机中的杰出表现。2007年年底，戴维斯走访加利福尼亚州萨克拉门托，他看到高速公路两旁都是新建的房子，时刻绷着风险这根弦的银行家马上意识到：当地的经济发展和消费水平怎么能够支撑得起这么大规模的房地产开发需求呢？如果房地产市场崩盘，会给银行带来怎样毁灭性的影响呢？一回到办公室，戴维斯马上了解到：安快银行在当地的房地产相关贷款余额超过7亿美元。他果断地采取行动，从而保障安快银行安然度过这场危机。

戴维斯非常推崇同样在金融危机前敏锐意识到风险隐患，并立即果断行动化解风险，从而带领摩根大通成为今天全球市值最高银行的杰米·戴蒙，称他是"世界上最值得尊敬的银行家"，认为"如果他当时没有采取那种方法，没有做正确的事，那么，这场危机对于摩根大通来说可能仍将是持续存在的问题"。在危机肆虐的过程中，戴蒙和戴维斯一样，通过预先对关键风险的全面摸排，对所辖银行的风险类别、敞口心中有数，了如指掌。而在危机中损失惨重的花旗银行，面对美国监管当局的征询责问，其管理层长时间无法准确填报衍生品的风险敞口情况。如果说2008年金融危机对美国银行业是一场"洗牌"，那么坐在牌桌上的这些银行家比拼的全然不是运气，而是基本功，也就是平时的基础工作和基础管理。

四、立命之本：对经营定位的坚守

安快银行的"守正"，更明显地表现在对经营定位的坚守上。过去一段时期里，中国一批中小银行纷纷推动所谓的资管业务转型，个别银行走火入魔，一方面埋下了诸多风险隐患，被监管部门斥为"金融乱象"；另一方面远离客户端，远离实体经济，直接带来了核心竞争能力和基础客群的流失，不利于银行的可持续发展。

打开安快银行的财务报表，你会发现安快银行拥有的是一张非常清爽、干净、稳健和传统的资产负债表。该行的净利差高达3.73%（2015年），体现出其很强的议价能力，也反映了其基础客户关系深度；非息收入占比在美国监管机构对银行收取手续费等非常宽容的前提下仅约为20%；负债结构中，客户存款占比高达90%，而资产结构中，贷款占比高达70%。

安快银行的经验告诉我们，传统的存贷业务才是中小银行的安身立命之本，息差收入才是中小银行的主要收入来源。这与国际上其他优秀的中小银行的经营特征是高度趋同的。

举一反三，推而广之。鉴于相关数据的可得性，笔者曾对2016年前后相关银行的经营情况进行分析，认为中小银行应该坚守定位，找准转型发展的锚，虽然过去了几年时间，但相关结论不受影响。以下是笔者的分析及研究结论：

2016 年，英国《银行家》杂志公布的世界银行 1 000 强中，有 119 家中资银行入围，其中既有国有大行，也有近 100 家区域性、地方性城市商业银行和农村商业银行。本文从商业银行不同资产规模维度出发，选取了 2016 年 1 000 强银行中 33 家具有一定代表性的国外银行机构，以及 25 家国内上市银行，分为资产规模 3 万亿元（人民币）以上的大型机构、5 000 亿元至 3 万亿元的中型机构和 5 000 亿元以下的小型机构三个等级，分别对其利差水平、非息收入占比、资产、负债结构、成本收入比等指标进行分析，希望能够总结其中的一些特点规律，为中国中小银行实现差异化发展、破解转型迷局打开一扇窗。①

1. 基于规模视角的对标分析

（1）规模因素对净利差水平有一定影响

国外大中型银行净利差水平相对较低，基本维持在 1.50% 左右，小型金融机构净利差水平相对较高，平均可达到 2% 以上（见图 3-4）。这一特点与国内银行基本相似，即小型银行净利差水平要优于大中型银行，大中型银行之间净利差水平基本保持一致（见图 3-5）。不同的是，不同规模国内银行净利差水平整体上要高过国外银行净利差水平 1 个百分点左右。

结合图 3-4 和图 3-5，我们看到，无论是国内银行还是国外银行，

---

① 相关统计数据均来自各银行年报及万得（Wind）数据库。由于各国会计制度、证券业信息披露制度差异，以及各行统计口径不同等问题，统计数据可能存在偏差，为克服单一数据失真的影响，本文主要采用平均值数据作为对标分析依据。

□2014 年　■2015 年

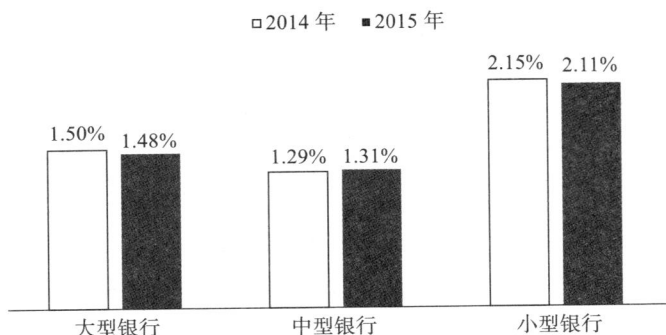

图 3-4　国外不同规模商业银行净利差水平

□2014 年　■2015 年

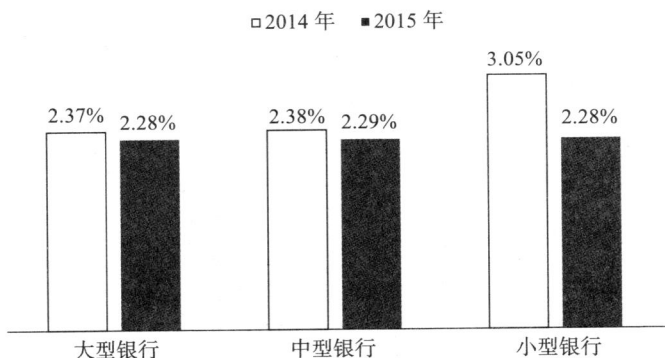

图 3-5　国内不同规模上市商业银行净利差水平

伴随着资产规模的扩大，特别是从小型银行向中型银行过渡的过程中，净利差水平会有一定程度的收窄。目前中国银行业整体净利差水平相对较高，但是收窄趋势明显，特别是小型银行，由于缺乏基础客户群和基础性金融服务手段，近年来又主要通过同业业务和金融市场业务来做大规模，净利差水平的加速下行在所难免。为了保持发展源动力，既保持利润增长水平，又防范可能的市场系统性风险，国内中小型银行有必要俯下身子，做厚、做实社区金融业务，成为区域内市场占有率的领先银行。有一个数量庞大的基础客群和丰富的基础金融业务服务手段，才是一个金融机构长久发展的核心要素。

（2）非息收入占比受规模因素影响显著

从图 3-6 可以看到，国外不同规模银行非息收入水平均高于国内
银行一个量级，且其非息收入占比与规模呈线性正相关关系，规模越
大非息收入占比越高。此外，我们还可看到，国内外小型银行非息收
入占比差距明显大于大型银行间的差距，说明非息收入业务短板问题
在国内小型银行中更为明显。

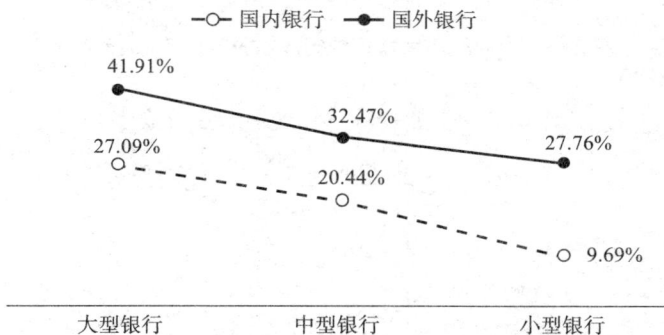

图 3-6 国内外不同规模银行非息收入占比情况（2015 年）

（3）成本收入比差异悬殊

从图 3-7 可以看到，国外银行成本收入比显著高于国内银行成本收
入比，且无论国内、国外，规模因素对成本收入比基本没有产生影响，这
与人们认为的国内银行缺乏经营效率及大型银行会有规模优势大相径庭。

（4）资产结构明显有别

从图 3-8 可以看到，国外大型银行资产类业务结构特点明显，信
贷业务与金融市场业务各占半壁江山；中小型银行资产类业务占比高
度趋同，均以信贷业务为主，占比近七成左右，金融市场业务占比不

超过 25%。

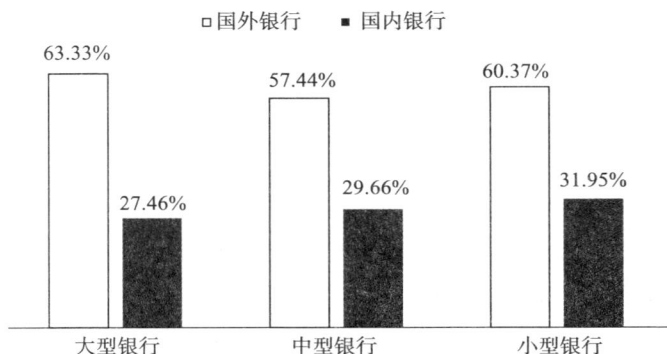

图 3-7　国内外不同规模银行成本收入比（2015 年）

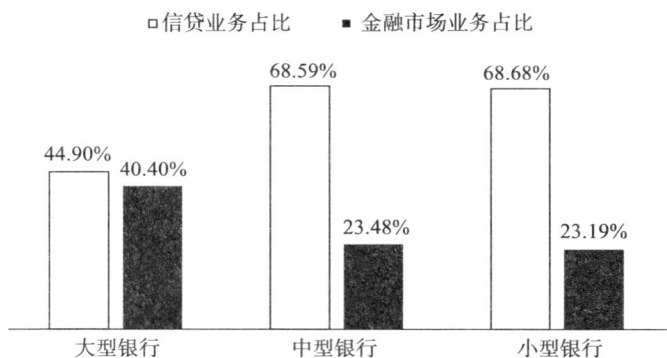

图 3-8　国外不同规模银行资产类业务情况（2015 年）

从图 3-9 可以看出，国内大型银行信贷资产占比略高于国外银行的水平，国内中小型银行信贷资产占比均明显低于国外银行的平均水平。这一分析结果也从侧面证实了近年来国内银行表外业务超常规发展的事实。

笔者认为，无论是信贷资产还是表外资产，运用得当都可以服务实体经济，为投资人创造利润，对国民经济发展起到促进作用。只是就目前国内经济走势来看，大量银行资金并没能有效注入实体经济，中小型银行业务规模经由表外金融资产的不断注入，多少有虚高之嫌。

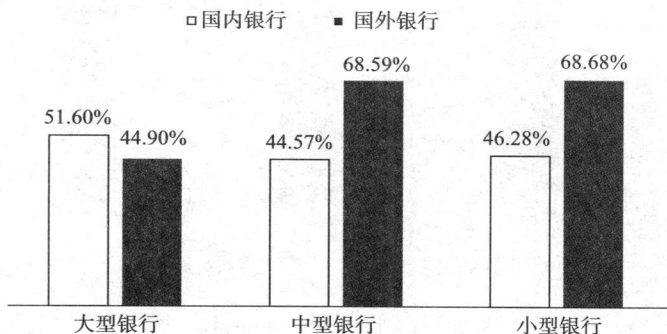

图 3-9　国内外不同规模银行信贷类资产占比情况（2015 年）

（5）负债结构整体趋同

从负债业务数据看，国内外不同规模的银行负债业务结构趋同（见图 3-10、图 3-11），大中型银行由于自身规模、实力优势及业务结构特点，负债业务来源更趋多元化，非存款类资金占比较高，而小型银行客户存款占比明显高于大中型银行。

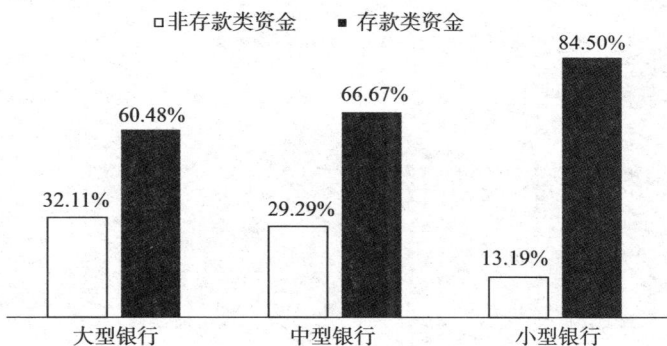

图 3-10　国外不同规模银行负债业务结构（2015 年）

□其他类资金占总负债比重　■存款占总负债比重

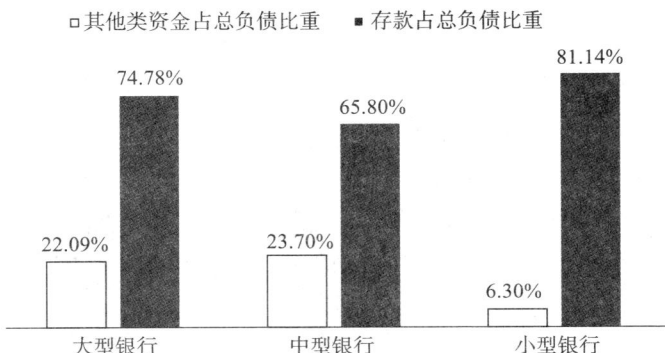

图 3-11　国内不同规模银行负债结构情况（2015 年）

据笔者观察，近年来国内小型银行为了迅速做大业务规模，积极通过发行同业存单及金融同业负债的形式做大负债规模。万得数据库中相关数据显示，上市小型银行其他类（含同业）资金占比仅 6.30%，明显低于大中型银行，多少有些出人意料。也不排除部分银行通过会计操作将保险等金融同业资金以公司存款形式核算的情况存在，具体情形暂不在本文进一步讨论。

将负债结构与净利差对比来看，国外小型银行客户存款占比达 85%，明显高于大中型银行，其净利差表现也要优于大型银行。基于此，我们在一定程度上可以推断，小型银行较高的客户存款占比对于其维持净利差水平具有一定的积极作用。

2.对国内中小型银行转型发展的建议

（1）发展中间业务要量力而行

在上述对标行非息收入占比分析中，国外大型银行一枝独秀，非息收入占比达四成以上，中小型银行非息收入占比逐步降低，但整体差距并不大，其中，中型银行可达三成以上，小型银行平均不到三成。可见大型跨国性金融机构在获取非息收入业务方面占有相对优势，中小型银行对于自身非息收入在总收入中的占比期望值不宜过高，过分强调非息收入占比只会导致业务结构越来越脱离自身发展实际。

将国外不同规模银行非息收入占比与净利差水平对应来看，小型银行非息收入占比只有 25% 左右，但净利差明显高出非息收入占比达四成以上的大型银行近 0.60%。从国内对标数据看，小型银行非息收入占比明显低于大中型银行，但净利差水平基本持平。商业银行净利差水平的影响因素众多，通过上述分析可知，非息收入占比与净利差水平之间并不存在较强的正相关关系，这也与我们当前一些想当然的论断大相径庭。

国内中小型银行与国外先进同业相比，非息收入水平确实存在一定差距。造成这种现象有混业经营限制、核算口径差异等诸多原因，但是考虑到当前中国的社会融资结构正在从间接融资主导向直接融资过渡，中小型银行为了顺应市场发展，在非息收入领域也应继续有所作为。需要注意的是，扩大非息收入来源不应在现有收入结构下拆东墙补西墙，打会计核算擦边球，将一些原先列为利息收入的客户调整为非息收入，而应以切实扩大基础客户群、创新业务和产品、不断拓宽服务渠道为基本前提。

（2）规模扩张要以传统业务为基础

在国外银行资产类业务分析中我们看到，国外大型银行信贷业务与金融市场业务占比相当，都达到 40% 左右；中型银行传统信贷业务占比达到近 70%，金融市场业务占比不到 25%。国内银行信贷类资产占比情况则多少超出人们的预期，除大型银行信贷类资产占比略高于国外银行，中小型银行信贷类资产占比均明显低于国外银行。

造成这一现象的原因可能有以下两点：一是规模发展的冲动，二是早期显性的存贷比监管及现在隐形的存贷比窗口指导限制。内外两种因素，加上货币对内流动性充分及对外不可自由兑换，再考虑到实体经济下行、居民投资需求旺盛等多重因素叠加，种种机缘巧合促成国内银行的金融市场业务、同业业务的"非理性"繁荣。中国的银行，特别是中小型银行，形成这样一种业务格局有其自身的必然性与合理性，只是依照国外银行的经验来看，这一占比已然过高，近年来监管机构推出宏观审慎评估体系，以及关于理财资金投向的审查，其根源也是预见到这种"非理性"繁荣已给银行业乃至国民经济带来过多的不利影响。

中小型银行无论从自身经营发展需要，抑或政治敏感度等角度考虑，都应重新审视自身业务、规模扩张规划，趁着经济下行及严查资金"脱实入虚"的"政策东风"，充分利用这一缓冲期固本强基，在夯实负债业务基础、做好资产业务风险评估的大前提下，再谋规模扩张。

（3）混业经营要有所侧重

在收集国内外银行经营数据的过程中，笔者通过各行年报发现，国外中等规模银行大都早已突破混业经营限制，通过设立子公司或参股形式拥有证券、保险、资产管理等牌照，成为一定程度上的金控公司。在上文中我们看到，国内外中型银行非息收入占比明显高出小型银行一个量级，其中或多或少都借助了集团混业经营的优势。部分国外银行的保险业务收入、证券交易手续费、投资咨询费等科目往往占到非息收入的一半以上。

反观国内小型银行，其在混业经营、金融机构交叉持股等方面还处在尝试阶段，基金、保险、证券等对银行业务支撑作用明显较大。但是，目前对国内小型银行开放较多的是融资租赁、消费金融等牌照，这些与银行现有业务领域有较多重合，对小型银行来说多有"鸡肋"之感。如有可能，用同等的注册资金，通过参股形式持有一些寿险、基金、资产管理公司的股份，也许对小型银行来说是更具现实价值的选择。

（4）客观看待成本收入比高低问题

从数据统计结果看，国内银行成本收入比明显低于国外银行，究其原因，主要有两点。一是较低的人力成本。虽然我国金融业从业人员收入水平明显高于国内其他行业从业人员，但是与国外同行相比并无优势，如果综合考虑营业网点人员的工作强度，国内银行更是远超国外银行，例如在发达国家，商业银行极少有周末营业的，英国还有专门以"bank holiday"命名的假期。换个角度看，与发达国家相比，我国各行业的人力成本无疑都更具竞争力。二是近十年来中国银行业收入水平一直保持高速增长，分子（成本）较低的同时分母（收入）不断增加，势必拉低成本收入比。反观国外银行，其成本高居不下，收入水平长期在低位徘徊，种种因素叠加，导致其成本收入比远超国内银行。

不少国内银行经营者对此数据沾沾自喜，并将此作为自身经营亮点大书特书。在此，笔者试从另外的角度谈谈对成本收入比的认知。首先，较低的成本收入比并不能说明企业经营一定更有效率或更具发展潜力。众所周知，长期以来，国内银行的常规经营模式一直以垒大户、大对公业务为主，一两名核心客户经理维系四五位大客户，养活支行二三十人，对私业务、零售银行业务不过是撑撑门面。虽然近年来各家银行都在高举零售转型大旗，但是零售银行业务推进起来难度颇大，一个根本原因就是成本收入比不合适。《富国之道：富国银行董事长写给股东的信》①一书披露了富国银行近十年来的成本收入比及其构成情况。以社区金融业务见长的富国银行，尽管其成本控制非常到位，但其在美国银行中物理网点最多，有几十万名员工，基础设施、信息技术和人力的巨大投入导致其成本收入比常年高达近60%，超过国内银行该指标水平近一倍。由此可见，不同的业务模式导向、所在国家地区货币、利率政策及经济发展所处阶段，都会对当地银行业的成本收入比水平带来趋势性导向。

国内中小型银行正在全力推动向区域性银行、零售型银行转型，人力、科技、网点建设成本势必大幅增加，而受宏观经济下行影响，整体利润增速在不断下滑，这需要银行管理层能够将眼光放得更长远些，不要拘泥于一城一地的得失。同时，中小型银行在向区域性银行、零售型银行转型的过程中，在加大网点建设力度、信息科技投入的同时，也不能一味求多、求新，不顾自身业务发展规划需要，过于冒进，造成经营成本短期内暴增，而应保持成本收入比的适度、平稳增长，将其稳定在一个相对合理的区间。

---

① 柯瓦希维奇，斯坦普．富国之道：富国银行董事长写给股东的信［M］．王礼，译．广州：广东旅游出版社，2016.

【链接】

表 3-1　对标银行排名、总资产及净利差一览

大型银行	福布斯排名	福布斯本国排名	总资产（百万美元）	净利差		成本收入比
				2015 年	2014 年	
富国银行	8	4	1 787 632	2.60%	2.73%	56.89%
摩根大通	3	1	2 351 698	1.85%	1.70%	63.05%
渣打银行	37	5	640 483	1.47%	1.52%	67.88%
德意志银行	21	1	1 770 793	1.11%	0.97%	98.11%
荷兰国际集团	34	1	911 443	1.52%	1.52%	50.66%
西班牙对外银行	28	2	815 302	2.14%	2.28%	51.97%
瑞穗银行	18	3	1 717 647	0.52%	0.64%	57.84%
三井住友金融集团	15	2	1 656 626	0.79%	0.80%	63.29%
汇丰银行	9	1	2 409 656	1.35%	1.32%	60.24%
平均值				1.48%	1.50%	63.33%

中型银行	福布斯排名	福布斯本国排名	总资产（百万美元）	净利差		成本收入比
				2015 年	2014 年	
五三银行	98	20	141 082	2.50%	2.59%	57.67%
PNC 金融服务集团	44	8	358 690	2.31%	2.47%	61.36%
全英房屋抵押贷款协会	101	8	287 618	1.52%	1.47%	44.93%
巴伐利亚州立银行	120	6	234 468	0.75%	0.72%	56.51%
巴登－符腾堡州立银行	94	5	254 364	0.71%	0.71%	87.07%
北德意志州银行	134	7	196 737	1.24%	1.08%	42.29%
福冈金融集团	212	15	145 664	0.96%	1.08%	62.91%
千叶银行	185	12	117 783	0.96%	1.05%	46.78%
横滨银行	154	9	135 567	0.83%	0.44%	—
平均值				1.31%	1.29%	57.44%

（续表）

小型、微型银行	福布斯排名	福布斯本国排名	总资产（百万美元）	净利差		成本收入比
				2015 年	2014 年	
亨廷顿银行	193	34	71 045	2.75%	2.77%	65.51%
安快银行	411	54	23 387	3.73%	3.42%	65.54%
联合银行	585	83	12 578	3.05%	3.05%	49.65%
西部联盟银行	563	80	14 275	3.45%	3.63%	49.80%
锡安银行	183	33	59 670	2.87%	2.94%	76.08%
维珍理财集团	457	18	45 118	1.51%	1.38%	64%
塞恩斯伯里银行	803	26	6 715	3.40%	3.63%	—
乐购银行	458	19	16 416	3.60%	3.76%	55.62%
西德意志州银行	300	14	56 465	1.28%	1.20%	52.29%
德国工业银行	448	18	24 097	1.14%	0.77%	64.84%
日本中国银行	240	20	69 254	1.02%	1.03%	—
七七七银行	312	26	76 344	0.82%	0.82%	—
北洋银行	346	28	75 153	0.94%	1.66%	—
爱知银行	543	53	26 665	1.02%	1.08%	—
常阳银行	252	21	82 205	1%	1.06%	—
平均值				2.11%	2.15%	60.37%

注：
1. 不同银行会计年度周期存在差异，为便于本表比较，我们将跨年度会计周期银行统一划归为 2014 和 2015 两个年度进行比较。
2. 不同银行对非息收入、同业业务、金融市场业务科目定义标准等存在部分差异，但整体比率不会相差太多，不至于影响到本表的分析判断。

表 3-2 对标银行非息收入占比、资金来源及资产结构一览

大型银行	非息收入占比		资金来源				资产结构			
			客户存款		同业资金		客户贷款		金融市场业务	
	2015年	2014年	2015年	2014年	2015年	2014年	2015年	2014年	2015年	2014年
富国银行	47%	48%	81%	83%	19%	17%	50.80%	58.37%	39.11%	37.56%
摩根大通	53.49%	54.12%	54.42%	53%	30.74%	32.91%	36.18%	29.44%	46.69%	48.42%
渣打银行	38.47%	39.99%	59.23%	59.68%	30.46%	31.22%	52.14%	52.62%	46.90%	44.81%
德意志银行	40.46%	41.42%	36.31%	32.59%	50.45%	54.14%	26.61%	23.74%	54.97%	59.19%
荷兰国际集团	25.34%	19.57%	63.83%	61.94%	29.93%	33.92%	68.25%	64.23%	30.57%	33.85%
西班牙对外银行	23.91%	23.02%	59.38%	56.78%	28.16%	31.90%	48.70%	53.59%	32.59%	34.38%
瑞穗银行	52.42%	47.41%	57.37%	54.34%	37.92%	35.26%	38.70%	39.42%	36.92%	40.12%
三井住友金融集团	47.46%	41.86%	74.46%	68.88%	21.40%	27.29%	40.23%	48.54%	21.84%	25.06%
汇丰银行	48.63%	46.24%	58.30%	55.49%	40.94%	40.05%	42.51%	42.99%	53.99%	54.77%
平均值	41.91%	40.18%	60.48%	58.41%	32.11%	33.74%	44.90%	45.88%	40.40%	42.02%

（续表）

中型银行	非息收入占比		资金来源				资产结构			
			客户存款		同业资金		客户贷款		金融市场业务	
	2015年	2014年	2015年	2014年	2015年	2014年	2015年	2014年	2015年	2014年
五三银行	42.71%	38.03%	82.42%	82.67%	17.58%	17.33%	66.26%	64.95%	23.44%	23.16%
PNC 金融服务集团	42.70%	42.07%	79.68%	77.67%	17.45%	18.99%	57.66%	59.35%	20.10%	16.83%
全英房屋抵押贷款协会	7.41%	9.20%	70.05%	71.23%	29.15%	27.91%	89.32%	87.25%	13.30%	11.62%
巴伐利亚州立银行	30.08%	77.67%	42.04%	37.05%	52.53%	57.18%	76.60%	74.19%	21.95%	24.43%
巴登 - 符腾堡州立银行	37.31%	30.05%	28.38%	27.60%	67.29%	68.19%	59.41%	56.94%	39.52%	42.17%
北德意志州银行	15%	10.19%	34.98%	30.64%	49.10%	54.12%	71.31%	68.91%	28.69%	31.09%
福冈金融集团	28.27%	28.65%	85.50%	91.46%	13.50%	6.96%	65.26%	67.93%	21.74%	21.27%
千叶银行	40.45%	36.92%	92.63%	93.23%	5.97%	5.70%	66.32%	67.05%	23.40%	25.36%
横滨银行	48.32%	43.68%	84.37%	91.62%	11%	5.54%	65.16%	68.35%	19.15%	18.33%
平均值	32.47%	35.16%	66.67%	67.02%	29.29%	29.10%	68.59%	68.32%	23.48%	23.81%

（续表）

小型、微型银行	非息收入占比		资金来源				资产结构			
			客户存款		同业资金		客户贷款		金融市场业务	
	2015年	2014年	2015年	2014年	2015年	2014年	2015年	2014年	2015年	2014年
亨廷顿银行	32.94%	33.13%	85.80%	86.26%	11.92%	11.23%	71.51%	71.88%	21.74%	19.94%
安快银行	22.87%	18.05%	90.63%	89.70%	7.93%	8.87%	73.59%	67.79%	11.05%	12.03%
联合银行	14.81%	16.21%	84.75%	85.98%	15.25%	14.02%	74.69%	74.61%	10.74%	9.64%
西部联盟银行	5.36%	5.59%	94.85%	93.04%	5.15%	6.96%	78.01%	79.23%	14.31%	14.60%
锡安银行	17.06%	21.54%	96.57%	96%	2.38%	2.84%	68.38%	70.03%	26.75%	24.46%
维珍理财集团	12.81%	16.45%	87.04%	88.43%	12.10%	10.55%	91.14%	89.77%	4.56%	6.18%
塞恩斯伯里银行	37.23%	34.33%	82.37%	92.30%	14%	4.52%	81.42%	77.37%	18.58%	22.63%
乐购银行	48.58%	50.20%	78.43%	80.51%	17.87%	19.02%	77.70%	76.79%	12.86%	11.35%
西德蔷恣州银行	21.14%	23.23%	62.08%	58.68%	32.92%	36.04%	66.99%	61.64%	12.82%	14.13%
德国工业银行	53.84%	54.75%	41.33%	39.94%	49.97%	52.19%	59.75%	59.41%	35.46%	37%
日本中国银行	29.76%	26.78%	85.12%	89.66%	12.54%	8.58%	51.71%	51.03%	44.52%	46.25%
七七七银行	32.32%	30.41%	96.70%	97.10%	1.30%	1.51%	49.13%	47%	43.20%	44%
北洋银行	40.17%	43.73%	96.20%	95.92%	2.88%	3.23%	68.25%	71.50%	21.95%	19.87%
爱知银行	26.43%	26.10%	94.30%	94.75%	3.95%	3.71%	54.55%	55.70%	38.21%	37.24%
常阳银行	21.14%	21.12%	91.28%	93.40%	7.68%	5.91%	63.40%	62.83%	31.03%	33.05%
平均值	27.76%	28.11%	84.50%	85.44%	13.19%	12.61%	68.68%	67.77%	23.19%	23.49%

MPQUA

ANK

04

出奇：

安快银行的
网点转型制胜

安快银行的出奇制胜，即如何成为一家"非常优秀的零售商"，在笔者看来，其主要抓手是落实到网点转型层面的。

一、洞见：未来银行需要网点吗

一直以来，围绕网点转型，银行做了很多探索，也有很多困惑，首要的一点就是，未来银行需要网点吗？

在《银行 3.0》中，布莱特·金认为，银行客户行为有四个重要阶段，当前我们处在第三个阶段：网点走向消亡，支付方式走向移动化。如果再往前追溯，银行 2.0 时代，布莱特·金指出："在银行网点之外有了自动取款机（ATM），我们不再受到时间的限制，比如说你可以在你想要的时间、地点找到 ATM，不用去银行的网点。这个时候我们对银行的想法发生了变化，不仅仅关注去银行的网点获得银行的服务。"

《银行 4.0》是银行"网点消亡论"的集大成者，其畅想的就是一个没有网点，或者基本不需要网点的银行未来。比尔·盖茨的"银行是 21 世纪的恐龙"曾经广为人知，其论据或多或少也与传统银行的网点包袱有关。马云认为"天下没有难做的生意",其要义就是把所有实体店铺的生意都搬到网上去。同时他放言,"如果银行不能做出改变,那我们就想办法改变银行",他所说的"改变银行",核心的一点就是银行的全面去网点化,他发起设立的网商银行就是一家纯互联网运营的新型银行。

如果未来银行不要网点,谈网点转型有什么意义呢?如果未来世界没有银行网点,小型银行何以立足和栖身呢?当所有网点都被裁撤,员工又该何去何从呢?这是一个攸关小型银行安身立命的根本性问题。

那么,未来的银行需要网点吗?安快银行的答案是肯定的。

戴维斯从 20 世纪 90 年代起开始执掌安快银行,根据布莱特·金的观点,其时正处在银行 2.0 时代。随着互联网的兴起和 ATM 技术的发展,很多人都不再亲自到银行网点办理业务,尤其是年轻人,他们厌恶隔着冷冰冰玻璃的机械式服务及大量的排队等待时间,他们在家里通过网上银行、手机银行办理查询余额、转账汇款甚至支票存款等大多数业务,那些少数不能在家里办理的业务,比如现金存取,则可以通过遍布超市、商场、社区的 ATM 机来办理。看起来人们不再有过多的理由踏入银行网点,老式银行时代已经结束。正是在这一时期,"网点消亡论"逐步流行,银行家们对银行网点的未来趋势感到茫然,而对网点成本的抬升心生惧意。

在戴维斯看来,银行网点仍然具有不可替代的作用,客户关系是银行业务发展和盈利的基础,而网点才是银行与现有及潜在客户建立和深化关系的地方。大多数银行客户与某位银行员工逐步建立稳定关系以后,与这家银行的合作关系会比较容易和稳定地延续下去,只有在实体网点,银行员工才有更多机会与客户面对面地交流并建立起良好的信任关系，从而增加客户的黏性和忠诚度。

在过去很长一段时期里，安快银行都没有关闭过网点，而是不断地创新网点运营模式。可以说，安快银行的商业模式就是建立在其独具一格的网点运营模式之上的，网点创新转型成为安快银行经营转型的主线。

【链接】

摩根大通如何看待"网点消亡论"

摩根大通毋容置疑已经成为银行业中数字化的领军者，2014年以来，摩根大通的技术和数字领域招聘了 2 000 多名新员工，同时在运营岗位上减少了 7 000 人。

摩根大通追求线上线下一体化，期待约 6 000 家分支机构与当地社区融为一体。大约 2/3 的接受摩根大通定制服务的客户平均每季度到访网点 4 次。摩根大通的网点大都地理位置绝佳，处于全美增长最快的市场，无论在哪里，这些网点的竞争力都超过了其竞争对手。

摩根大通大多数的分支机构大约每 6~7 年更新一次，新网点有更新的技术和更佳的品牌体验。2014年以来，摩根大通的柜员总交易量大幅减少，自助服务/数字交易量则大幅增加。据此，摩根大通不断调整网点建设规划。2016年，摩根大通减少了大约 150 家物理网点，这在当时曾引起热议，因为杰米·戴蒙曾在 2012 年旗帜鲜明地反驳银行"网点消亡论"。

戴蒙说道："多年来，一些人预测银行实体网点的消亡，因为更多的客户选择在网上或移动设备上处理银行业务。然而，我们的经验表明，客户选择既使用实体网点也使用网上银行，而不是从中选一。超过1 700万的客户选择在网上支付账单。然而，当客户希望申请信用卡或寻求个人财务咨询时，他们更偏爱直接与银行经理进行面对面的接触。这些都只能发生在实体网点。小型企业和中间市场客户更愿意直接讨论业务需求，比如他们更偏好亲自来处理现金业务，而非在网上处理。实际上，没有分支机构网络，我们的中小企业业务就不会存在。

"分支机构网络也是我们相对于许多其他企业的竞争优势。例如，当我们开设摩根大通分行，它不仅提供银行卡服务和抵押贷款业务，并带来更多的信用卡业务和零售抵押贷款业务。今天，约45%的摩根大通品牌信用卡和约50%的零售抵押贷款是由我们的分行销售的。

"如今，我们银行的家庭消费者平均使用7种摩根大通的产品和服务。我们的客户越来越喜欢选择更人性化和更实际的业务办理方式，我们的分支机构网络让客户有了更多选择。"

而在2018年，摩根大通新开设了400多家分支机构，并且计划到2022年，其网点服务辐射到93%的美国人口。通过聪明地了解在哪里开设分支机构，即使是在网点裁、并的市场，摩根大通的市场份额仍然在增长。

二、改造：安快银行特色的"网点革命"

安快银行的网点是怎样转型的呢？以下是其基本的网点创新元素和转型路线图。

1. 愿景

"欢迎来到世界上最伟大的银行。"（Welcome to the world's greatest bank.）——安快银行的网点形态各异，每个网点都掺进了自己的风格和特色，但这句标语出现在每个网点内的墙上（见图4-1），也是安快银行的每一位员工（包括行长）在接听电话时说的第一句话。这在习惯中庸、沉稳的中国银行家看来，稍稍有那么一点违和感，而如果了解到这个口号出现在20世纪90年代，其时安快银行还只是一家规模非常小的银行，真会让人吃惊不已。然而这正是戴维斯改造安快银行文化基因的开端。他经常津津乐道于下面这一故事。

图 4-1 安快银行网点内墙上的醒目标语

戴维斯不是一个传统型的银行家，他一直想用现代零售商业的经营方式来改造银行。到任不久，他在罗斯堡推出了第一家新概念商店，与任何一家银行的网点都不一样，这一家新概念商店拥有电脑咖啡厅，并为排队等候的客户放映一些有吸引力的画面，甫一推出就引起轰动。但戴维斯不希望这一创新仅仅成为一个噱头，他希望在员工的精气神方面带来更多的更具实质性的改变，推动创新一路向前。为此，他精心挑选了新概念商店的负责人尼尔·布朗，并为每一位员工赠送了一本《顾客也疯狂》的有趣书籍，戴维斯亲自参加了他们的主题读书会。该书中讲到一个加油站提出"欢迎来到世界上最伟大的加油站"的营销策划，这一案例后来成为安快银行打造"世界上最伟大的银行"的灵感源头。

某天戴维斯休假回来，深夜经过罗斯堡的新概念商店，让他大吃一惊的是：店面上悬挂着一幅高约5英尺、长约50英尺的巨大横幅，上面写着"欢迎来到世界上最伟大的银行"。第二天他打电话给尼尔，在听了尼尔激情四溢的汇报后，戴维斯没有责备尼尔"先斩后奏"的"越权之举"，而是采用激将法，告诉他要么坚定地打造世界上最伟大的银行，要么把横幅撤下来。当天下午，戴维斯再打电话到罗斯堡新概念商店，员工接电话时说的第一句话是："欢迎致电世界上最伟大的银行！有什么可以帮助您吗？"

戴维斯后来评论道："安快银行的愿景由此开始！"罗斯堡新概念商店大获成功。2000年，安快银行董事会将"世界上最伟大的银行"确定为安快银行的愿景。

戴维斯希望银行员工能够永远激情满满、元气满满。在他看来，银行员工上班就是朝九晚五，踩着点来，踩着点走，这样的氛围和状态不能推动一家小银行脱颖而出，因此他时刻注意调动、呵护和激发员工的工作激情。他认为"过于理性的"愿景目标调动不了大家的工作激情，他把握了罗斯堡新概念商店员工自发的行动这样一个契机，并引爆了它。

伟大的企业愿景常常点燃伟大的事业征程，可以说，这一愿景为安快银行的网点转型注入了灵魂，其感染力之强、影响力之大，就让尼尔"现身说法"吧。

我想我之所以能逃脱私自挂出横幅的处罚，是因为戴维斯一直鼓励我们要有企业家精神。戴维斯向我们传达，如果我们能坦白承认错误，从中吸取经验教训，继续前进并且下次换一种做事的方法，那么犯错误也不要紧。

读了《顾客也疯狂》之后，我想到"世界上最伟大的银行"对客户来说是适当的期望，一个我们要努力实现的期望。事情的关键不在于我们已经准备好成为世界上最伟大的银行，而是我们渴望做并做到这一点。

最重要的是，这个标语为所有员工树立了必须努力实现的期望。即使我们只是犯了一个小错误，这个期望也会敦促我们努力改正。假设客户打电话过来，我们的员工回答道"欢迎致电世界上最伟大的银行"，当客户说明他遇到的问题后，这名员工不应该回答"这个问题不属于我们部门的业务范围，我帮您转接到相关部门"，这样的话尤其不能出现在"欢迎致电世界上最伟大的银行"之后。

早期我们遇到过不相信我们会严肃对待这一标语的客户，他问道："是什么让你们觉得你们是世界上最伟大的银行呢？"我会回答说："底线是，你有我们。我们每一名员工都承诺为客户全权负责，并且确保正确行事。"我承认，在

改进服务的过程中难免磕磕绊绊，但是我想客户可以很快感
受到我们的真诚。①

很多人质疑戴维斯是个"疯子"，是个"狂人"。英特尔前总裁安
迪·格鲁夫说过，"只有偏执狂才能生存"，从某种意义上而言，戴维
斯确实偏执，确实狂。不过，一个值得注意的细节是：在罗斯堡新概念
商店精心实践四年之后，戴维斯才把"世界上最伟大的银行"作为愿景
提上董事会议程。由此可见，冷静审慎才是戴维斯作为银行家的底色。

2．商店

安快银行把零售网点称为"商店"（store）而非支行，这是因为
安快银行一直在自觉学习和借鉴诺德斯特龙百货等世界一流零售商的
商品陈设及店内服务经验。诺德斯特龙百货起步于西雅图的一家小鞋
店，现在已发展成为遍布美国的高档时尚百货连锁店，经营的产品包
括服装、饰品、包、珠宝、化妆品、香水、家居用品等。安快银行的
创意策略主管拉里认为：银行应该像诺德斯特龙百货等百货商店一
样，让客户像在店内随意挑选和试用各种产品，"及时回答客户所有
可能的问题，并且解决它们"。问题是，与诺德斯特龙百货不一样，
银行卖出的是无形的金融产品，陈列和展览这些产品没有那么容易。
尽管如此，安快银行还是找到了办法，比如，安快银行在其商店内放
置了梯子、刷子和油漆桶，表明客户可以在这里办理住房按揭贷款，
还可以获得配套的装修咨询等服务。

---

① 戴维斯.零售银行领导力打造［M］.杨俊川，译.北京：企业管理出版社，2010.

时过境迁，科技的发展创新了传播方式，但是安快银行像零售商店那样做好金融产品展示的初衷践行不移，其运用先进的技术，将摆放梯子、油漆桶等"简单粗暴"的陈列方式向前推进了一大步：在门店中间划出了一块完整区域作为"产品搜索墙"，产品搜索墙由两台电脑、四块高清显示屏和八个按钮组成，通过点击不同的按钮，客户可以了解包括抵押贷款、消费信贷等在内的多个类别的产品，并且可以打印最新的彩版产品说明书。

国内很多银行人困扰于银行产品的同质化，其实这是一个普世性的问题。安快银行认为，做到以简单直观、有亲和力的方式展示产品，就能够在同质化的竞争中领先一步。产品的展示方式只是安快银行"商店"立意的一个截面，戴维斯想做的事是打破传统银行的经营方式——特别是网点经营管理中的条条框框，全面向"新零售"学习和看齐，安快银行的网点就是出售金融服务的零售商店，这就是安快银行的战略立意。"商店"一词反映了安快银行对于"我们是谁、我们如何看待自身业务"的认识，"为什么我们把各分支机构称为商店而不是网点？因为我们理解我们实际从事的是零售服务业"[①]，而这一战略的关键之举，便是"独一无二的客户体验"，安快银行称之为"战略制高点"。现在，"商店"成为包括富国银行在内的众多国际银行对网点的通行称谓，作为这一概念的提出者，安快银行引领了银行网点往商店转型的风潮。

3. 全能员工

"安快银行商店里的店员，除了负责营销活动组织工作的商店经

---

① 戴维斯 . 银行领导力打造［M］. 杨俊川，译 . 北京：企业管理出版社，2013.

理之外，其他员工都是全能员工，他们要在全面的培训下熟悉全部的基本零售业务，不仅要能够单独替客户处理存贷汇、信用卡办理等常规结算汇兑业务，还要具备一般的信贷客户经理、理财经理的知识，能够回答客户关于房屋抵押贷款、投资建议等问题。总体上，安快银行要求：每一名员工都应熟悉安快银行的所有产品；每一名员工都能记住客户的名字，并且每次交谈要至少称呼客户的名字两次；员工会始终佩戴自己的名牌，名牌上可能写着自己的兴趣爱好或某些家庭情况，方便客户看到成为聊天的话题；每个团队都有权限支配一定费用来给客户购买一些礼物。"①

这样做的好处有两个：一是有助于落实"首问负责制"，避免出现当客户有问题需要咨询时，银行员工只能给出模棱两可的回答，甚至诸如"我不太知道，你问问其他人吧"的回答，这将严重降低客户对银行的专业化程度的评判值及服务体验满意度；二是有助于银行员工同时完成销售与服务，与客户建立交易之外的更加长久的关系。

进一步来看，要想做到服务的差异化，需要运营一种强有力的企业文化，真正将"创造一种前所未有的客户体验"的共识融入日常工作。为了贯彻这种企业文化，安快银行在一开始的人员招聘时就植入了自己的理念，寻找那些具有优秀人际交往能力或营销经验的员工，并通过丽思·卡尔顿酒店的理念来培训他们的服务精神，激励员工传递卓越的银行服务体验。戴维斯说："我们最早做的一件事，就是不再雇用那些具有银行背景的员工。我们既然想转型为一家零售商，就需要那些零售行业的从业人员。"

---

① 张葵，黄雯欣．走进安快银行［J］．中国银行业，2018（11）．

戴维斯举例说："对商店员工这样的岗位，我们会雇用一些曾经在盖普（美国一家大型的服装公司，有 3 000 多家连锁商店）工作过的员工，因为他们在安快银行的工作就是让那些来到商店的人产生兴趣，帮助人们了解银行的产品线，找到需要的产品，完成销售。比较一下一个拥有零售从业经历的人和一个有十多年银行柜员工作经验的人——后者坐在柜台窗口后面，这么多年来从没卖过任何一件东西，你会选他们中的哪一个？毫无疑问，大部分银行管理者会聘请那个柜员，但我们不会。"①

4. 特色化、差异化，立足当地

安快银行是一家地方性或者说区域性的银行，相较于那些全国性的大型全能银行而言，其在服务的广度方面没有太大的竞争优势，和中国一些优秀的地方性中小型银行一样，安快银行着力于立足当地、融入社区，通过特色化、差异化的竞争方式，发挥好地缘性优势。

例如安快银行更贴近地方小微企业，对其经营状况、资信能力比较了解，能够利用信息端的优势发现一些大银行发现不了的商机并有效规避风险；针对个人客户，安快银行可以根据当地文化、风俗等推出有针对性的产品与服务来"人情获客"。因此，安快银行采取深耕当地社区的方法来扬长避短。为了更好更深地融入当地，"安快银行采取了三大策略：与当地中小企业合作、善待本地雇员及差异化经营"②。

---

① 戴维斯 . 银行领导力打造［M］. 杨俊川，译 . 北京：企业管理出版社，2013.

② 李奇霖 . 银行业的"海底捞"：安快银行［OL］. 联讯证券宏观专题研究，2018-01-03.

（1）与当地中小企业合作

一般银行采购礼物时习惯从大型供货商处进货，但是安快银行发现，当地企业生产的一些产品不仅质量达标，而且具有本地特色，能够更好地迎合本地客户。因此安快银行"舍大取小"，采购本地企业生产的商品作为礼物，送给来网点办理业务的客户，或者在网点内开辟出特定的区域供本地企业展示商品，例如在旧金山的旗舰店设置的灵感创意墙，播放一家本地巧克力面包商制作面包的视频，客户甚至可以在店内的展示台上试吃巧克力面包。

（2）善待本地雇员

银行雇员一般是当地人，在本地有着庞大的关系网。安快银行试图通过优待雇员来深化自己作为"人性化的银行"的形象。2004年，安快银行并购了北加利福尼亚州的一家银行及其30多个网点，与一般并购导致的大量裁员与失业不同，这家银行的原雇员要么进入安快银行继续工作，要么在安快银行的帮助下在其他企业找到了合适的工作。通过对当地雇员的善举，安快银行很快在北加利福尼亚州打开了局面。

（3）差异化经营

安快银行善于研究当地居民的客群特点，并且针对这些特色推出一些当地专属的设施或者活动，使客户能够真真切切感受到银行的用心，从而给予更多认同感。例如，西雅图社区商店每周举办瑜伽课程和插花课程，帮助社区里众多的家庭主妇打发时间；旧金山旗舰店设有室内自行车停放处，因为旧金山有很多居民喜欢骑公共自行车。安快银行还独辟蹊径，设立了专门的活动小组，通过聆听当地音乐工作者的作品,发掘西北地区具有潜力的音乐家并与其合作,将他们的作品放在安快银行的音乐网站上,安快银行的客户通过账户可以试听和下载自己感兴趣的音乐。安快银行甚至会在客户下载三天后将客户喜爱的音乐制作成 CD,以生日礼物或其他名义寄送给客户。同时,安快银行将网站的部分盈利捐助给一个叫作 Ethos Music Center 的非营利机构,帮助银行总部所在的俄勒冈州的年轻人增加接受音乐教育的机会和修养。这些创举不仅帮助安快银行获取了大量新客户,还帮助其在当地赢得了良好的口碑。所有这些都是为了鼓励安快银行的员工与客户建立融洽的终身关系,从而使客户将银行视为社区的一部分,将雇员视为社区的一员。

5. 电话连线

在安快银行的每一家商店的醒目位置,都有一部可直接与 CEO 连线的客户电话。人们可能会问:"如果一家银行的一把手随时要接听各种投诉电话,那他的正常工作日程怎么推进呢?"值得说明的是,这部电话连接的不是 CEO 的手机,而是他的办公室电话。一般情况下,戴维斯的办公室座机会对客户打来的电话进行录音,戴维斯在当天或每周找一个集中的时间段回复客户的来电。

人们可能还会问:"会有人拨打银行行长的电话吗?这台电话会不会变成一种摆设呢?"根据笔者在安快银行现场探访的情况,客户拨打电话的情况并不密集,但也时常会有,有些客户是投诉,有些客户是咨询,大多数的情况下,客户仅仅是表达好奇,更多的情况是请 CEO 表扬某一位热心服务的员工。这种互动对于客户、员工及银行 CEO 而言,都是非常愉悦的感受。除了随机或定期接听、回复客户的电话，每周，戴维斯还会定期或不定期地对一些客户进行电话回访，或者直接拨打某位客户的电话。可以说，安快银行商店里的连线电话，给客户、银行员工及管理者之间搭起了一座桥梁，也帮助营造了一个轻松、友好、热诚的服务氛围。

6. 专注服务质量而不是营销轰炸

安快银行并没有使用常用的 KPI 考核，也没有刚性的交叉销售指标，而是选择以 ROQ 计划来考核自己的员工，关注的是员工向客户提供的服务体验的质量，而不是他们销售了多少产品。在这个计划之中，每个商店和每位销售人员的绩效都是基于特定的可测量因素进行评估的，这些因素包括匿名的"神秘客户"提供的报告及客户调查结果。根据绩效分数，ROQ 计划对商店团队和销售人员个体进行财务方面的奖励。

戴维斯说："我从不要求员工以销售为导向，只要求他们提供足以令客户惊讶的超凡服务。我们的文化就是提供最好的服务，它授权和激励我的员工们去做对客户有利的事情。"通过这个计划，安快银行能够定量地衡量商店向客户提供的服务体验的质量，并保证员工专注于优质的客户服务。由市场反馈的数据亦证实了这种做法的有效性，安快银行在交叉销售及客户关系维护两方面皆远远胜过其他银行。

【链接】

银行不能过分追求交叉营销

发展零售银行业务不能舍弃交叉销售，并不意味着当前银行业的交叉销售模式不应该调整。过于激进的销售目标、过于刚性的业绩压力、过于僵化的营销策略，甚至对客户的强行"摊派"乃至欺诈，是富国银行虚假账户丑闻的始作俑者。交叉销售的正确做法，应该是按客所需、水到渠成，用富国银行自己的话说就是，"（交叉销售的）出发点是客户需要什么，而不是我们要卖给客户什么"。

近年来，中国部分银行在推进交叉销售时也存在急功近利甚至不择手段的情况，富国银行的教训是值得我们深思的。近年来声名鹊起的英国大都会银行则值得我们学习和借鉴。

作为一家名气较大但规模较小的新锐银行，大都会银行认为小银行不能过分追求交叉销售："我们相信，如果你有好的产品，客户就会去购买。并不是因为你无限积极地去向他们推销，而是因为他们对你的品牌有信心。"

大都会银行目前提供一系列产品，但并不过度强调交叉销售的重要性，也并没有鼓励员工这么做，其只是根据客户办理业务时的满意度给予员工奖励。这种做法在一定程度上缓解了客户在办理业务时，对过多的产品推销产生的烦躁心理。大都会银行为个人客户提供的零售银行业务依赖于优质的产品、便利性及良好的服务水平，简单的透支定价模型旨在为客户提供一种简单的、透明的个人账户。大都会银行曾声明其产品的简洁性，确保其产品不会在客户群之间交叉补贴，同时为所有客户提供最优惠的折扣和价格。

大都会银行的零售银行业务策略有两大关键因素，其一是为客户制定并传达一系列承诺，包括给他们最好的存款利率、贷款利率及更简单的透支率；其二是保持其产品的简洁性，并努力缩短其各类产品在这一特点上的差距。

7．做口碑而不是打广告

"曾几何时，戴维斯认为一些特别怪异的电视广告和新奇的广告词能够帮助银行脱颖而出，吸引客户的注意。安快银行在早期制作的一系列广告，也确实吸引了不少客户。然而时至今日，安快银行越来越不相信广告宣传的效果，尤其在产品同质化严重的银行业，给自己的产品打广告的同时也是在给其他银行打广告。比如说，如果某家银行花几百万美元给自己的手机银行的特色功能和贴心服务打广告，实际上也是为其他银行打广告，因为人们会觉得所有银行提供的手机银行业务都差不多。戴维斯介绍说：'据统计，92%的人是根本不会去看高速公路上的广告牌的，而在剩下的8%里，7%是银行自己的员工及其亲朋好友，真正体现出广告效果的人只有不到1%。花100%的钱却只达到了1%的效果。'正是基于这样的认知，安快银行从不做高速公路广告。"[①]

安快银行具有特色的营销手段还包括已经成为其"看家法宝"的冰激凌车，戴维斯提出"不如把广告省下来的钱往社区送免费冰激凌"。为了在新地区打开知名度，安快银行找来了可以播放悦耳音乐的冰激凌车在社区里穿行，并向人们免费赠送冰激凌，这引起了当地居民对于银行的谈论和好奇，并成功地将他们吸引进入银行网点。这已经成了安快银行获取社区认同感、提高社区知名度的标志性手段。

能引起更好效果的是创造口碑，安快银行就是围绕着创造非凡的客户体验来创造惊喜、建立口碑的。员工们被赋予权力以各种意想不

---

① 张葵，黄雯欣.走进安快银行［J］.中国银行业，2018（11）.

到的方式来引起各方的兴趣和肯定，在安快银行，这些意想不到的方式被称为"随意的善举"，包括帮别人支付午餐或晚餐、在客户排队时给他们买咖啡或送鲜花，这些举动每天都会引发轰动效应。在坚持用强大的社会责任感和服务精神支撑员工们将真正关心客户的工作做到极致的同时，安快银行为了保持其差异化的竞争优势，也持续在创新型商店上尝试各种颠覆性的、与时俱进的想法。

在安快银行，"直觉"被理解为倾听客户的心声、令他们惊喜或高兴的技能和能力。戴维斯是从一次入住丽思·卡尔顿酒店的愉快经历中得到启发的，他认为被赋予权力的员工几乎可以在不带来任何不利影响的情况下为企业营造新的势头。因此，安快银行的员工如果想为客户做一些事，直接就可以做了，不用请示。

并且，为了鼓励员工去做他认为对客户有益的事情并享受这一过程，安快银行制定了激励方案，即如果员工准确运用了自己的直觉，他就可以获得金钱和奖品奖励。对于如何算是凭直觉办事成功的员工，安快银行还启动了一个配套的内部认证方案。

为了鼓励员工们与客户建立融洽的关系，安快银行在公司内网上创建了一个"Wow!"平台，员工们可以在这个平台上和公司的每一个人分享他们给客户带来惊喜的各种故事。这里以几个例子说明安快银行的员工们是如何提供足以令客户感到惊讶的超凡服务的。

我们的一位客户把车钥匙锁进了车内，他被困在我们的银行，束手无策，当时没有人出来帮他。我的经理扎克开车送他回家拿钥匙，再把他带回银行，他很开心。

　　一位客户患有大脑性麻痹。一次，他正在营业点里做一宗买卖，提到请人搬东西是多么昂贵。他接下来要在一栋公寓综合楼里把物件由大到小进行排列，搬运工向他索要500美元才愿意把货物搬到街对面。门店的员工听到这个信息后，都决定去帮忙。他们于周六来到客户的公寓，帮他把物件打包，然后在接下来的周一监督搬运工搬货。他们用团队在一次内部销售活动中获得的奖金帮他支付了搬运费，还找人为他安装了安全扶手。

　　商业房地产团队的一名员工参观一位客户的办公室，看到筋疲力尽的全体职员正准备整个周末都加班，以赶工期时，这位安快员工便买来了各种精美的小吃，做了几个果篮，用安快银行的环保购物袋打包，送给了那位客户。

　　一位企业客户致电，告诉一位店员她的丈夫被诊断患上了一种罕见的癌症，他们准备开车去另一个城市接受癌症治疗。这位店员为他们的行程准备了一个小型的冷藏箱，并在冷藏箱中装满了各种日用必需品，还送上了一张油卡，帮助他们一路顺利抵达目的地。

　　一位客户在银行的柜台排队办理业务，突然，她提到自己的生日很快就要到了，并若无其事地说，她"不打算特别地过"。两个店员听到后，买了一只气球、一个蛋糕、一张当地餐馆的礼品卡，在生日当天给了她一个惊喜。客户非常开心，激动不已，因为有人记得她的生日，她和门店员工们一道分享了那个蛋糕。[①]

人们会谈论安快银行和它的员工们，向他们的亲戚朋友传播关于安快银行的正面信息，口口相传的作用是巨大的，客户的亲身经历具有比广告更伟大的力量。在这种经营理念下，安快银行作为"银行业的海底捞"迅速获得公众的认可，在大型社区银行的"降维打击"、互联网直销银行的低成本挤压下，通过对网点创新的深度挖掘，成为特色零售银行发展的典范。

三、突围：安快银行独特的价值主张

安快银行的网点转型实际上是一场银行业的网点革命，即以新零售为蓝本，重塑银行网点管理体系。用戴维斯的话来说，就是要"跳出银行办银行"，把网点办成商店。

为什么要"跳出银行办银行"？在戴维斯看来，银行业的很多做法都是故步自封、千人一面的，只是银行人自己不觉得而已。戴维斯说，在进入安快银行以前，"我考察过全国（指美国）各种规模的银行。让我震撼的一点是，这些银行都这么相似，又都这么乏味。银行里面总是设有维持排队秩序的绳索、空空的办公桌及变味的咖啡。你可以看到排成长队的人们都显得多么无聊。通常柜员都不是很有活

---

① 戴维斯，伊科纳米 . 在不确定性中引领［M］. 李明，译 . 北京：中信出版社，2014.

力；当然，你会得到一个羞涩的微笑和一声微弱的'谢谢'。走出银行两分钟后，你就会把银行里的经历忘得一干二净。置身于全国任何一家银行中，你立刻都能知道自己是在一家银行里，但是99%的概率你不知道这究竟是哪一家银行。它们全都是一样的！"戴维斯担心，随着互联网技术的发展，网上银行、手机银行的普及，年轻一代越来越喜欢宅在家里或活在虚拟世界里，以后还有谁会去银行网点呢？特别是像安快银行这样一家规模小、产品少，偏居一隅且没有任何特色的小银行。

"在初到安快银行的时候，戴维斯悲哀地发现：银行业是一个规模效应非常明显的行业。他一直在思考：怎样才可以与自己的竞争对手不一样。显然，相对于一些大型银行，安快银行拥有的资源有限，也缺乏硬件设施，妄图通过打价格战来实现获客是行不通的，甚至有可能被拖入死亡的旋涡。"[①]

然而，小有小的好处，安快银行更灵活、更小巧，可以更迅速、更有创新性地改变自己的服务方式，以期在提供独特服务方面超过竞争对手。因此，安快银行重新定义银行业务的首要任务，就是重新定义银行的环境本身，而这一切，必须在银行之外的零售业态中去找灵感、找出路。

安快银行的总体思路是给客户一个进入银行网点做其他事情而不是传统银行交易的理由。这么做的好处是显而易见的：通过使银行网点成为客户"自己的空间"，一是能够促使客户有更多理由走进网点，从而创造更多的销售金融产品的机会，甚至通过客户的口口相传获取更多的增量客户；二是当银行网点成为社区居民日常活动的聚集地

---

① 戴维斯.银行领导力打造［M］.杨俊川，译.北京：企业管理出版社，2013.

时，网点的形象就从传统的单纯办理银行业务的金融机构转变成了社区的一分子，居民对网点的信任和依赖将大大加深，从而增加客户黏性，延长生命线。

关于如何让银行网点快速、彻底地变得重要，安快银行从星巴克的成功经验中获取了灵感。很多人在自己家里就可以做出好喝的咖啡，看起来并没有必要花费更多的钱和时间到咖啡馆喝咖啡，但是为什么仍然有那么多人成群结队地去星巴克呢？

戴维斯认为人们喜爱星巴克，因为那里是一个好去处：那里的咖啡好喝，甚至可以说超级好喝；星巴克的员工非常注重同老顾客交朋友——老顾客一进门，员工就知道他们要喝什么；那里还有舒适的椅子供他们慵懒地消磨时间，有桌子供他们做一些事情，还有免费的Wi-Fi；你也许会在那里看到邻居或朋友，也许会遇见新的朋友。换句话说，星巴克不仅仅只是一家提供咖啡和饮料的咖啡馆，更是一个供顾客与朋友一起消磨空闲时间的、能够让顾客产生归属感的空间。

因此，安快银行将自己的支行定位为其所在社区的中心——一个公众娱乐和社交的场所，人们休闲时的好去处。（关于安快银行社区战略和社区中心的定位，后文会专门阐述。）在基本的定位确定之后，安快银行"跳出银行办银行"，那就是善于向其他行业的领先者学习。

在很大程度上，大多数银行家的所思所想都局限在银行思维上，他们会更倾向于思考银行该干什么，向他们学习并不会带给一家银行其竞争者们所不具备的竞争优势。安快银行所寻求到的保持其领先于竞争者一两步的方式，就是研究其他行业的各种企业并向其中的领先者学习——从星巴克到迪士尼，从丽思·卡尔顿酒店到诺德斯特龙百货。

安快银行从星巴克获得了将银行支行定位为社区居民的社交中

心、休闲去处的灵感，从迪士尼看到了其严格的纪律和坚持自己标准的员工，从丽思·卡尔顿酒店了解了通过意想不到的方式为客户提供善举是吸引回头客的好方式，从诺德斯特龙百货得到了银行商店的思路。

这样做的好处至少有两个：第一，选择一家其他行业的佼佼者进行研究，其领导者会更加乐意分享其想法和策略，因为银行将不会与其构成竞争；第二，有多少成功的业务，就有多少在业务上取得成功的方式，并且顶级企业的成功经验可以应用到任何行业，最关键的是，这些经验是竞争对手们所没有想到的。

"安快银行同时坚持价值定位而非价格取胜。何谓价值定位？戴维斯认为价值定位就是将自己的企业、产品与服务同竞争对手区别开来，吸引人们跟自己合作的不同方式的总和。如果一家企业不能创建一个价值定位，从而向客户呈现出自己的产品与服务能提供其他任何竞争者都无法提供的额外价值，潜在客户将只把其产品与服务视为纯粹的商品，从而主要基于价格做出购买决定。这样一来，企业会不可避免地陷入价格战的死亡旋涡。"①

这一点在银行业中同样适用：各家银行提供的存贷款利率可以说完全相同，提供的其他银行业务也没有太大差别，即商品同质化程度非常高，在这种情况下，银行如果不能说服客户在交易中考虑除了利率之外的东西，则会陷入价格战，这是大多数中小型银行难以承受的，只有少数大型银行或许能从中存活下来。

而安快银行恰恰是一家规模不大的社区银行，因此它更需要一个坚定的价值定位：独一无二的客户服务体验。这一价值定位的践行是

---

① 戴维斯，伊科纳米．在不确定性中引领［M］.李明，译．北京：中信出版社，2014.

通过多重维度进行的，内容不仅仅包括创新性的门店设计，更主要的是安快银行提倡员工们通过各种方式发展与客户之间的关系，这种通过人与人之间的沟通而发展起来的关系具有强大的力量，并且给客户带来了良好的感受——竟然会让他们愿意忽略这样的事实：街道上的另一家银行的存款利率稍微高一点，或者有更好的服务大厅与停车位。

这看起来匪夷所思，所谓价值定位也更显得虚无缥缈，然而看一下海底捞的成功经验，你就会发现客户体验和价值定位并非浪得虚名。火锅的口味不说差不多，至少也说不上有很大的、不可复制的差异，海底捞通过"独一无二的顾客服务体验"建立起独特的价值定位，把火锅卖到了消费者心里。中国的火锅店能够创出"海底捞"这样的品牌，一众中小型银行难道不是也能建立起独特的价值主张，走出自己的特色化突围之道吗？

四、重塑：银行网点转型路漫漫

可以说，安快银行引领了银行业网点转型的风潮，掀起的是一场网点革命，此后，"商店"概念在银行业大行其道，很多银行都把网点称为"商店"，安快银行的以网点转型为基础全面转型之道也推动该行在美国几近板结的银行业竞争格局中杀出重围，成长为一家优秀的社区银行。那么，安快银行的网点转型是否大功告成了呢？安快模式是否放之四海而皆准呢？并不尽然。

2018年年底，笔者在美国学习考察，曾当面请教美国银行家对安快模式的看法。他们认为安快银行"确实是一家非常有创新精神和活力、非常优秀的银行"，但随着经营规模的不断扩大、经营地域的不断蔓延、经营层级的不断增多，其人性化管制模式很难坚持，最终可能泯然众生，成为一家做大做强却失去特色的银行，而这正是戴维斯极力抗拒的梦魇。这会是包括安快银行在内的银行业发展宿命吗？如果是，是否安快银行的经营模式、成功经验仅限于银行的初创时期？当然，即使是这样，对于星罗棋布的中小型银行而言，仍然具有借鉴意义。

后来笔者亲身探访安快银行，听到的情况似在意料之外，却又在情理之中："世界上最伟大的银行"——安快银行正在"闭关转型"。究竟往哪里转？安快银行将走出一条完全迥异于过往的发展之道吗？在现场，我们仍然无法获知，或许，求新求变、不断革新本身就是安快银行的文化基因，但想到如果完全是改道换辙，还是让人失落和迷茫。

对此，上海融至道投资管理咨询有限公司创始人金海腾点评道：

> 安快银行从实施 20 多年的全能员工制，到 2017 年年末推出的 "best financial friend"，当前又推出 "Go-To" App，安快银行在互联网金融渗透的今天，实行全行转型，不停地试验，其中一定包含着试错！
>
> 但是安快银行文化最底层的社交性特征仍然没有放弃：零售商店的待客之道，包括路人甲可以使用会议室、Wi-Fi、茶水、咖啡、休息空间等，也包括每季度为当地企业提供的展示产品展台等。

"互联网 +"冲击着全球各个产业，戴维斯的"在不确定性中引领"指导着安快银行后来的领导者们不断去探索！

金海腾先生的话是对的，尽管未来，安快银行可能不再是银行网点转型的旗手，但不断有新锐银行持续接力，其中就包括英国大都会银行等。另外，笔者了解到，美国第一金融公司网点运营和转型有非常科学的体系，其创新精彩纷呈，方式不一，但基本的理念和逻辑都是"跳出银行办银行"，按照新零售的理念重塑银行网点，以及彰显和发扬"社交性"的特征，这与安快银行网点转型的理念、逻辑是一脉相承的。

【 链接 】

大都会银行：在繁华街区遍地开花

中小型银行的网点建设有三大痛点：一是形不成系统优势，比较而言，像农业银行、邮储银行等都喜欢宣传自己作为全国性银行，"网点遍及城乡"的优势；二是抓不住年轻客户，很多城市商业银行、农村商业银行吸引和维系不了年轻客户，客户"老化"的现状非常普遍；三是进不了繁华街区，大部分中小型银行的网点布局都选择在大型银行竞争能力相对薄弱的农村地区、县域或城乡接合部，在核心城区和繁华地带常常只有点缀性的存在，品牌和形象都相对弱势。

英国一家成立不到 10 年的小型银行却能迎难而上，反其道而行之，走出了一条富有特色的网点创新之路，并推动其发展极为迅猛。这家成立于 2010 年的零售新锐银行，仅用了 6 年时间就实现盈利并在伦敦证券交易所上市。2018 年，该行的资产增速高达 63%，客户存款增速达 47%，贷款增速达 64%。

这家银行就是大都会银行，来看一看该行是怎样推动网点创新的吧。

第一，网点积聚带来的流量集聚。

"大都会银行（Metro Bank），店如其名，以地铁、都市（metro）作为其网点选址的主要依据。它将第一个网点开在伦敦中心区霍尔本，其余网点也积聚在伦敦的人气地带。在伦敦人流量巨大的主要地铁站附近或繁华街区的交叉路口，人们总能发现它的身影。该行认为，在大都市，中心商业街、地铁站在涌动巨大人流量的同时，也蕴含着庞大的潜在金融服务需求，'集中＋密集'的网点积聚方式可以搭建起完善的大都市局域金融服务网络和生态圈。"①

第二，"让客户成为粉丝"的服务理念。

大都会银行的服务理念是"Fans! Not customers"——让客户成为银行的粉丝而不是客户。为此，像安快银行一样，该行要求员工不断地给客户创造惊喜，为客户提供无限的便捷服务，不设立死板的银行管理规则，甚至坚持：即使客户提出非常离奇的要求，也只有经过两个人同意才能对客户说"不"。

第三，因地制宜的特色服务。

在服务时间上，做到"你的银行对你不打烊"。大都会银行宣布"362 days, 73 hours, for you"（一年362天，一周73小时，贴心为您），即全年除新年、复活节和圣诞节三天外，其他362天都是营业的，网点营业时间也大幅延长，周一至周五是早上8点到晚上8点，周六是早上8点到下午4点，周日是中午11点到下午4点，每周累计73小时。过去，中国的一些银行创新推出过"24小时银行""夜市银行"，后来因实行效果不佳而纷纷作罢。实际上，这是一窝蜂式的服务创新，没

---

① 融至道. 大都会银行：让客户成为银行的粉丝［OL］. 融至道评论（微信号：rzd_comment），2018–05–08.

有结合各家银行各个网点的客群特点和运营实际情况。大都会银行延长营业时间，是因为其网点开设在地铁路口、繁华街区，充分考虑了地铁开停、客户上下班等因素，力求"价值创造差异化"。比如上班族在回家必经道路上可以申领信用卡、办理个人房贷，周末年轻的母亲可以带孩子来银行网点参加"儿童财商养成计划"或"理财沙龙"。在服务产品上，大都会银行因为便利优势，推出了保管箱业务。这项中国很多银行的"鸡肋业务"，因为大都会银行网点集中，能带来便利优势而大放异彩。人们惊奇地发现，奥运会结束后，英国的很多运动员都把他们的奖牌存放在大都会银行的保管箱里。

第四，细节彰显人性服务。

一切优质的、人性化的服务最终都要落实到细节上，包括"宠物友好"政策等。在大都会银行，小狗、小猫等宠物可随主人自由进出银行网点，银行专门备有宠物食品。人们也可以直接把自行车骑进去。在大多数的银行，签字笔上都系着一根绳子，在大都会银行看来，这体现了这些银行对客户的不信任和银行以自我为中心的管理思维。大都会银行会准备很多很精美的签字笔，琳琅满目地插在笔筒里，营业间里还到处有特制的棒棒糖，客户喜欢都可以随手带走，这难道不是银行最好的广告吗？

"作为一家新兴的零售银行，大都会银行的客户满意度明显高于英国的老牌银行。2019 年 2 月，一项针对 16 家英国主要银行的各 1 000 名用户进行的问卷调查的结果显示，83% 的用户都愿意向其他人推荐大都会银行，在调查涉及的所有银行中位居第一。其中，网上和手机银行业务推荐意愿度为 81%，位居第三；透支服务推荐意愿度为 69%，位居第二；分行机构推荐意愿度达 85%，位居第一。可以说，大都会银行独树一帜的网点创新之道获得了巨大的成功，在年轻的客户群体中更是如此。"[①]

【链接】

美国第一资本金融公司：从线上到线下

美国第一资本金融公司是美国排名前十的银行、排名前三的零售金融机构和排名前三的信用卡发卡机构。截至 2018 年 9 月末，第一资本金融公司的资产总额为 3 629.09 亿美元，存款为 2 471.95 亿美元，贷款为 2 387.67 亿美元，营业收入为 210.63 亿美元，净利息收入为 170.55 亿美元，净利润为 47.54 亿美元。与美国其他大中型银行不一样，第一资本金融公司成立于 1988 年，是美国排名前十的银行中最年轻的一家。尤其值得一提的是，第一资本金融公司最开始只是一家地区性小银行的信用卡部门。在发展相当成熟且竞争异常激烈的美国银行业，一家小银行要从无到有迅速崛起，绝非易事，何况其赖以起家的信用卡业务，在美国早在二三十年前就被认为已经"结构固化"了。

第一资本金融公司从信用卡业务起步，逐步渗透到汽车消费贷款等领域，再进入一般的零售银行领域。其创始人曾说："我们不是一家银行，我们是一家以信息作为基础战略的公司，只不过我们公司第一个成功的产品碰巧出现在银行业。"30 年来，凭借在数据分析上的

----

① 融至道.挑落英国五大行的黑马：大都会银行初探秘［OL］.融至道评论（微信号：rzd_comment）.2019–03–01.

超前意识、坚定信仰、深厚积淀和不断创新，第一资本金融公司在营销、定价和风控等领域的深度运用，即便在言必称大数据的当下，仍然是其难以被人模仿和超越的关键所在。可以说，第一资本金融公司是一家真正的互联网银行，是一家真正实现大数据风控和精准营销的

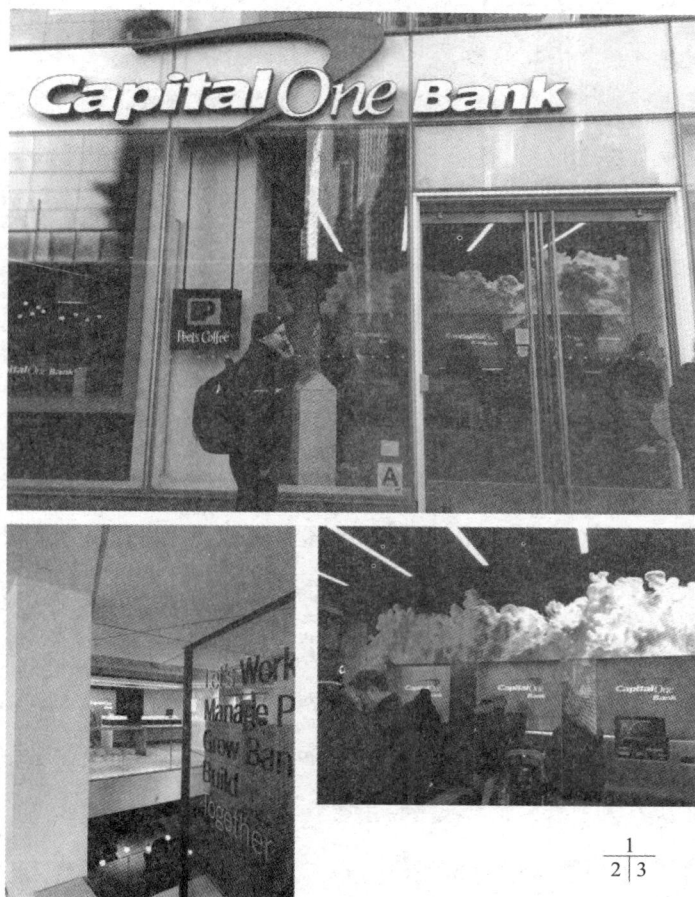

$\frac{1}{2\,|\,3}$

图4-2 第一资本金融公司网点外景及内景

注：1.网点外正面图，可见咖啡标识；2.网点内跃层功能分区；3.自助业务办理的场景设置。

银行。这样一家赚足眼球的新锐银行需不需要网点？又推出了什么样的新概念网点呢？

第一，"苹果"商店的网点战略。

第一资本金融公司将机构开设到了英国等地，逐步成为一家国际性的银行；在美国境内，它更有着庞大的客户群和业务基础。与传统银行将业务从线下拓展到线上不同，第一资本金融公司是在成立很久之后才设立线下网点的，它的线上服务能力非常强大，线上开户平均用时只有 4 分 36 秒，最快只要 2 分多钟，同时，它应用了一系列大数据风控手段，能有效识别和堵截高风险客户。如此安全、方便、快捷的在线服务，再加上第一资本金融公司主要面向的是偏爱线上服务的年轻、中产、新潮的客户群体，因此，其极少的网点体系有效地支撑起客户的服务需求和银行的业务拓展需要。

然而，网点少并不表示不需要银行网点。第一资本金融公司专门研究和对照过中国的网商银行与微众银行，并不认同中国互联网银行的纯线上战略。有项研究显示，如果一家银行在一个城市里没有一个实体网点，人们对其信任程度要降低许多。为此，第一资本金融公司借鉴苹果商店的开店思路和网点运营策略，选择在最核心、最繁华的商业街区或人流集聚的拐角处开设网点，并将其打造成为其品牌宣传、形象展示和客户体验的重要窗口和阵地。它们的绝大部分服务都免费向所有人开放，包括免费使用会议室等。

第二，"咖啡银行"的特色品牌。

第一资本金融公司以"咖啡银行"闻名，但这并非第一资本金融公司的原创，而是沿袭自 2011 年收购的荷兰国际集团的直销银行，第一资本金融公司对咖啡馆进行了重新定位和设计。实际上，第一资本金融公司的网点与其说是一家咖啡银行，不如说是可以提供金融服务的咖啡馆。如今，这一咖啡银行以每年近十家的速度拓展，已经成为第一资本金融公司品牌和文化的象征，成为客户体验其文化和服务的地方。

第一资本金融公司的客户可以享受咖啡五折的优惠。与各种打着咖啡之名却无处不在推销金融服务的咖啡银行不一样，第一资本金融公司试图让人忘记银行的存在，其首要目标是让人们进来喝咖啡，而不是办理金融业务。其成功的关键在于首先把咖啡馆办好，当然，它也不介意客户在未来的某一天主动提及金融业务和理财需求。

"在第一资本金融公司看来，开设咖啡馆的目的并非推销多少金融产品和服务，而是借此构建与客户之间的文化认同和情感维系，能够让客户常常想起城市里有那么一处独特的场所，并且能够来喝一杯咖啡。为了营造一种随意、亲切、轻松的氛围，第一资本金融公司的员工不着统一工装，大都穿着牛仔裤，走出了一条独特的从线上到线下、把温度和体验带给客户的发展之路。"[①]

第三，精细化运营服务。

第一资本金融公司诞生于美国。美国的文化常常被认为是一种粗犷、大气的文化，然而在第一资本金融公司，你会处处觉得其网点设计非常关注细节、独具匠心。比如其咖啡馆设在一楼，除 ATM 外的银行服务安排在二楼，与咖啡馆各取所需、相得益彰，却又分摊降低了银行的运营成本。ATM 摆放在咖啡馆的最佳位置，色彩绚丽，设计很炫，有中文显示。为了不让咖啡品牌"喧宾夺主"，第一资本金

---

① 高振原，曹飞，余进. Capital One 的逆袭对中小银行有何启示［OL］. 轻金融（微信号：Qjinrong），2019-01-10.

融公司没有选择星巴克这样的大牌合作伙伴，而是选择一个较清新、小众、成长中的咖啡品牌。美国银行业的投资理财顾问服务一般是按时收费的，但第一资本金融公司咖啡馆里的常客或会员，通常享有一些免费咨询和增值服务，也使得其咖啡银行真正成为一个有效的引客渠道。

五、思考："互联网+"时代，中小银行网点转型的五大方向

安快银行的网点转型与富国银行有异曲同工之妙，通过对两家银行的潜心研究，我个人认为：银行网点不会消亡，但网点会改变形态，即网点需要转型。

社区银行是网点转型的创新尝试和可贵探索。当前，国内社区银行的发展并不太好，可以说，某些银行的某部分社区银行机构发展较好，但整体而言，迄今中国式社区银行的探索是不成功的。尽管如此，社区银行模式仍然是银行业网点转型的创新尝试和可贵探索，其网点小而美、服务优而精的转型理念仍然代表着网点转型的正确方向。

迄今为止，中国银行业关于社区银行的探索不成功，其原因在于"画虎成犬"。

那么，前述成功的银行是怎样推动网点转型的呢？

简单说，就是"五化"：精准化、轻型化、智能化、社区化和商店化。

1. 精准化

所谓"精准化"，就是网点布局和选址的精准化。过去说广泛化，现在看来有待商榷。银行网点是资产也是包袱，是创利阵地也是成本陷阱，未来银行的网点应该出现在客户需要的地方，也就是说网点选址和功能定位要做到精准。怎么样精准选址？富国银行有一个"2.5公里服务圈"的网点布局理论，即居民集中区和企业园区每隔2.5公里就能找到富国银行的零售网点或ATM。

我们可以参照一下星巴克的成功经验，星巴克开店开一家红火一家，有资料显示其就是单纯用大数据进行选址。我个人觉得，用大数据来做风控并不靠谱，或者至少可以说不够成熟，但用大数据来对银行网点进行选址则是完全可行的。

2. 轻型化

成本高企是物理网点的最大痛点，也是网点消亡论的最大理由。前段时间，麦肯锡咨询公司发布了一份研究报告，它揭示：中国银行业的整个成本收入比只有30%左右，但是零售银行业务单列的成本收入比可能达到60%～80%，甚至80%以上。零售银行业务是一个大投入、高成本、见效慢的业务单元，这个大投入、高成本主要就是物理网点的投入和网点运营的成本，既包括租赁成本、建设成本、装修成本、设备成本，也包括由此衍生出来的人力成本、管理成本、运营成本等，甚至包括合规成本。

轻型化的核心其实是成本的可控化，为什么说是成本的可控化而不是最小化呢？银行不能片面地压降成本，也不能靠牺牲客户体验压降成本。什么钱能省，什么钱不能省，在营销学上有两个概念，一个是"核心需求"，一个是"关键时刻"。怎么理解呢？我们可以去看经济型酒店的运营模式。现在经济型酒店遍地开花，为什么它能够大行其道？就在于它在成本控制和客户的核心需求保障上实现了完美的平衡。比如，人们住酒店最关心的卫生问题、热水问题、Wi-Fi问题，经济型酒店就保障得比较好，对其他一些非核心需求则是能省必省。

像富国银行、安快银行，尽管其社区网点、迷你网点面积小，但基本的结算服务、住房贷款、信用卡及理财产品，甚至保险销售等功能一应俱全，能够方便快捷地解决居民的一般性金融需求。中国的社区银行模式为什么不成功？建立社区银行的初衷是给客户提供便利性，但中国的社区银行功能不全，往往做不到这一点，且由于过于简陋，还触及客户的安全心理需求的底线，所以门可罗雀、经营不善。

怎样做到成本的可控化？主要有以下两条途径。

（1）网点面积的小型化

网点真不需要这么大的面积，富国银行在不影响服务水平的前提下，重点发展以1 000平方英尺（约93平方米）以下营业面积为主的小型化网点，这一面积相当于标准网点面积的1/3。这些网点面积较小，但通过科学设计合理地利用空间，仍然保留了基本的技术配备和人工服务，能够较好地满足客户的一般性、临时性金融需求。富国银行在空间利用和成本控制效率的提升上成效显著，2008年到2012年，减少了1 600万平方英尺（约149万平方米）的物业面积。招商银行2016年网点面积压缩39 356平方米，年租金节约5 726万元。

（2）人员的精简化

早些年，《零售银行》杂志做了一期专题——"我的同事不是人"，乍看是骂人的话，其实说的是随着网点智能化和客户分流的深入推进，完全可以通过人员的精简来降低运营成本和管理成本。美国一份权威报告显示，2015年美国银行业单个网点平均雇员减少3人；调查还显示，2015年，尚有部分银行认为每个新网点应该雇用10人以上，到2016年，没有一个网点愿意雇用超过7人，甚至超过25%的受访对象表示其新网点仅仅会雇用1人。

面积缩小、人员精简、成本可控却又功能相对完善的轻型化的银行网点不就是理想的社区银行模式吗？

3．智能化

智能化是当前网点转型的一大方向，也是网点轻型化的一大助力。在智能化开发和建设方面，中国的银行，特别是中小型银行，不适宜推广太新太炫的技术，因为这样的技术往往都没有经过严格的检测，系统运行不够稳定，功能不够人性化，这些带给客户的体验往往是不愉快的，甚至是窝火的。

在智能化方面，富国银行有一些很浅显的理念值得我们学习。

（1）创新设计找准源头

理查德·柯瓦希维奇曾对此做出保证："这不是源于使用技术手段去挖掘需求，也不是源于外部顾问的建议，它源于我们的客户和我们那些服务客户的员工。我们在富国银行所做的一切皆源于客户的需要。"开发新产品和新服务来满足客户的金融需求需要打造一个良好的环境，富国银行每一个级别的员工，尤其是直接服务客户的员工都能自由地发挥想象力，并且被认可、接受，然后就是最重要的一步——进一步发展新概念，设计开发系统、流程与技术，根据反馈进行测试和修改，最后把通过测试、表现优异的新产品推向市场。

（2）渠道优化坚持简便

富国银行致力于为客户提供简单便利的客户体验，在细节上下足了功夫。对于那些银行已经了解到的客户信息，富国银行努力避免一而再、再而三地要求客户重复提供。富国银行前董事长兼CEO约翰·斯坦普表示："当客户使用我们多达6 700台ATM中的一台时，他们总是选择英语、西班牙语或中文作为他们的首选语言，我们不应该让他们每次都对喜欢哪种语言去做选择，我们已经知道了！"富国银行所有的ATM都已经记住了每一位老客户首选的取款额度，并完成了对记住客户首选语言的技术测试。

（3）第一时间解决问题

富国银行有一个"首次问题解决率"的概念，即致力于在客户第一次提出问题时在第一时间内现场解决，对此，富国银行做了两个方面的努力：第一，如果不能马上响应客户的需求和解决客户的问题，则必须确保能够实时向客户反馈工作进展并给出解决问题的期限；第二，始终坚持不懈地通过测量和跟踪情况，寻找改进问题的办法，提高首次问题解决率。

（4）服务体验的一致性

智能化、线上线下一体化、全渠道运营关键的一点是要做到"客户通过手机、平板电脑、计算机乃至物理网点等不同的渠道进行消费时，都能像在和同一个客户经理打交道，而这位客户经理有着过人的记忆，能够有效评判客户的喜好"。

（5）坚持使用客户语言

使用客户的语言，确保信息传达清晰、简单。例如，为了使与客户的交流方式变得容易阅读、理解和简单易行，富国银行在公司层面制定了统一的指导方针、工具和交流范本。该银行使用客户的语言，而不是银行的习惯语言，甚至不容许在富国银行的公告中出现"借方"和"贷方"这样的术语。

4．社区化

随着电子渠道的普及和移动支付手段的全面渗透，银行还要发展实体网点吗？应该说，面对面的、有温度的、有人情味的服务是任何渠道工具和智能机器人都无法替代的。怎样使物理网点更接地气、更聚人气？富国银行坚持自觉地走进社区，融入社区生活，坚定地推行社区化发展战略，不仅将网点开进社区，而且要求网点更直接地参与社区的经营与生活，成为社区居民生活的一部分。富国银行宣称"我们知道每一家网点所在社区的历史与渊源"，每一个网点属于它们扎根的每一个社区，以鲜明的社区参与感为荣。

富国银行网点融入社区主要通过以下两方面的努力。

（1）把网点建设成为社区中心

让员工与社区居民打成一片，记住客户的名字，和他们在马路上偶遇时主动打招呼。在日益"高冷"的银行形象氛围中，富国银行着力提供的是一种有温度、有亲和力的服务。

（2）进行社区投资

富国银行每年向所有网点服务的社区提供共计 2 亿美元以上的捐赠，为社区提供大量的志愿者服务。2014 年，该行员工充当义工的时间超过 174 万小时，这些时间用于给学生上课、为无家可归者提供食物、帮助人们修建房子和居所，或者服务于社区非营利组织的董事会。通过献爱心，富国银行融入了社区，赢得了朋友和客户。在这方面，安快银行还有一个"带薪休假"的制度，这个带薪休假，员工不能宅在家里，也不能去旅游，而是要在自己所在网点的社区当"义工"。

现在，中国的银行"企业公民"和社会责任意识提升，各银行也开始注重公益活动和捐款捐物。但笔者认为这些活动不够系统，很多都是临时起意的，与银行品牌和经营定位的结合度不高（富国银行作为美国最大的按揭贷款银行，它的很多公益活动都围绕住房问题开展），与社区的关联度不大，因此影响力和效果要差一些。

5. 商店化

很多人都知道并夸赞富国银行和安快银行称员工为"团队伙伴"，称产品为"解决方案"，称网点为"商店"。称员工为团队伙伴好理解，主要体现尊重和团结协作。为什么称银行网点为商店呢？这是因为我们往往把传统银行与传统、官僚体制、缓慢、缺乏竞争力、不善想象、迟钝等特征联系在一起，而零售商尤其是优秀的零售商，如星巴克、宜家，总是能够坚持顾客导向，能真正吃透顾客的心。上述银行也希望自己能做到这一点。

前段时间，有一篇网文叫《为什么星巴克总是横着排队，而麦当劳却要竖着排队》。你有没有注意过，星巴克的队伍是横着排的，为什么要这样排呢？主要是为了优化购物的体验。

第一，缓解焦虑感。顾客站在柜台前面，能很清楚地看到墙上的商品价目单，而不用担心视线被排在前面的顾客阻挡，挑选的时候能打发时间（或者看到柜台里忙碌的工作人员），有效缓解排队等候的烦躁。反之，影响视野的纵向排队容易加深顾客的焦虑。

第二，仪式化观感。横着的吧台相当于一个完整的制作流程展示台，顾客可以看到咖啡师操作的全过程。饮品制作仪式化的过程让顾客自主地在心里提升这杯饮品的价值：嗯，这杯饮料做起来很麻烦，确实值这个价格。

第三，避免制造拥挤感。员工的作业吧台是横向的流水线，所以顾客在面对吧台的左侧排队，而在右边取咖啡，形成秩序可以避免走道拥堵。

横着排队这么好，为什么麦当劳要竖着排队呢？这是因为麦当劳作为快餐店，力图营造更热闹、快节奏的氛围，而纵向排队、顾客之间是背与面的接触，"看不见头"的等待及快节奏的就餐方式，刚好迎合了麦当劳的定位。

我们来看看银行的客户等候区设计——安排在厅中的几排横排坐椅，客户排队等候的焦虑感会相互传染，有没有值得改进的地方呢？

想一想，为什么我们去超市购物的时候，本来只是想买一件生活必需品，却买回来一大堆并不急需的东西呢？现在各家银行都很重视交叉销售，在网点厅堂设计方面有没有考虑过学习超市，营造有利于交叉销售的氛围和环境呢？笔者认为，银行在风险管理方面有自己的独到之处，但是在客户心理、需求分析和引导方面，和优秀的零售商差距很远，所以未来银行网点的厅堂设计、营销策略一定要"商店化"，向零售商学习。

那么，富国银行、安快银行是怎么把网点办成商店的？富国银行社区银行的一种类型——汽车银行，把银行网点办成了卖汽油的商店——加油站。再比如，富国银行率先提出的"产品包"和"产品菜单"概念，就是学习超市的商品摆放和组合做法；率先推广的客户积分，也都来自零售商业的普遍做法。安快银行提出的"跳出银行办银行"，其要义就在于除了风险管理之外，在经营上广泛参考和学习零售商业的做法。

【链接】

北欧印象：做银行"不端着"

多年的职业习惯，每到一地，我都会到当地的银行机构、网点"明察暗访"，希望能够从中发现一些端倪，取取经，这大概也算是一种"职业病"了吧。近期去挪威和冰岛也不例外。北欧的风景宜人，银行气质也有些"小清新"。

冰岛国民银行是冰岛最大的银行，其总部大楼是著名的城市地标和创意典范，网点设计风格则极富北欧简约风。与大多数西方国家银行一样，网点没有保安，也没有防弹玻璃。此外，该行员工不穿标准工装（当然也都穿戴整齐得体），除一个现金柜台（主要办理外汇兑换）外，大堂里的所有人员都是全能型的员工，能够全方位地解答客

图 4-3　冰岛国民银行总部大楼内景（局部）

图 4-4　冰岛国民银行网点外景及内景

户的问题，提供优质而便捷的各项金融服务。

由于冰岛的人口基数相对较小，因此，客户是绝对稀缺和宝贵的资源，所有来网点的客户都是不能错过的"宝藏"。为了提供及时的亲切服务，冰岛国民银行网点的员工始终处于活跃状态，一刻不停地在营业厅里来回穿梭，而他们大都有着丰富的营销经验，已经在网点工作了多年。

为了给客户提供专业的一对一式服务，冰岛国民银行的员工补位意识强烈，大堂经理在面对各式各样的问题时均游刃有余，经常是前后步调灵活，很热情地散发出职场魅力，让客户感受到了被优待。在每日的业务办理过程中，大堂经理眼观四路、耳听八方，客户较多时自己还要找柜台操作业务，往往要分神兼顾，其打招呼的方式也亲切随意。

直观印象对比，显然，国内的银行过于"端着"了，时时刻刻都在界定身份、地位之别，反而被束缚在金融角色的牢笼中，凡事都一板一眼、循规蹈矩。无论是公开宣扬的企业文化、制度体系和网点设计，还是营销环节的话语建构、互动反馈等，冰岛国民银行努力呈现一种轻松随意的金融生活场景，畅通的业务分流体系则保证了厅堂的流动性，让客户一进入网点就能适应银行的服务环境，获得暖心而专业的独特体验。

再看冰岛国民银行这些朴实、率性的 ATM 背景墙设计（见图 4–5），简洁明快、朝气蓬勃，没有过多的提醒字眼和 logo 印记，少了国内银行肃穆的警示提醒，多了一分艺术的人文气息。像这样的企宣刻画恰恰赋予了银行活泼的年轻因素，更能吸引到年轻客户群体的关注和追捧，不失为一种用心张扬的企业文化再生和塑造。

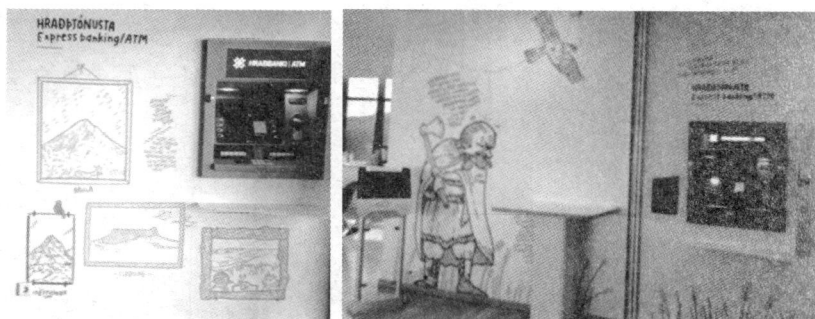

图 4-5 冰岛国民银行 ATM 背景墙

辗转"万岛之国"挪威，与冰岛相鉴，当地的银行也各有千秋。地域市场特殊需求的驱动，催生了 Ria 银行这种专业的外汇兑换银行，而该行业务受理范围较为集中，主要承担外汇通兑功能，来自其他同行的信用背书更为 Ria 银行起到了口碑宣传的妙用。其网点主要以银行亭形式矗立，没有复杂的场景布置和人员配比，设立在游人集中、视野开阔、可见度高的地方（见图 4-6）。

图 4-6 挪威 Ria 银行网点外景

此外，名声在外的西班牙国际银行（桑坦德银行，见图 4-7）在冰岛亦有网点分布，而这些物理网点甚至不提供现金服务，其所推崇的开放式柜台，平均业务量很少，而网点提供的更多是小房间里的顾问咨询业务。相较之下，国内银行网点还有大量结算业务，但几年前的"排队难"现象已有所缓解，物理网点的功能正在发生革命性变化。

图 4-7　桑坦德银行在冰岛的网点外景

通过几次接触北欧谱系的银行标本，观点碰撞之余，我感触颇多。其"不端着"的行业姿态背后表达了灵活的生存理念观照，亦折射出了一种有别于国内银行的经营之道。

第一，重新定义传统的金融场景。

国内银行所传递的行业形象大多给人以严肃、有隔阂及不苟言笑等印象，银行与客户群体之间存在着泾渭分明的疏离感。冰岛的几家银行则更加凸显为提供一种情境化的金融服务，充满了日常交往的生活气息，简约又不失分寸，精准地实现了服务价值。客户能够在例行的银行业务办理过程中，轻松地融入枯燥的金融生活节奏，享受到别无二致的独特体验。

第二，保持足够专业的咨询服务。

为客户提供一对一的需求反馈，往往能够进一步延伸至银行的产品清单，通过即时化的金融咨询服务，避免了客户对金融产品的无力感和选择困难。如冰岛国民银行员工所体现的专业素养，大大节约了客户的时间成本。在专业的定制化服务方案中，银行收获的不仅仅是忠诚的客群，也在无形中酿就了产品服务的价值竞争力。"大而不倒"并非无法逾越，"小巧精悍"才难能可贵。物理网点业务分流的趋势不可阻挡，由臃肿地统辖所有业务范围转而实现轻型化的网点销售模式，是中国银行业零售转型的必然之路。

第三，提倡适度灵活的员工授权。

鼓励一线员工恰当授权的自主行为，他们就不再局限于固化的科层组织结构，从而获得了解放人力效能的契机。特别是在银行网点的烦琐事务处理中，冰岛国民银行员工因上级授权的充分信任，能够及时补位，出现在客户面前，为客户提供带有预测性引导的专业金融服务。网点的很多业务类型都带有"通兑"性质，本身带来的利润增长有限，这种直接授权带来的流程改变，打破了僵化的厅堂营销模式，使得物理网点挣脱了条条框框的窠臼，释放出了最大的人力效能，真正"活了"起来。

第四，塑造定位清晰的企业形象。

包括场景设置、柜台存放与 logo 喷绘等，让客户感知到银行的不同文化，在潜移默化地需求引导中培育充满感召力的企业理念，如桑坦德银行、Ria 银行。银行从神秘的幕后步入细分的市场布局，并不意味着失去了金融的本色，而是要放下身段，主动融入客户的生活场景，以专业化的呈现方式抓住客户的需求痛点，建立自身产品优势的不可替代性。一味跟风模仿同业的简单复制策略，无法带来真正的创新改变，寻求差异化的竞争力才是王道。

在科技金融咆哮如雷的鲸吞浪潮里，传统的银行零售阵地仿佛岌岌可危。然而，从北欧的银行经营战略的成功之处总结来看，仍然有着很多貌似浅显、实则大智的应对之策。银行的企业定位、愿景刻画理应契合朴实无华的亲民之道，一切回归到客户的体验感，尊重客户的个性化需求，让客户在单纯的物理网点中感受到亲密的互动氛围，尽可能地营造一种零距离的家庭式接触，才能让客户在银行找到贴心的归属。

05

根基：

安快银行的
社区银行战略

一、安快银行社区银行战略核心

安快银行的网点转型，其背后有一整套的战略支撑，这一战略即社区银行战略。

社区银行如何定义？有何魔力？怎么样发展好社区银行？我们来看安快银行是怎样做的。

1. "安快银行始终是一家社区银行"

安快银行的前身就是一家名副其实的小型社区银行，早年的发展并不快。戴维斯接掌安快银行后，安快银行加快崛起，目前位列美国排名第32位，并在市场定位、企业文化等方面独树一帜，多次荣登美国"最佳银行"榜，荣获"最佳企业雇主""最受尊敬的金融服务公司"等称号。

截至2017年年底，安快银行的资产规模达到250亿美元，机构范围扩展至美国的5个州，包括俄勒冈州、加利福尼亚州、华盛顿州、爱达荷州和内华达州，远远超过了社区银行"资产规模在10亿美元以内，在较小地域范围内经营的小银行"范畴。尽管如此，安快银行始终坚持称自己是一家社区银行，以下是安快银行 CEO 关于社区银行定位的宣示和相关论述。

安快银行的主要独特之处在于，我们坚定不移地致力于坚守社区银行的定位。我们相信随着安快银行的不断发展，我们必须不惜一切代价，继续专注于按照一家社区银行的模式进行运营和管理，同时充分发挥一家强大的地区性金融机构所具备的规模优势。（2004 年）

（安快银行较大的市场影响力）建立在我们独特的经营定位之上：不管我们的经营规模如何扩大，我们持续聚焦客户服务。这一定位的核心所在，就是安快银行仍然是一家社区银行，在我们的经营机构遍及的每个地方开展我们的社区服务。与此同时，我们的规模和战略目标也在不断扩张，将使安快银行成为美国西海岸最大的独立社区银行和商业贷款机构之一——这将是一个了不起的发展成就。（2005 年）

我们继续致力于提供独特、有价值的客户体验，即不管我们的规模多大、发展多快，我们都能很好地适应客户的生活需要，确保安快银行永远是一家社区银行。（2006 年）

（安快银行的）优质增长是一种特色化战略的结果，这种战略把创新的焦点与"不管规模多大，安快银行都是一家

社区银行"的深度承诺有机结合起来。（2007 年）

我们将在美国西部不断扩大经营范围，不断积累和发挥规模经济优势，同时始终坚持社区银行的定位和经营特色。（2010 年）

董事会和管理层都致力于继续打造一家有特色的社区银行——一个结合小型社区银行的服务和融入社区优势与大型银行丰富完善的产品和金融服务专长的银行。我们认为这在整个金融行业中都是具有开创性的，因为对许多机构来说，业务发展、规模壮大往往是以固有文化的流失为代价的。（2011 年）

我们致力于打造一家集小银行的服务和融入社区特色、大银行的丰富产品和金融专业知识之长于一身的金融机构。（2012 年）

我们的目标是打造一家集大型银行的产品和服务优势与社区银行积极融入社区和提供优质客户体验之长于一身的，美国最具创新力的零售商。……不管别人怎么说，保留社区银行的身份是有意义的。是不是一家社区银行与规模大小无关，与您选择如何经营您的公司有关。（2013 年）

这笔安快银行发展史上的最大并购业务（注：并购标准

金融公司），使我们成为美国西海岸最大的社区银行。两家公司的合并使我们初步达成了社区银行无边界（地理区域）的目标，这在美国历史上还是第一次。（2014 年）

安快银行以服务客户和社区为宗旨……（2016 年）

通过我们的"人性化的数字银行"计划，我们正在投资技术打造更深层、更强大的客户关系，并以新的方式为社区服务。（2017 年）

2. 本地决策、充分授权和融入社区

安快银行的社区银行战略包括三个至关重要的方面：本地决策、充分授权和融入社区。

（1）本地决策

什么是安快银行的"本地"？什么才是安快银行基于"本地"的经营特色及使命愿景？2006 年，戴维斯曾经有如下阐述：

"本地"是什么

你在地图上找不到这样一个地方，它不是一个地名或具体的地点。"本地"是我们每天做决定的地方，"本地"是我们打交道的每个人我们都很了解，我们一直相互了解。"本地化"不是"全球化"的反义词，它抗拒的是漫不经心、漠不关心和得过且过的生活与工作态度。过去我们一

直是一家"本地"的银行，未来我们也永远会是一家"本地"的银行。

安快银行控股公司是安快银行的母公司，安快银行是一家拥有 96 年历史的社区银行。

践行我们的愿景

2005 年又是安快银行浓墨重彩的一年。瞄一眼安快银行的成功纪录，毫无疑问，2005 年我们取得了许多标志性的成就。我们的员工、我们的商店和我们富有鲜明特色的银行经营之道正在迅速改变这个行业。最近，安快银行的创新精神和创新活力流光溢彩，风行全国，无论是全国各地的媒体报道还是我们的利润指标，都充分地展现了安快之道的魅力。

文化

"本地"代表着我们从哪里来，也决定着我们未来往哪里去。我们持续成功的首要因素是我们能够发现、挖掘、留住并激励行业内最优秀的员工。我们独特的文化就是我们的自豪感和激情，它给人一种自下而上的信任和赋权感，从而培养了真正的创业精神。安快银行在我们服务的每一个社区长年经营、根深蒂固，培育了我们在这些市场上的号召力和影响力，这样的成功是不能被复制的。

连接

"本地"意味着不断推动我们身边的人生活变得更美好。我们对我们服务社区的承诺和使命感远远超出了银行和投资

者的要求。在安快银行每位员工的工资单上，除了 FICA[①]
和 401K 计划[②] 之外，还有一个"志愿服务时间"的个人
账户项目。通过我们的"连接志愿者网络"项目，安快
银行鼓励员工每年花 40 个小时在他们的社区从事志愿者
服务。

体验

"本地"的内涵绝不仅仅是银行提供的一间漂亮的休息
室。我们有免费咖啡和上网、瑜伽课程、电影之夜、针织俱
乐部，我们支持当地的音乐。难怪我们的客户对这家银行如
此着迷：我们竭尽所能给他们带来惊喜。你们可能已经了解
到，客户的忠诚度不单单源于我们的优惠利率，而是与他们
在我们的商店里度过美好时光的感受有关，与我们的员工在
一起是一种愉快的体验，而不仅仅是一件业务。

承诺

"本地"是你长期坚持的自觉习惯，是你每一天早上脚
落地之前的决定。就像大多数表面上看起来毫不费力的事情
一样，守护安快文化需要长期不懈的默默坚守，其中的一个
突出例子就是我们的 ROQ 计划。简单地说，它是一种监测
我们每一天为我们的每一位客户提供服务质量的工具。在我
们所有的业绩评估指标中，这是最重要的一个指标，因为人

---

① FICA 是收入税的一种，是美国政府强制征收的税种，用于维持社会保险和医
疗，为退休、残疾、死亡工人的子女支付的联邦基金。

② 401K 计划的名称取自美国 1978 年《国内收入法》中的第 401 条 K 项条款。它
是美国一种特殊的退休储蓄计划，它允许员工将一部分税前工资存入一个储蓄计划，
积累至退休后使用。

性化的关系决定了安快银行服务体验的一切。我们坚持使用 ROQ 计划，确保我们在客户接触的任何地方都提供最好的服务，从而不断地提升我们的品牌价值。

未来

"本地"定位经受住了考验，前景光明。我们进入北加利福尼亚州市场已经一年多了，很明显，这里的人已经完全接受了我们的银行服务方式。我们的整体市场增长，员工满意度提高，客户反应积极，没有存款流失。事实上，北加利福尼亚州的存款增长率从 2004 年的 3% 上升至 2005 年的 13%。最重要的是，我们在北加利福尼亚州的成功证明了这一点：在我们发展壮大的过程中，我们不仅能保持，实际上我们还可以强化和提升我们独特的文化。[①]

简言之，安快银行的本地决策意味着"让听得见炮火的人做决策"，"让相互了解"的人做生意，在经营一线做成业务，这是"关系型银行"的典型经营模式。

（2）充分授权

安快银行所说的充分授权，主要是对一线员工的授权，因为银行依靠一线员工为客户提供服务，只要一线员工的行为处在边界内，他就被授权采取任何方式满足客户需求。该行举例说，一位客户走进银行，说另一家银行的可转让存单利率是 4%，但是安快银行的利率是 3.50%，客户希望安快银行提供更有利的利率，不然就要撤户走人。

---

① 戴维斯.零售银行领导力打造［M］.杨俊川，译.北京：企业管理出版社，2010.

安快银行的员工可以评估这一客户关系的综合效益情况，然后根据实际的情况调整利率。

（3）融入社区

安快银行坚持把网点办成社区中心，其商店设计别具一格，一直以来都引领着银行业新概念网点变革的风潮。不仅如此，安快银行还有一个经典的"连接志愿者网络"项目，该项目为安快银行的员工每年提供 40 小时的带薪休假，用于为安快银行机构辐射的社区提供志愿者服务，该项目从 2004 年启动以来，从无间断，成为全美社区服务的典范。仅 2014 年，安快银行就有 67% 的员工参与了这一项目，为 2 200 多家社区非营利组织提供了 53 545 个小时的带薪休假志愿者服务。从 2005 年至 2014 年，安快银行的员工通过该项目累计提供超过 335 000 小时的志愿服务，相当于 162 名全职员工一年的全勤工作时间（见图 5-1）。精诚所至，金石为开，通过持之不懈地做好这一工作，安快银行成功地融入了社区的生活和生态。

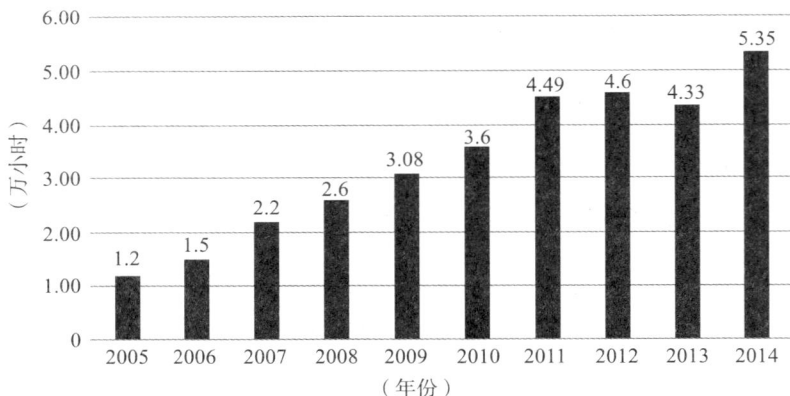

图 5-1　安快银行员工参加社区志愿者服务的时间

数据来源：安快银行年报。

【链接】

安快银行的经营特色和使命愿景

银行就像你住的地方

对于我们的客户而言，安快银行不仅仅是一家银行。它是使客户更幸福、更充实生活的一个部分。对他们来说，安快银行是支票账户和针织爱好者俱乐部，是商业贷款和地方音乐（传播）来源，是个人退休账户和网吧。

你可能会问，为什么我们的客户和他们的银行有这样的"爱情"呢？因为我们知道银行可以不仅仅是为了钱。一家银行可以是客户个性和价值观的一个延伸。新鲜的咖啡、互联网接口、别致的座椅和世界级的服务，安快银行的服务体验不仅仅是满足客户的金融需求，更是参与他们的梦想和向他们展示其可能无法想象的银行风格。

关于银行所有正确的理由

安快银行在支持所服务社区方面的积极作为是该行基因的一部分。通过"连接志愿者网络"项目，安快银行员工每年利用 40 小时的带薪休假时间，向那些关注青少年成长和社区建设的机构提供志愿者服务。2006 年，安快银行的员工总计提供了将近 15 000 个小时的志愿服务，为此，"连接志愿者网络"项目获得了俄勒冈州州长亲自授予的"优秀员工志愿者项目"奖项，这个奖项在州内享有盛誉。

像银行产生之前一样

我们的客户期望从他们的银行获得超出预料的体验，2006 年，安快银行没有让他们失望。我们再次创新了我们的商店模型，引入了新邻居商店，这些商店位于成熟社区的中心，被设计成一个社区中心，面积较小，咖啡馆风格，商店提供一个吸引人的空间，供人浏览本地商品，慢慢品尝咖啡，当然，也可以办理银行业务。最重要的是，这些新邻居商店能在45天内修建完工，成本不到一个典型银行网点的一半。我们正在计划全面创新商店的概念，将安快银行的体验和服务与尖端科技紧密结合，创造面向未来的银行。

"发掘当地音乐"项目是安快银行另一项计划的第一步。通过这个项目，客户开户时可免费获得本地音乐CD或可以购买在线音乐。这个项目帮助支持当地的音乐家，同时给我们的客户全新的理由去爱自己的银行。

银行的大胆创新

尽管作为一个整体来说，2006年是银行业非常困难的一年，但在这一年里安快银行实现了业务的强劲增长。安快银行存、贷款业务分别实现有机增长13%和11%。我们的新开商店数量达到历史新高，一共开设了5家新概念商店和2家新邻居商店。我们也通过并购西塞拉利昂银行扩大了在加利福尼亚州的市场份额。在各种情况下，新的个人和企业客户已经广泛认可我们银行的服务方式，无论我们在哪里及如何成长，安快银行都能提供完美适应客户生活的服务体验。

当然，拥抱我们银行的并不仅仅是我们的客户。在《财富》杂志"美国100家最佳企业雇主"排名中，我们位列第34位，连续两年被俄勒冈州的企业CEO们评为"俄勒冈州最受尊敬的金融服务公司"。①

在坚守社区银行定位的同时，安快银行的经营战略并不故步自

---

① 戴维斯.零售银行领导力打造［M］.杨俊川，译.北京：企业管理出版社，2010.

封，而是与时俱进，其内涵不断丰富升级。近年来其发展的一大趋势，就是越来越强调金融科技、数字化等与社区银行战略的融合。安快银行相信，未来，卓越的公司将是那些能够用精心设计、高度智能的方式将人力和数字能力完美结合在一起的公司，安快银行有信心、有决心成为这样的公司。为此，2015 年，安快控股成立了一家新的子公司——Pivotus 公司，这是一家以打造数字银行独特体验平台为使命的金融科技公司，以辅助安快银行在金融科技方面的发展。2017 年，安快银行又推出了"安快下一代"战略，旨在建立一家智能的、流线型的、以客户为中心的公司，提供客户愿意为之支付的价值。当然，这些举措的落脚点都是为了"打造更深层、更强大的客户关系，并以新的方式为社区服务"。

3. 他山之石，可以攻玉

安快银行的社区战略对中国的银行，特别是中小型银行正确理解和借鉴社区银行模式具有借鉴意义，在不忘初心回归本源、深化转型深耕市场及跨越"中等规模陷阱"等方面提供了范本和解决方案。

（1）银行业该如何不忘初心

安快银行对社区银行定位的坚守，为银行业如何固守初心提供了范本。"我们已经超越了我们作为一家小型社区银行的出身，但我们要做到不忘初心，社区精神永远是我们所做一切的中心。""我们创立于一个小镇，这个'根'让我们始终脚踏实地。""安快银行的前身——南安普夸银行的开业可以追溯到 1953 年，我们已经发展了很多年，经营规模不断扩大，但我们始终不忘初心，我们的价值观始终如一，向阳而生。我们相信社区的力量，我们懂得感恩回馈……"

由上观之，所谓初心，是初始的立行之本，是自有的文化积淀，是科学的战略定位，是经营的正道而行。从安快银行的经验可知，初心不是唱高调，也不是酸腐之言、迂阔之论。初心是一家银行能走多远的价值罗盘、能做多大的发展基石和能立多稳的定海神针。

（2）银行业该如何推动零售转型

银行做零售，除了发展私人银行等高端专业服务之外，更多更通行的方式就是做社区，也即社区化其实是零售银行的真谛。从安快银行的经验可以得出：真正的社区银行，不是简单的渠道创新与延伸，不是简单的"网点进社区"，而是要真正融入社区生活与生态，真正成为社区生活的一部分，真正成为社区生态价值链的一环，深耕本土市场，提升获客能力，优化客户体验，提升亲和力和创新活力，加强业务渗透，一切违背这一主张的零售转型和社区化战略都需要再思考。

（3）中小银行该如何跨越"中等规模陷阱"

本书的第一章着重阐述了商业银行的"中等规模陷阱"，其症结就在于随着规模的扩张和层级的增多，银行内部的官僚主义和形式主义泛滥开来，成为反噬银行活力的毒素。反观安快银行的发展历程，其通过坚守社区银行定位，始终致力于防止和杜绝大机构中的官僚主义和形式主义，始终"保持并提升企业文化"，始终"保持创新和发展活力"，推动了自身的健康快速发展。银行发展要走出"中等规模陷阱"，就应该学习和借鉴安快银行的经验，始终坚守发展定位，坚守核心价值观，并根据内外部环境变化不断优化调整自己的愿景目标，营造发展氛围，永葆创业激情。

二、国际银行业社区银行战略发展概况

继 2018 年年底中央经济工作会议之后，《2019 年国务院政府工作报告》进一步提出要重点发展社区银行。由此可见，社区银行不仅是安快银行等国外先进银行转型的自觉方向，也日益成为我国的政策鼓励和监管导向。

中国银行业曾掀起一股发展社区银行的风潮，风潮的灵感源头和实践标杆都在美国，是美国创造了社区银行的概念并普及开来。中国的银行在借鉴引进的过程中学走了样。我们需要对美国的社区银行"正本清源"。

什么是美国的社区银行？有两种理解。

第一种理解：社区银行就是小型的商业银行。根据美国独立社区银行家协会（ICBA）的定义，社区银行是一种独立的、在一定区域内经营的金融机构，主要服务于中小企业和社区居民，其资产规模一般在 10 亿美元以内。

第二种理解：富国银行、安快银行的社区银行模式。尽管富国银行曾经是全球市值最高的银行，但其始终宣称自己是一家以社区为基础的金融服务公司，该行还把占其主体的大零售业务统称为"社区银行业务"。安快银行多年被评为"顶级社区银行先锋"，其规模小得多，但资产总额也有 200 多亿美元。

中国银行业想学习的是哪种社区银行模式呢？答案显而易见。大则像民生银行这样资产规模有几万亿元的块头，在全球银行业排名中跻身百强；小则一个三四线城市的城市商业银行、农村商业银行都动辄有几百亿元、数千亿元甚至数万亿元（如北京银行）的规模，远远

超出了美国传统社区银行定义的 10 亿美元，都不可能分拆成单个或几个经营网点，倒退至几亿或几十亿元的状态。中国银行业瞄准的应是富国银行、安快银行的社区银行模式。这几年来，富国银行、安快银行广受膜拜，尽管虚假账户事件对富国银行的声誉、市值和业绩都产生了重大不利影响，但其赖以成功的社区银行模式仍然根深蒂固，大行其道。

找准了标杆，拜到了真佛，那么真经是什么呢？我们不妨举一反三，从那些规模体量远超传统社区银行标准定义，却坚持自称社区银行的国际标杆银行那里一窥堂奥，进一步读懂社区银行的真义和社区战略的精髓。①

1. who：有哪些银行自称为社区银行

尽管在美国独立社区银行家协会的定义中，社区银行的资产规模一般在 10 亿美元以下，但美国仍有许多大中型银行自称为社区银行，或者把自己的主体业务定义为社区银行业务，其中既包括规模较小却特色鲜明的安快银行，也包括富国银行、花旗银行这样的金融巨头。

安快银行资产规模折合为人民币近 2 000 亿元，此等规模在我国尚属于小型银行，如果说它自称社区银行尚且情有可原，那么资产规模万亿美元级的富国银行自称社区银行就有些惊世骇俗了。至今，富国银行仍然宣称自己是一家"社区银行"或"以社区为基础的金融服务公司"，《富国银行的愿景与价值观》在"我们的定位"一章开宗明义："我们有清醒的认识，富国银行是一家以社区为基础的综合化金融服务公司，社区银行的传统和定位，让我们有别于其他任何一家大型银行。"不仅如此，富国银行还自称是"美国本土最大的社区银行"。

① 王礼. 国际银行业社区战略浅析［J］. 中国银行业，2019（8）.

富国银行是全球最大的金融机构之一，市值一度在全球金融业中排名第一，但其经营风格始终独有特色，沃伦·巴菲特曾经评论富国银行："很难想象一个企业做到这么庞大的规模还能具有独特性。"一直以来，富国银行都是一家以大零售业务主题为特征的银行，也是聚焦于美国本土的银行，相比之下，花旗银行、摩根大通、汇丰银行等其他全球金融巨头的国际化特征更加明显，业务结构也更加多元，尽管这些银行没有宣称自己属于社区银行范畴，但其经营版图中都有一个非常重要的业务单元——社区银行。值得一提的是，汇丰银行是一家经营范围遍及五大洲的国际银行，它有一个闻名世界的经营口号——"做世界各地的本土银行"，被认为具有强烈的社区银行经营特征和定位诉求。

2. why：为什么它们自称"社区银行"

在超越社区银行规模之后，这些银行仍然自称社区银行或不脱社区银行本色，个中原因值得探究也启人深思。

（1）"社区银行"出身使然

与工商银行、建设银行等国有大型商业银行"含着金钥匙出生"不一样，国外的银行大都出身毫末，起步于社区银行，社区银行模式既是其出身本源，也是其起家的经营法宝。

以安快银行为例，它的前身是一家名副其实的小型社区银行，仅有六名员工和一家分支机构。再以富国银行为例，它从 1852 年美国加利福尼亚州"淘金热"中用马车运送黄金的快递公司脱胎而来，草创之初只在很小的地理区域内从事最基础的资金汇兑等金融服务。

也由此，安快银行宣称："我们已经超越了我们作为一家小型社区银行的出身，但我们要做到不忘初心，社区精神永远是我们所做一切的中心。"富国银行则不断强调："富国银行首先是本地的，然后才是全国的。我们并非生来就是一家全国性的银行，这就决定了我们的地方性。我们的出身是一家扎根于社区的小型地方性银行，我们的员工在社区的街头巷尾与客户们打成一片；然后我们才凭借自己的努力，成为在社区银行业务上颇有心得的区域性银行；最后，通过不断并购与扩张，我们才成长为一家全国性银行。回望历史，富国银行的每一项业务，比如抵押贷款、投资理财、保险，都是从一个村、一个镇、一个县、一个州做起，最后扩展到整个国家的。我们来自民间，而非与此相反。"可以说，坚守社区银行定位是富国银行和安快银行"不忘初心"的体现。

（2）"零售银行"根基所在

时下，国内的银行都在纷纷推进零售转型。对比国外银行，除屈指可数的几家金融巨头（如摩根大通等）旗下投行业务占比较大外，国外银行的对公业务相对较弱，大零售特征更为明显。纵观全球银行的零售银行业务发展，基本上只有两条路可走，一是高端专业化的发展路线，如瑞银集团的私人银行高端业务、美国第一资本金融公司以信用卡为主打产品开启的逆袭之路等；二是大众化社区化的发展路线，这也是更为普遍的路线。

富国银行、安快银行享誉天下的社区银行模式，与其说是一种标新立异的业务创新，还不如说是大零售业务的根本形态。从某种意义上说，做零售就是做社区，社区化既是零售转型的方向，也是零售发展的引擎。只有真正地植根于大众、融入社区、贴近民生、服务实体，零售银行发展才有出路，即便是花旗银行、摩根大通、汇丰银行和富国银行这样的超级银行也概莫能外，遑论安快银行这样发展壮大过程中的中小型银行，在累积规模经济效应的同时如果丢掉了社区银行的本色，就更加上不着天、下不着地了。

几年前，国内银行掀起了一股发展社区支行的风潮，尽管因执行层面偏差而功亏一篑，但社区化的零售转型方向应无疑义。早年工商银行的宣传语"您身边的银行，可信赖的银行"，近年建设银行推出的"劳动者港湾"，都可以视为大型银行以社区化推动零售转型的积极探索。

（3）"社区文化"信仰驱动

与一些人的理解不一样，西方国家非常重视意识形态建设，社区文化即是一例。美国是世界上社团势力最强、社区组织最完善的国家，美国人经常挂在嘴边的一个词是"社区"（community）。

同时，对于外部效应非常明显的金融行业，政府和监管机构也有很多硬性的管制要求和软性的文化约束，包括对支持实体经济的要求、经济危机时期对银行拒贷惜贷的抨击等，社会大众对社区的重视及对社区文化、社区银行的推崇则更为明显，而对华尔街金融寡头非常敌视。美国有专门支持社区银行发展的《社区再投资法》，也不断有舆论呼吁拆解美国四大银行，以至于杰米·戴蒙频频发声"美国既需要大量社区银行，也需要像摩根大通这样的大型金融机构"。

可以说，富国银行、安快银行自封"社区银行"，摩根大通、花旗银行、美国银行以"社区银行"命名其零售银行这条线，既是自身经营策略的选择，也是迎合政策的表现。弄清楚这一点，有助于中国银行业心平气和，正确对待当前从严的监管标准和社会责任要求。

3. how：它们怎样经营社区银行

（1）做深做透市场

既然矢志打造社区银行，发愿融入社区，这些银行对市场的开发就不是蜻蜓点水、浮光掠影式的，而是精耕细作、做深做透。它们对社区的深度融入、对市场的深度开发有两个测评维度：一是客户覆盖最广，即最大可能地拓展和维护好基础客群、核心客群和有效客群；二是客户渗透最深，即坚持不懈地推进交叉销售。两驱推动之下，市场占有率的提升自然水到渠成。表5-1为安快银行2017年在俄勒冈州一些地区的市场占有率。而早在2009年，富国银行在美国的19个州的存款市场占有率就排名第一，其中9个州的存款市场占有率在20%以上，在阿拉斯加州的市场占有率达到44%（见表5-2），可见社区银行模式或社区化战略的功效。

表5-1　安快银行在俄勒冈州部分地区的市场占有情况（2017年）

县	市场份额
贝克县	27%
哥伦比亚县	16.90%
库斯县	35%
寇里县	44.50%
道格拉斯县	72.90%
格兰特县	21%
哈尼县	22.60%
杰克逊县	18.80%
约瑟芬县	18.10%

（续表）

县	市场份额
克拉马斯县	30.20%
莱克县	32.20%
雷恩县	16.70%
林县	13%
马卢尔县	23.20%
蒂拉穆克县	29.30%
尤宁县	22.50%
瓦洛厄县	24.40%

数据来源：安快银行年报。

表 5-2　富国银行在美国各州存款市场份额（2009 年）

州	市场份额	排名
阿拉斯加州	44%	1
内华达州	26%	1
犹他州	24%	2
亚利桑那州	24%	1
科罗拉多州	22%	1
加利福尼亚州	20%	2
明尼苏达州	20%	1
爱达荷州	20%	1
怀俄明州	20%	1
佛罗里达州	19%	1
弗吉尼亚州	19%	1
北卡罗来纳州	19%	1
新墨西哥州	18%	1
南卡罗来纳州	16%	1
南达科他州	16%	1

（续表）

州	市场份额	排名
佐治亚州	15%	1
华盛顿特区	15%	1
新泽西州	14%	1
俄勒冈州	14%	2
得克萨斯州	13%	1
特拉华州	13%	3
亚拉巴马州	11%	2
蒙大拿州	11%	3
宾夕法尼亚州	19%	2
艾奥瓦州	9%	1
康涅狄格州	9%	4
内布拉斯加州	9%	2
北达科他州	9%	1
华盛顿州	7%	3
马里兰州	7%	7
威斯康星州	3%	7
堪萨斯州	2%	8
印第安纳州	2%	14
纽约州	2%	11
密歇根州	1%	26
伊利诺伊州	1%	25
田纳西州	1%	25
密西西比州	—	—
阿肯色州	—	—
俄亥俄州	—	—

数据来源：富国银行年报。

（2）提升客户体验

招商银行是中国银行业零售转型的先驱和标杆。尽管领先同行，但招商银行并不止步于此。近年来，招商银行行长田惠宇观察到一个现象：银行网点客流量逐年下降，人们与银行的交互频次和对银行的依赖度明显下滑；依附于电商、社交、出行等高频场景的第三方金融科技企业如火如荼，许多大型企业也依托特定场景大力发展自金融。从支付延伸到存款、贷款、财富管理，银行的资金中介、信息中介作用已然受到冲击，信用中介亦面临威胁。据此，他推断：一个新的金融战国时代悄然来临，"以客户体验为中心"成为银行在新金融战国时代的制胜法宝。

提升客户体验从哪里入手？国际"社区银行"的先进经验是"两手抓"。

一手抓金融科技。安快银行相信，未来，卓越的公司将是那些能够用精心设计、高度智能的方式将人性化和数字能力完美结合在一起的公司，富国银行、摩根大通和花旗银行等都是国际上金融科技的领军者和弄潮儿，安快银行虽然规模较小，也有专门的金融科技公司与其打配合。

一手抓人性化服务。优质客户体验的背后并不是冷冰冰的机器和神乎其神的黑科技，而是银行员工，以及银行员工在服务过程中传递的价值和温度，这正是社区银行模式的重要卖点之一。富国银行在规模上确实是一家全国性的银行，但行为更像一家有人情味的小型社区银行，它让员工与社区居民打成一片，记住客户的名字，它着力提供的是一种有温度、有亲和力的服务。安快银行的商店模式更是脍炙人口。而这些都只是表层，提升客户体验有一整套的机制保障和文化支撑作为内核，比如前文提到的安快社区银行模式的三大支柱——本地决策、充分授权和融入社区，这是更加值得中国银行业深入探究和深度学习的。

（3）"打卡"社区公益

积极参与社区公益活动是这些银行的习惯性行为，它们在每年的致股东信中，都会拿出一定的篇幅介绍自家银行在过去一年里围绕"使社区更美好"所做出的努力。杰米·戴蒙认为："如果你经营一桩小生意（如小镇街角杂货店），身为一名好的业主，你要清除店前人行道上的冰和积雪，也要支持当地的社团、学校和社区中心，多多参与社区服务，因为你的贡献使社区变得更好。作为一个业务遍及全球2 000多个社区的大型企业，我们也做到了这一点，为当地企业提供支持和要求员工积极参加社区公益活动。"例如，2011年，摩根大通直接向社区组织捐赠超过2亿美元，同时，通过"行善计划"（good works program），摩根大通银行的员工在当地社区参与了375 000小时的志愿服务。

花旗银行、富国银行的社区服务同样有声有色，前文提到的安快银行的"连接志愿者网络"项目已经完全机制化。安快银行宣称"我们对社区的承诺和使命感远远超出了银行经营活动的需要"，"坚持社区银行定位意味着始终支持和回馈我们服务的社区"，从2004年到2014年，安快银行使员工"打卡"社区公益成为一种精神信念和职业习惯，也使这一项目成为全美社区服务的典范。

三、中国式社区银行是怎样迷失的[①]

所谓"中国式社区银行"，是指按照银保监会的相关要求，设立的定位于服务社区居民的简易型银行网点，属于支行的一种特殊类型。中国银行业对社区银行的探索始于龙江银行"小龙人"社区银行发展规划，从 2010 年起，各中小银行纷纷跟进，2013 年 6 月以后进入高歌猛进的扩张阶段，民生银行、兴业银行等全国性股份制银行及众多城市商业银行都提出了宏伟的社区银行发展目标，民生银行尤其把以社区银行为载体的小区金融与小微金融作为并列的两大战略转型方向之一。截至 2014 年年底[②]，民生银行开设社区银行达到 4 902 家，兴业银行开设社区银行达到 527 家，光大银行、浦发银行、平安银行等银行开设社区银行的数量都在 150 家以上。

尽管银行对外宣称社区银行的发展来势喜人，但深入实地调查或者探访业内人士，不难看出，社区银行的发展实际上"叫好不卖座"，远远没有达到预期效果。要使这一新兴的金融业态持续健康发展，应做到实事求是面对问题、全面系统分析问题和适时纠偏解决问题，心平气和、开诚布公地把问题晒出来，摊在桌子上，避免在"沉没成本"的陷阱里越陷越深、不可自拔。

1. 浮于表层：中国式社区银行的定位误区

一般认为，相对于传统银行网点这一昂贵的渠道资源，中国的社区银行实行有限牌照经营，功能设置简约、定位特殊区域和客户群

---

① 王礼 . 社区银行有救吗［J］. 清华金融评论，2015（8）.
② 2014 年是"中国式社区银行"发展的顶点，以后逐步"退烧"。

体，堪称网点小而美、服务优而精的典型代表。从理论上讲，它面向社区居民，具有服务便利、客户信息获取便捷、市场布局潜力大等优势，不仅可以低成本地迅速扩大银行物理渠道布局，弥补中小银行网点覆盖面不广、服务下沉渗透不深的缺陷，与传统网点发挥优势互补效应，更可以贴近客户，提供差异化和个性化的综合金融服务，因此被视作新锐银行迅速占领市场的有效手段和经营转型的重点方向。然而，细究之下，这一模式有以下三个方面的先天缺陷。

（1）有悖于国际上社区银行的通行定义和成熟经验

和村镇银行一样，社区银行这个"舶来品"在引进中国的过程中发生了重大的改良。美国独立社区银行家协会指出，社区银行是在特定行政区划内组建并独立运营，主要为当地中小企业和居民家庭提供个性化金融服务并保持长期业务合作关系的小银行，属于独立法人。根据这一定义，我国的村镇银行、农村信用合作社、农村商业银行、城市信用合作社整体上都属于社区银行范畴；从本质上而言，脱胎于城市信用合作社，出身草根的绝大多数城市商业银行也是大的社区银行群体。这与本节开头所说，中国式社区银行的定义有云泥之别，因此，西方国家社区银行的成功实践也就不能套引论证国内社区银行的可借鉴性。

（2）有悖于社区现状和发展的基本国情

严格地说，国内很多银行倾力打造的社区银行其实是立足于高端小区的小区银行，这也是民生银行把社区银行定义为"小区金融"的缘由。国内的住宅小区大都自成系统，有很强的封闭性，在小区内设置物理网点，银行首先要考虑客流量是否充足。另外，不论是城市中心区还是近郊的住宅小区,核心的居民客户白天都不在家,留在小区里的主要是老人、保姆和小孩。老人可能最需要社区金融服务,社区银行这方面体现的社会责任感值得称赞,但这一基本客户群是否足以支撑一家社区银行的设立、运营,则不问而知。

(3)有悖于网络兴起网点减少的发展趋势

2010 年起,美国等西方国家银行网点不断缩减,荷兰在过去几年里裁撤了 50% 的银行网点。传统的银行家声称,客户选择银行时看中的是住所或公司附近有没有银行网点(这可能是中国式社区银行开设必要性的基本理论假设)。然而调查显示,渣打银行 75% 的客户称网银才是其选择银行的第一考虑,选择网点作为首选渠道的只有 12%。

更有数据表明,2011 年更换银行的美国客户中,有 32% 的人是为了能使用手机银行。当前中国 90% 以上的银行业务已可通过电子渠道办理,从 2010 年至今,手机银行使用率和移动支付市场倍数级扩张,2018 年中国第三方支付交易规模达到了空前的 190.50 万亿元。麦肯锡咨询公司据此预测,15 年后中国的银行网点将大幅裁撤。工商银行在 2014 年共减少营业网点 128 个,这是国有大行首次在物理网点上出现负增长,也可能是银行物理网点整体上有所消减的先声。社区银行一窝蜂式的发展可能让银行未来背上沉重的发展包袱。

2. 画虎类犬:中国式社区银行的经营困境

从实践的情况看,率先试水的国内各家银行发展社区银行的成果远不如预期。从可得的数据可知,截至 2014 年年底,民生银行社区银行项目下储蓄余额 224 亿元,较年初新增 210 亿元,数据看似亮眼,但分摊到约 5 000 家社区银行，网均存款不到 500 万元。徽商银行引进万科集团战略投资给社区银行提供了丰富的想象空间，但直到 2014 年年底才开设第一家社区银行。宁波银行、上海农村商业银行早在 2010 年就开始布局，至今为止也属进展不快、成效不彰。定位误区之外，中国式社区银行的高歌猛进还遇到以下三个方面的经营困境。

（1）运营成本高企

与传统网点相比，社区银行轻资产、人员少、成本低一直被人们视为优势，但考虑到社区银行远低于传统网点的网均产出和人均效益，整体而言并不合算。以民生银行为例，该行原本计划在 2013—2015 年开设 10 000 家社区银行，这是其 2012 年年末机构总数的 14 倍；以每家 3 名员工计，则需要新聘员工 30 000 名，几近 2012 年年末全行员工总数的一半，虽然可实行不同的用工形式和薪酬标准，但整体的人力成本也不容忽视。据测算，民生银行一家社区银行的初始投入在 100 万～300 万元，运营成本在 60 万元 / 年以上，基本的盈亏平衡点必须实现储蓄存款达到日均 4 000 万元左右，显然这个目标不易达成。在可预见的发展阶段，社区银行都可能是"赔钱的买卖"。

（2）跨界竞争激烈

当前，单纯的房地产开发业务和物业管理业务都遇到了一定的困难和瓶颈，使得万科、绿城、花样年等房地产开发大鳄纷纷依托传统优势，借助互联网技术和大数据挖掘推出高附加值的类银行金融服务，如花样年旗下的彩生活服务集团为中国百强一级物业企业，它以"把社区服务做到家"作为企业愿景，运用互联网基因重组传统物业，将实体社区变成一个基于大数据的互联网平台，在业内率先启动推行基于信息化基础的包括综合金融服务在内的物业服务 V2.0 模式, 聚焦社区生活一公里微商圈商机,引入与扩大社区周边商业机构在彩生活线上平台的应用,同时优化彩之云、彩付宝等线上服务与交易平台,并逐步推出资产管理、产业基金、融资租赁、小额信贷、金融服务外包、投资咨询、财务顾问等金融服务,专注于为社区内高成长、富有潜力的国内企业和中高净值人群提供专业融资顾问服务与综合解决方案。将自身定位为社区内金融服务商的社区银行与定位为社区综合服务商的大型物业公司相比,并没有独特的竞争优势。

(3)合规成本和政策风险巨大

国内对社区银行的理解纷纭,定义不一,监管要求时有变化,对社区银行的限制较多。大部分社区银行员工是新进的劳务派遣制员工或实习生,一方面培训、管理、文化融入、风险控制上的资源消耗和工作难度大得惊人,另一方面薪酬待遇与合同制员工有较大差异,收入主要按业绩提成的方式取得,业务冒进加上专业方面培训不足,极易形成风险隐患和诈骗案件。

3. 正本清源:"社区化"才是出路

针对当前中国式社区银行的定位误区与经营困境,首先要正本清源,通过对以安快银行为代表的国际先进同行社区银行战略的深刻剖析,深化认识"社区化"的基本内涵和价值主张。

(1)社区≠小区,社区定义具有广泛性和包容性

社会学家对社区下的定义有 140 多种,基本可分为以下 4 类:

① 社区是一个行政区划,是指固定的地理区域范围内的社会成员

以居住环境为主体，行使社会功能，创造社会规范。

② 社区是一个社会单元，是由具有共同的习俗和价值观念的同质人口组成的，关系密切的社会团体或共同体。

③ 社区是一个地域市场，既可以指一个省、一个市或一个县，也可以指城市或乡村居民的聚居区域。

④ 社区是一个网络版块，指不同的人围绕同一主题引发讨论的地方，如天涯社区，类似的名词还有论坛、贴吧、看吧等。还包括在电子商务背景下诞生出来的 SNS 运营性质的社区、为带动淘宝等网购群体的交流社区，以及按行业、职业进行垂直分类的社区，如 HR 沙龙等。

综上所述，社区定义广泛，包罗万象。我们所要打造的社区银行，既可以是深入每个微小社会单元的金融服务平台，也可以是面向一个地市、一个省的大社区银行；既针对以小区为基本单位的线下服务，也针对以网络版块为主的线上金融。把社区银行理解为小区简易服务终端，是认识上的偏颇和画地为牢。

（2）银行社区化≠社区银行，"社区化"是模式再造而不是渠道延伸

当前的中国式社区银行定位于渠道延伸和物理网点建设，打通金融服务"最后一公里"，这是多家银行为布局社区银行打出的口号，但实际上大多数银行客户关注的并不是物理意义上的距离。要看到银行业务的行为模式正在经历重大变化，旧有的行为模式将被颠覆，客户与银行的日常互动渠道与互动方式也将随之改变，意味着客户体验的重点——也就是银行与客户交流的方式——不在于银行投入了多少人力和网点，而在于银行投入了多少科技手段，以及是否站在客户的角度考虑问题。

　　布莱特·金在《银行3.0》中生动而深刻地描述和展望了移动互联时代银行生态的大变革、大转型，他指出：真正的挑战是怎么样克服银行现行系统内部的力量和惯性，填平客户行为与机构行为之间看似几乎不可逾越的鸿沟。如果只是简单的"网点进社区"，只是将原有产品延伸至网点，这种社区银行与过去的储蓄所并无二致，况且目前中国的银行网点星罗棋布，密度已然不低，随着利率市场化背景下利差的不断收窄，银行业开始步入微利时代，更加难以支付巨额的人力成本和网点运转成本。

　　从日常运营中跳出来看一看客户如何与我们互动，我们就会认识到，绝大多数客户其实根本不在乎什么产品、流程和渠道，他们只想把业务顺利又快捷地办完，"按我的标准来为我服务，我的体验才最重要"。"互联网＋"时代，银行移动业务能力、网银支持与否、用户界面是否简单友好，以及响应、处理日常需求和问题的能力，才是客户选择银行的关键因素。银行社区化需要超越单纯的距离优势，建立更丰富而深层次的价值主张。

　　"社区化"的价值主张是深耕本土市场、推动发展转型、提升获客能力、优化客户体验、加强业务渗透。未来银行往哪里走？大家对此都感到不安和迷茫。为什么这么多银行一窝蜂地跟进社区银行建设？主要源于对未来移动互联网时代竞争模式的恐惧，对政府业务、大型企业业务加快脱媒的焦虑，对核心客户、核心业务快速流失的担忧。

　　对中小型银行而言，经营区域内市场地位的巩固、核心客户的稳定不仅攸关发展，而且攸关生存。考量中小型银行生存能力和竞争能力最为直观和可靠的一个指标，就是本土市场占有率。实际上，中小型银行，特别是作为地方银行的城市商业银行发展至今，赖以成功的根本原因就在于"接地气""社区化",只是在规模逐步做大的过程中走偏了:一方面患上了"大企业病",机制优势和效率优势退化失灵;一方面心气高了,醉心于做全国性的银行,做高大上的银行,做大批发业务的银行,偏离了社区化的本心和初衷。一家中小型银行未来做多大、走多远,关键在于其在当前这个行业洗牌的阶段能不能存活下来,能不能在本土市场上做深做透。

【链接】

路桥农村商业银行的"网格化"社区战略

社区银行或社区化战略不是国外银行的专利,我国广大的农村商业银行都在自觉或不自觉地实施社区化战略,特别在江浙一带涌现了一大批立足当地社区做深做透、做出了品牌和市场地位的优秀农村商业银行,其中就包括台州的路桥农村商业银行。中小银行联合驻沪秘书处曾重点推介台州的路桥农村商业银行及其闻名遐迩的"网格化"社区战略。

路桥农村商业银行位于台州市路桥区,当地面积仅为 274 平方公里,人口 40 多万,地处一隅,却有银行机构 20 多家,包括引领小微金融"台州模式"的"三剑客"——台州银行、泰隆银行和民泰银行,它们推进经营服务下沉,不断挤压路桥农村商业银行的生存空间。尽管如此,路桥农村商业银行的储蓄存款占有率仍然雄踞榜首,市场占比达到 29.80%。不仅如此,该行小微客户在当地建档率达到 100%,授信率达到 80%,签约率达到 52%,用信率达到 47%,在"小微金融全国看浙江,浙江看台州"的首善之地业绩骄人,在路桥区市场占有率排名第一。这一切，离不开其形成概念5年，但实际推行10年之久的"网格化"社区战略。

什么是"网格化"社区战略？且看路桥农村商业银行的"现身说法"：

网格化管理是基于"普惠金融、做小做散"的战略定位，以做深做实（区域全覆盖、客户全触及、市场全掌握）区域市场为目标的营销管理体系。具体内容可以概括为三个方面：区域管理网格化、网格营销精准化、网格服务品质化。

区域管理网格化的精髓是"做细"，挖掘流量，让市场不留空白，让每个客户有人负责，具体要求是：有格、有人、有触点、有产品。

有格：路桥农村商业银行总结出四大原则——同类原则、优先原则、限量原则、界限原则。同类原则指单个网格内客户金融需求趋同，便于批量低成本获客和提供服务；优先原则指优先选择客群聚集且相互联系密切，利于通过关键人员化解信息不对称问题的区域为网格；限量原则指单个网格的客群户数限制在一个客户经理可以服务全覆盖的范围内，一般以800~1 000户为限；界限原则指网格划分的界限要清晰，避免网格间相互覆盖而导致的人力、物力内部竞争和资源浪费。

有人：路桥农村商业银行为每一个网格配备四类人员——网格管理员、网格协管员、网格联络员和网格监督员。网络管理员是派驻客户经理，是网格营销管理责任人，负责网格日常营销，没有贷款审批权；网格协管员可以是本地柜员、大堂经理，也可以是大学生村官、乡镇驻村干部等，协助管理员收集客户信息，化解信息不对称问题；网格联络员是背靠背授信的牵头人；网格监督员负责监督网格内工作人员各项工作是否到位。

有触点：触点即渠道，是客户与产品服务的连接点，可以是物理渠道，如标准化网点、自助银行、助农服务点；也可以是虚拟渠道，如手机银行等。

有产品：指有适合网格内客户的差异化产品。对社区网格以居家产品和普及宣传活动为主，对小微企业以经营贷和行业沙龙活动为主，对白领、学生等特定人群以个性化、体验式产品和服务为主。要允许客户经理根据自己网格的情况定制个性化活动。

网格营销精准化的精髓是纵向做深，提升转化率。精准营销的方式是以网格为单位（基于同类原则）批量授信，按流程包括：户籍收集、信息完善、三轮以上背靠背预授信评议、授信小组确定授信额度、集体授信签约、支行＋总行两级验收、考核激励，以及结果通报。各流程都有相当的工作要点。新增客户授信签约以集体签约为主，预约上门为辅，以降低营销成本。集体签约前以会议、邀请函、电话告知等形式提前告知。现场集中签约活动流水式进行，配套各种业务受理服务。授信签约后客户经理及时跟进，跟踪营销未使用授信权的客户。

网格服务品质化的精髓是横向做实，提升客单价，提升客户各类业务在本行办理权重。提升网格品质化的方式多样，比如积分、定制化产品、综合化体验式服务等。需要特别强调的是，网格化绝不仅仅只是营销，而是"营销—风控—管理"全方位的经营哲学和模式。

作为全省乃至全国首家"社银直联"落地银行，路桥农村商业银行将社保／医保办理、工商登记、公积金业务受理等都搬进了银行，社区氛围极为浓厚。丰收驿站作为整个浙江农信的特色和缩影，集党建阵地和服务站点一体化，也成为路桥农村商业银行打造"1公里金融服务圈"版图的重要节点。

【链接】

长沙银行望城支行的转型之路 [①]

"城市银行进农村，地方银行做社区"可以说是地方城市商业银行在当下图发展谋未来的一条有益路径。

不仅是广大农村商业银行立足于社区银行战略，一些优秀的城市商业银行也在区域化扩张受阻、政府业务"空心化"的大背景下纷纷回归本土、回归实体、回归社区。长沙银行作为一家在 A 股上市的区域性城市商业银行，早在 2014 年就提出了社区化的发展路线和"做中国最优秀的社区银行"的愿景。近年来，该行社区化战略渐显成效，其直属支行——望城支行以农村金融服务站（以下简称"农金站"）为突破口，推动其在 2019 年实现了农金业务、储蓄增长和零售考核在全行 30 多家直属分支机构中"三个第一"，截至 2019 年三季度末，净储蓄额较 2018 年同期增长超七成。

尽管是一家实行分行级管理架构的总行直属支行，望城支行所处长沙望城区几年前才经历撤县为区。作为一家实质上的"县域"支行，近年来，望城支行在社保存款上划省政府统筹、公共资源交易归并市政府管理、地方政府融资平台授信受到政策管控的影响下，面临的竞争形势相对严峻，在业务条线的发展局限不言而喻。因此，转向以农村、社区为代表的微型地域寻找新的利润增长点，避免同行之间同质化严重、竞争扎堆的不利环境，是望城支行再三论证、苦心经营的破局之策。

首先，在以行政社区为单位的熟人网络里，关系营销成为农金

----

① 本案例由丁新宇协助提供。

站扎根发展的理论基础。显然，以亲疏远近为代表的关系社会呈现出如涟漪推展般的人情色彩，而这种具备一定排他主义的鲜明特征，以站点铺设得积少成多为契机，将会发挥出类似以点带面的虹吸集聚效应。农金站的站长通常由本地土生土长，且拥有一定社会关系的活跃分子担当，以其为中心的营销网络构建形成一个又一个的圆圈，这又与其他临近站点相互交叉融合，一旦正式进入发展轨道，将会成为一本万利地渗透、吸纳储蓄存款的有力武器。

其次，以社区包围城市的介入模式巧妙避开了激烈的同行蚕食，恰恰形成了稳定可持续的获利增长空间。近十年来，银行业竞争逐渐摆脱"天生"优势地位，正在加速走向市场博弈的零和局面，借由农金站不知不觉中所酿就的后发优势，是本地区大型国有银行尾大不掉的真空地带。随着一众农金站点的持续发力，望城支行必将斩获新一轮的存款增长高潮，且因前述关系网络的不可复制，日趋稳固为坚定的营销壁垒。

最后，互联网金融所带来的冲击短期内无法充分消蚀解构本地市场，而真正能够打动客户的是对人性的尊重和敬意。站在银行立场而言，任何技术变革和服务升级都以消费者体验为中心，以人的特质为终极观察对象，这在很大程度上验证了农金站的自洽性。通常，附近居民选择助农点的理由离不开三个字，即"亲""轻""请"，而这分别意味着——有关系亲近的先天接触、能够轻松获取普惠金融服务，以及契合请君入门的待客之礼。就此而言，农金站之举是城市商业银行深耕本地的诚意所在和利害之趋，它十分符合当地居民的需求表达。

从农村"包围"城市，不得不说，农金站的"破壳而出"呈现为一种新气象。虽然金融的触角无孔不入，但来自银行的贴心服务并不是时刻在线，更不用说如果对象换成村、社一级的普通老百姓。植根于社区的金融土壤，通过农金站的接力、运功，普惠金融的参天大树枝繁叶茂。既然应势而为，农金站为什么不能拥有更多的可能性，走向更广阔的空间，拥抱更多的普通大众呢？

方向一："金融＋助农"让农金站变成离客户最近的"网点"。作为灵活设置的基层金融服务特许站点，农金站承担了一部分基础业务功能，能够满足客户的小额存取款等需求，让客户足不出户就能轻松办理银行业务，在很大程度上为客户节约了时间成本。农金站一方面要承担银行网点的微缩功能，满足村社客户的基本金融需求，另一方面能配合完成各种零售指标，尤其在新增零售获客与旺季营销攻关方面，更有着"润物细无声"的独到优势。所以，它的定位不仅要立足于日常的金融生活需求，而且要转变为向县域蓝海渗透的一种轻金融服务。

方向二："政务＋助农"让农金站助力社会治理成为可能。作为社保缴费的主办行，对于很多客户而言，长沙银行的银行卡是必不可少的缴费媒介，而仅2018年下半年通过农金站缴纳的社保就多达三万多笔。这种与政务业务桥接的直接关联，不仅提升了社区居民对银行的信赖感和依附性，更为银行建立了服务民生、保障民生的官方形象，在减轻地方政务压力和工作量的同时，真正做到了"无处不金融"的使命认同和内在自觉张扬。随着农金站点模式的成熟健全，在符合上级监管的前提下，可逐步增加其他功能，让农金站点成为市场渗透的最后一公里加油站。

方向三："公益＋助农"让农金站具备更多的人文关怀。很多农金站点设置在最基层的村社一级，是连接当地老百姓最直接的有效窗口，而今后的农金站发展不仅仅局限于单一的金融服务，也能成为长沙银行履行社会责任的平台之一。以"金融知识进万家"等特色活动为载体，胜利村农金站对村民进行普及性的金融知识宣传，丰富了消费者的金融知识储备。而在乌山街道喻家坡社区每月一次的社员会议中，以党员进社区的方式，将防诈骗宣传与长沙银行的产品介绍糅合在一起，以一种平和的语调拉近了距离，赢得了客户的好感。

06

指南：

中小银行规模增长的新路径

一、中小银行还需要做大吗

中小银行都有天然的"规模偏好"和"速度情结"，但是其在当前的发展形势下也备感困惑：中小银行还需要做大吗？是一味求大还是专注转型？对于具备一定发展实力和竞争能力的优秀中小银行而言，现实的选择可能是，既要做大，更要做强和做优。做大必须建立在做强、做优的基础上。

1. 做大

做大主要是指体量规模和业务增速。为什么要做大？首先，体量决定分量。在大海里谁拥有大船谁就占有航道，谁就拥有海洋，拥有广泛吸纳和调配资源的能力。其次，吨位决定地位，也决定在改革发展浪潮中的抗风暴能力和抗击打能力。银行业有"大则不倒"的金科玉律，没有一定的吨位，就经不起风浪。最后，空间换取时间。只有规模快速增长、效益强劲提升，才能为转型赢得时间。现在的市场情况和竞争态势不容一门心思"傍大款"、垒大户，必须同时前瞻思考和加快业务转型，但做大始终是优质的、具有良好发展基础的中小银行无法回避的神圣使命，将所有资源和筹码押在某项产品创新或业务转型上，极有可能赔上全部的本钱而不能自拔，等不到收获转型成果的那一天。

关于做大的意义和必要性，雷·戴维斯有过许多斩钉截铁的论述，他提出：

"不断拓展企业规模是让你的企业持续发展的唯一选择。"

"有一次，我参加在纽约举行的银行业会议。会上，一位知名的分析家这样说道，'当你展望企业的前景时，需要做的事情是这三件事情中的一种：卖掉它、关掉它，或者做大它'，虽然我认为这样的言论太过尖锐，但在目前的经济形势下，他说的大致是对的。……企业的规模是大还是小，结果会很不一样。如果你经营的是一家小企业，你怎么击败规模比你大的公司或生产可杠杆化的产品呢？"

"在今天的经济环境中，如果你不打算扩大企业规模，不打算扩大资源配置，我几乎可以肯定，你一定会出问题的……请记住：规模大的企业，如果成功地利用了规模效应和资源配置，就可以在其所希望的任何时间，跟小企业打价格战。"①

【链接】

台州银行希望做大

台州银行是小微金融标杆，也是我国真正实现特色化、差异化发展的优秀银行之一。一直以来，大家的感觉是，像台州银行这样的银行，致力于普惠金融事业，更重视质量效益，而不会追求规模增长。

---

① 戴维斯，伊科纳米. 在不确定性中引领［M］. 李明，译. 北京：中信出版社，2014.

实际上，笔者在近距离探访中，感受到台州银行同样有"规模偏好"和"速度情结"，同样坚持"发展（增长）才是硬道理"。

目前，台州银行在赣州等地广设村镇银行，其目的也在于以区域化发展推动规模扩张，实现做大做强。

----

2. 做强

尽管安快银行同样信奉"发展才是硬道理"，尽管戴维斯始终是一个"规模论者"，但他同时坚定地反对"为了增长而增长"，他认为：为了增长而增长是"死亡的套路""引发灾难的导火索"。他坚持做大必须建立在做强做优的基础上，"必须果断地放弃不能给你带来预期收益的投资"，"绝不以摒弃自己独有的企业文化为代价"。大而不强，昙花一现。这个强，除了因为体量规模扩张带来的综合实力增强之外，尤指抗风险能力和核心竞争力。新常态下银行经营必须设计开发众多新市场、新客户、新渠道、新手段、新产品，其中既蕴含丰厚的收益前景，也潜藏着巨大的不确定性风险。中小银行必须行稳致远，只有有效管控风险，才能真正做大做强。值得注意的是，新常态下的银行风险管理本身也需要适应政治、经济、金融和社会生活发展的新常态，需要突破常规、破除陋习、改革旧制、锐意创新。

核心竞争力的培育尤其任重而道远。无论是应对经营挑战，还是把握发展机遇，最终都需要依靠银行苦练内功，提高经营水平和管理能力，培育核心竞争力。新常态下，银行必须突破不适应经营环境变化的旧思想、旧制度、旧模式，以积极、开放的姿态推进产品服务、业务模式、运作机制和管理方式的创新，实现客户服务能力和经营管理水平质的提升。

3. 做优

做优，通俗地说，是要坚持"内外兼修"，既要底子扎实，也要面子洋气。

做优，有以下三个目的。

（1）展示企业形象

银行作为基于信用的公众企业，无论是上市企业还是非上市企业，都有信息披露的要求。很多机构都喜欢把银行的各个指标拿出来晒一晒、比一下。中小银行只有不断展现亮丽耀眼的经营成绩单，才能赢得公众的信任，享有良好的声誉，才能在吸收存款和补充资本方面持续掌握主动，赢得生存发展。

（2）适应监管要求

监管收紧是全球大趋势。随着《巴塞尔协议Ⅲ》在全球范围内的全面实施，新的监管规则对银行的资本充足率和资本质量提出了更高要求；银行同时还要满足更为严格的流动监管要求。这些变化将对银行的经营行为产生深远影响。成长期的中小银行只有积极主动地适应监管部门的要求，具备优异的经营指标和发展素质，才能享有更多的政策红利和准入支持。

（3）保持可持续发展

优异的经营指标和发展素质内在地体现为可持续性和抗周期性。高杠杆率和高风险性的银行机构，天然地排斥经营冲动和短期行为，必须在长远发展和短期目标之间保持协调和平衡。

二、中小银行还能够做大吗

中国银行业正在全面进入分化或者说洗牌的时代，在这个时代，银行的外部环境、竞争态势、增长方式和经营模式已然发生了深刻的根本性变革，是之谓"新常态"。"春江水暖鸭先知"，一线的银行人直观的感受是生意越来越难做了。

一是不知道在哪里做存款。政务存款市场资金越来越紧，银行越来越多，市场越来越挤，基数越来越高。企业存款市场大面积行业性经营效益滑坡，保证金模式难以为继。个人储蓄业务受网络金融冲击和理财产品竞争，增长乏力。

二是不知道往哪里投贷款。当前对地方政府融资平台的清理，政府授信有"筑坝截流""一剑封喉"的风险。民营经济、中小企业几近整体性经营亏损，大面积资金断链，部分地域、行业集体沦陷。个人贷款绝大部分属于投资性用途，当前情势下投资收益尚不足以支付银行利息，以至于引发民间融资风潮而导致地域性系统风险。

三是不知道未来往哪里走。传统的经营模式山穷水尽，各家银行围绕互联网金融、小微金融等所做的转型创新或成效不彰，或折戟沉沙，或一地鸡毛，"不转型等死，转型找死"的现实非常残酷。在这样的情况下，旧有的发展模式难以为继，增长动能走向衰竭，中小银行的求存尚且不易，又何以做大呢？ ①

实际上，银行业有机增长的方式确实势穷力蹙，但正在迎来并购大时代的开启。

---

① 王礼.富国之本：全球标杆银行的得失之道［M］.北京：中信出版社，2018.

1. 监管政策的导向变化

在过去的几年里，中小银行加快发展，成为继国有大型银行、全国性股份制商业银行之后的中国银行业第三极，纷纷在各地，特别是中心城市抢滩登陆、跑马圈地。约有40多家中小银行在经营地所属省（自治区、直辖市）外设立了120多家机构，共有100多家中小银行在经营地所在城市以外的省内地、市设立有超过600家分支机构。对于拥有较强综合实力、存在做大做强规模情结、业已完成本省（自治区、直辖市）机构布局的规模较大的中小银行而言，并购兼并将成为其跨区域扩张的必然选择。

而目前，监管层对中小银行并购重组逐步形成开放和鼓励的态度，"支持有资本、有人才和有经验的中小银行跨区域收购兼并高风险行，在不改变中小银行功能定位的前提下，整合行业资源，移植经验模式，化解行业风险"，预示着中小银行区域化政策和竞争格局的重大调整（见表6-1）。

表6-1　中国中小银行新设异地分支机构监管政策演变

监管政策导向	重要时间节点和事件
破冰	2005年，上海银行获准筹建宁波分行，拉开中小银行跨区域经营序幕
	2006年，银监会出台《城市商业银行异地分支机构管理办法》，正式明确了中小银行设立异地分支机构的具体要求和相关操作流程
激进开放	2007年至2008年，刘明康等时任银监会负责人多次表态，支持符合条件的中小银行跨区域发展。中小银行跨区域经营有了突飞猛进的发展，当时全国有20多家中小银行实现了跨省经营
	2009年，银监会出台《关于中小商业银行分支机构市场准入政策的调整意见（试行）》，符合条件的中小商业银行在相关地域范围内开设分支机构，不再有数量限制；并将省内分支机构审批权限下放给各省银监局
	2010年，银监会表态："除极少数中小银行能够向全国性发展，更多情况下鼓励中小银行主要立足本土区域，为当地的小微企业和城市居民消费提供金融服务。"中小银行集体发力异地扩张

（续表）

监管政策导向	重要时间节点和事件
叫 停	2010 年至 2011 年，齐鲁银行骗贷案引起监管层对中小银行激进扩张的担忧与重视
	2011 年，时任中国国务院副总理王岐山点名批评中小银行的盲目扩张，中小银行跨省设立分支机构的通道从此封闭，对省内跨地市扩张审批也处于暂缓状态
有限松动	2013 年，银监会出台《关于做好农村金融服务工作的通知》，允许中小银行在其内核周边经济紧密区申设分支机构，有限放开中小银行异地扩张，提出"能者上，平者让"
	2014 年，银监会监管二部下发 152 号文件提出："2014 年，单一城市单年新设分行总数不超过 2 家，金融服务明显不足地区可适当放宽，并积极推动社区支行、小微支行的设立"
	2015 年，时任银监会副主席阎庆民透露，银监会正就中小银行开设异地分支机构按照"CAMELS+"评级体系拟定新的评估政策，但一直不见政策的"靴子落地"

注：根据银监会领导表态及相关文件精神整理。

2. 地方政府的态度变化

笔者的同事曹飞认为：当前中小银行的股权结构（地方政府、地方国企持股）、业务结构（政务为主）和客户机构（本地居民和小微企业）并不支持传统意义下的银行并购行为（所有权转移的全面收购）。"各级地方政府与区域内银行有着千丝万缕的关系，同一省级辖区内的各个县域机构尚且难以整合，更何况跨省并购？即便有个别机构出现一些问题，不到万不得已，地方政府也不会假他人之手。"

如果说，过去十年堪称中国银行业的"黄金十年"，中小银行不仅为作为控股股东的地方政府做出了超额的税收和利润贡献，还提供了有效的地方政府金融调控平台，同时银行牌照被视为不可多得的稀缺资源，在此情况下，地方政府对当地中小银行被收购兼并持强烈的否定和拒绝态度。而当前，银行业赖以生存和发展的经营环境发生了急剧的变化，地方政府从"守住不发生区域性系统性风险的底线"出发，可能转而支持和促成本地遭遇生存、发展困难的中小银行主动参与收购兼并。

3. 金融改革配套条件的完善

中外银行业跨区域扩张的显著区别在于：中国的银行大都采用新设分支机构的方式，而国外的银行大都采用收购兼并的方式，这主要与发达国家相对透明的财务披露和成熟的市场规则有很大关系。当前，随着利率市场化进程的加快和存款保险制度的推出，中国金融改革配套条件在加快完善，必将为银行业的收购兼并加油助力。

4. 民营金融机构的参与推动

目前中国已有数家完全意义上的民营银行，如微众银行、民商银行、金城银行、华瑞银行、新网银行、网商银行等。部分新生的民营银行如微众银行、新网银行、网商银行等，通过金融科技手段的广泛应用实现超常规发展，但其负债端的弱势和成长"天花板"也是非常明显的。从美国第一资本金融公司的发展路径来看，包括微众银行在内的越来越多的民营银行，未来极有可能通过收购兼并的方式在市场上站稳脚跟，加快发展。一般情况下，这些民营金融机构在并购问题上将有更开放的态度和更强的决策力与行动力。

有一种似是而非的论调是，中国银行业不存在大规模并购重组的气候土壤，也缺乏先例和历史经验。实际上，当前中小型银行主体力量的中小银行、农村商业银行，在成立初期即在地方政府主导下，由大量小型、微型银行机构（农村和城市信用合作社）合并而来的，与美国一样经历了一个大整合的历史阶段。在这一历程之后，中小银行又经历了一波由省级政府主导的兼并重组，如江苏银行、徽商银行、中原银行等，也发生过一系列市场化色彩较浓的并购事件（见表 6-2、表 6-3）。

表 6-2 省级政府行政力量主导的中小银行兼并重组

时　间	新组建银行名称	兼并重组对象
2005 年	徽商银行	6 家城市商业银行和 7 家城市信用合作社
2007 年	江苏银行	10 家城市商业银行
	吉林银行	2 家城市商业银行和城市信用合作社，后又吸收兼并 4 家城市信用合作社
2009 年	龙江银行	3 家城市商业银行和 1 家城市信用合作社
	长安银行	2 家商业银行和 3 家城市信用合作社
2010 年	华融湘江银行	4 家商业银行和 1 家城市信用合作社
2011 年	湖北银行	5 家城市商业银行
	甘肃银行	2 家城市商业银行
2012 年	贵州银行	3 家城市商业银行
2014 年	中原银行	13 家城市商业银行
2015 年	江西银行	南昌银行兼并景德镇市商业银行后，更名为"江西银行"

数据来源：各银行年报。

表 6-3 中小银行部分市场化并购（发起并购或被并购）事件

时　间	发起并购银行	并购事件
2004 年	哈尔滨银行	双鸭山城市信用合作社
	江苏银行	10 家城市商业银行

（续表）

时　　间	发起并购银行	并购事件
2006 年	平安集团	收购深圳市商业银行，深圳市商业银行由此更名为"平安银行"
	南京银行	持股日照银行 18% 股权
2007 年	招商银行	持股台州银行 10% 股权
2008 年	北京银行	持股廊坊银行 19.9% 股权
2009 年至 2010 年	中石油	两次注资克拉玛依市商业银行（控股 92%），克拉玛依市商业银行由此更名为"昆仑银行"
2011 年	华润集团	收购珠海市商业银行，珠海市商业银行由此更名为"珠海华润银行"
	哈尔滨银行	哈尔滨银行持股原汕头市商业银行 16% 股权，参与发起重组广东华兴银行
	成都银行	持股西藏银行 10% 股权
2014 年	富滇银行	发起设立老（老挝）中（国）银行，富滇银行控股 51%

数据来源：各银行年报。

　　可以预见，随着中国金融改革进程的加快，更具市场化特征的中小银行并购热潮将会到来，并会全面更新中国银行业的发展态势和竞争格局，带来更大的冲击和活力。在这个洗牌的过程中，必然会有一批银行乘势而起，做大做强。

三、安快银行是怎样做大的

　　截至 2018 年，安快银行总资产为 260 亿美元。笔者认为，在并购交易方面，安快银行同样是国内银行的榜样（见表 6-4）。根据该行交易统计，其在所有的并购交易中共获得 169 亿美元资产，占 2018 年总资产的 65%。除了主动并购其他银行外，安快银行也会根据政府

表 6-4　安快银行历年交易一览表

并购交易		
商业银行和储蓄银行交易		
被并购银行	交易完成时间（年）	获得资产（千美元）
Sterling Financial Corporation	2016	9 939 573
California-based Circle Bank	2012	322 215
American Perspective Bank	终止交易	259 163
North Bay Bancorp	2007	648 984
Western Sierra Bancorp	2006	1 292 573
Humboldt Bancorp	2004	1 044 561
Centennial Bancorp	2002	827 388
Linn-Benton Bank	2001	117 276
Independent Financial Network	2001	389 566
VRB Bancorp	2000	326 595
United Bancorp	终止交易	114 359

政府安排交易			
被并购银行	交易完成时间（年）	获得存款（千美元）	获得资产（千美元）
Bank of Clark County	2009	468 100	366 500
Evergreen Bank	2010	404 400	340 378
Rainier Pacific Savings Bank	2010	717 806	446 192
Nevada Security Bank	2010	497 000	479 759

专业金融公司交易		
被并购公司	交易完成时间（年）	获得存款（千美元）
Financial Pacific Leasing	2013	NA

证券和投资公司交易		
被并购公司	交易完成时间（年）	获得存款（千美元）
Adams, Hess, Moore & Co.	2000	NA
Strand Atkinson Williams & York	1999	1 000

出售交易			
商业银行和储蓄银行网点交易			
买家	交易完成时间（年）	网点数（个）	交易存款（千美元）
BEO Bancorp	2019	4	49 000
CMUV Bancorp	2018	1	35 000
Banner Corporation	2014	6	211 500

金融科技公司交易			
买家	部门	交易完成时间（年）	交易存款（千美元）
Pivotus, Inc. Kony, Inc.	银行科技	2018	NA
Merchant Card Services Business U.S.Bancorp	支付结算	2004	NA

保险经纪公司交易		
买家	交易完成时间（年）	LTM 收益（千美元）
Rainier Pacific Insurance Services Alaska Federal Credit Union	2010	NA

数据来源：安快银行年报。

安排，并购一些无法持续经营的银行，这主要发生在 2008 年金融危机期间。此外，也会并购证券经纪公司，开展多元化经营。

安快银行并不是只进不出，除并购买入外，也会进行卖出交易，例如将一些网点出售给别的银行。从网均存款看，其出售的可能是一些经营不善、业绩没有起色的网点，但对别的银行而言，这些网点可能是营销价值被低估或有助于降低新进者市场开发难度。此外，安快也会与金融科技公司、保险经纪公司等非银行机构进行交易，出售业务、服务等。

小银行也能发起并购吗？从美国成熟的市场环境来看，答案是明确且肯定的。中国银行业对美国同业并购行为的关注点大都集中在一些大银行、大项目，而数量巨大、形式更为灵活多样的中小银行或金融机构间并购却鲜少被提及。实际上，与中国六大国有银行（工商银行、农业银行、建设银行、交通银行、中国银行、邮储银行）自上而下自成体系不一样，国际上几乎所有的大银行都是小银行通过不断推动有机增长和并购做大的，即便是像安快银行这样中小规模的银行，也无时无刻不处于并购的发展历程之中。

【链接】

美国知名中小银行并购案例 [①]

曹飞整理了美国几家知名中小银行的并购案例，笔者经其授权，摘录如下。

西部联盟银行（2018 年福布斯排名第 2 位）

西部联盟银行（Western Alliance）由美国西部地区几个州的 6 家

[①] 高振原，曹飞. 中小银行间并购的美国经验及启示［OL］. 九卦金融圈（微信号：jiuguajinrong），2019–11–11.

地方性中小银行联合而成，属于典型的集团银行。西部联盟银行与西联汇款（West Union）只是中文译名相近，并无任何关联。截至 2018 年，西部联盟银行总资产 231 亿美元，存款 182 亿美元，贷款 177 亿美元。[①]

社区银行系统（2018 年福布斯排名第 6 位）

社区银行系统（Community Bank System，CBS）总资产 110 亿美元，有超过 230 家客户服务机构，分布在纽约州、宾夕法尼亚州北部、佛蒙特州、马萨诸塞州西部。虽然是一家人民币规模不到 800 亿元的小银行，但该行也涉足多元化经营，成立了财富管理、退休保障、保险咨询等金融行业子公司。考虑到自身规模、品牌实力，CBS 虽然是纽约州的一家银行，但并没有选择在竞争激烈的纽约市核心区布局，而是选择核心区之外及与纽约州临近的各州。在并购过程中，该行并购了多家小型保险经纪和证券经纪类公司，可以说麻雀虽小，五脏俱全。

通过多次并购，CBS 共获得近 54.50 亿美元的资产及 28.70 亿美元的存款，并购获得资产占该行 2018 年资产总额的一半。

CBS 历年并购交易概览如表 6-5 所示。

纽约社区银行（2018 年福布斯排名第 24 位）

纽约社区银行（New York Community Bancorp，NYCB）由 8 家银行机构联合组成。2018 年 11 月，NYCB 的姐妹银行纽约商业银行正式并入 NYCB。NYCB 有 240 家网点，分别在纽约州、新泽西州、俄亥俄州、佛罗里达州、亚利桑那州。与西部联盟银行和 CBS 相比，NYCB 的分支机构在地理上并不相接，有的还距离较远，该行并购策略中并不仅仅考虑了客户办理业务便利的协同效应。

[①] 西部联盟银行是多家银行的综合体，故没有并购方面的详细数据，但它是比较有代表性的银行，因此本文也将其列出。

表 6-5　社区银行系统交易一览表

并购交易			
银行和储蓄银行交易			
被并购银行	交易完成时间（年）	获得资产（千美元）	
Merchants Bancshares., Inc.	2017	1 898 710	
Oneida Financial Corp.	2015	798 169	
Wilber Corporation	2011	929 268	
TLNB Financial Corp.	2007	103 575	
ONB Corporation	2006	95 457	
ES&L Bancorp, Inc.	2006	210 883	
First Heritage Bank	2004	287 999	
Grange National Bank Corp.	2003	277 693	
Peoples Bankcorp, Inc.	2003	28 768	
First Liberty Bank Corp.	2001	646 661	
Citizens National Bank	2001	116 199	
银行和储蓄银行网点交易			
被并购网点所属银行	交易完成时间（年）	网点数量（个）	交易存款（千美元）
Bank of America Corporation	2013	8	303 000
First Niagara Finacial Group	2012	19	797 400
Royal Bank of Scotland Group	2008	18	565 045
HSBC Holdings, Plc	2004	1	32 600
Fleet Boston Financial Corp.	2001	36	473 000
Fleet Fianacial Group, Inc.	1997	12	159 100
Key Corp.	1997	8	149 900
Chase Financial Group, Inc.	1995	15	390 000
Key Corp.	1990	1	NA
政府安排交易			
被并购银行	交易完成时间（年）	获得资产（千美元）	
Columbia FS&LA/Canandalgua, Corning	1994	63 800	
金融科技公司交易			
被并购公司	交易完成时间		
Northeast Retirement Services, Inc.	2017		
Philadelphia Division of Allance Benefit Group	2008		
保险经纪公司交易			
被并购公司	交易完成时间（年）		
Penna & Associates Agency	2018		
Gordon B, Roberts Agency	2017		
Dryfoos Insaurance Agency	2017		
Benefits Advisory Service	2017		
WJL Agencies	2016		
Blundon Brugess Insurance Agency	2011		
证券投资公司交易			
被并购公司	交易完成时间（年）		
Wealth Resources Network, Inc.	2019		
Styles Bridges Associates	2018		
Hand Benefits & Trust, Inc.	2007		
Elias Asset Management, Inc.	2000		
其他类型交易			
被并购公司	交易完成时间（年）		
HR Consultants(SA), LIC	2018		
Professional Services Practice	2014		
CAI Benefits, Inc.	2011		
PWC Syracues Humanrsrcunit	2003		
Benefits Plans Administrators, Inc.	1996		
出售交易			
银行和储蓄银行网点交易			
买家	交易完成时间（年）	网点数（个）	交易存款（千美元）
Catskill Hudson Bancorp, Inc.	2016	1	6 124
NBT Bancorp, Inc.	1995	3	43 000
专业金融公司交易			
买家	交易完成时间（年）	净收益（千美元）	
Collateralized Debt Obligations	2013	56 200	

数据来源：社区银行系统年报。

2018 年，NYCB 总资产 480 亿美元，贷款 400 亿美元，其中 300 亿美元是多住户住宅贷款。存款 308 亿美元，年均增长 6%。除联合其他储蓄银行组成银行集团外，该行还通过历次并购交易，共获得了 348.06 亿美元的资产和 260.43 亿美元的存款。并购资产占 2018 年总资产的 70% 以上。可以说 NYCB 也是一家通过并购壮大的银行。

NYCB 历年并购交易概览如表 6-6 所示。

表 6-6 纽约社区银行交易一览表

并购交易			
银行和储蓄银行交易			
被并购银行	交易完成时间（年）	获得资产（百万美元）	获得存款（百万美元）
Synergy Financial Group, Inc.	2007	892	564
PennFed Financial Services, Inc.	2007	2 300	1 600
Atlantic Bank of New York	2006	2 800	1 800
Long Island Financial Corp.	2005	562	434
Roslyn Bancorp, Inc.	2003	10 400	5 900
Richmond County Financial Corp.	2001	3 700	2 500
Haven Bancorp, Inc.	2000	2 700	2 100
银行和储蓄银行网点交易			
被并购网点	交易完成时间（年）	获得存款（百万美元）	
Doral Financial Corp. 的 11 个网点	2007	370	
政府安排交易			
被并购银行	交易完成时间（年）	获得资产（百万美元）	获得存款（百万美元）
Desert Hills	2010	452	375
AmTrust Bank	2009	11 000	8 200
不包含存款的交易			
被并购公司	交易完成时间（年）		
NYCB Specialty Finance, LLC.	2013		
AmTrust Investment Services, Inc.	2010		
Peter B. Cannell & Co.	2002		
其他交易			
交易描述	交易完成时间（年）	获得存款（百万美元）	
Aurora Bank FSB 存款	2012	2 200	
出售交易			
不包含存款的交易			
交易描述	买家	交易完成时间（年）	
出售按揭贷款业务	Freedom Mortqaqe Corporation	2017	
出售当地资产	Cerberus Capital Manaqement. L.P.	2017	
出售下属公司	Texas Capital Bancshares, Inc.	2011	

数据来源：纽约社区银行年报。

第一资本金融公司

不仅传统的中小银行通过"并购 + 有机增长"的方式做大做强，新兴的互联网银行同样更多地依靠并购加快扩张，且看美国第一资本金融公司的进阶之路（见表 6-7）。

表 6-7 第一资本金融公司大事记

年　份	事　件
1988 年	均无银行业背景的费尔班克（Fairbank）与莫里（Morri）怀着以数据驱动模式创新信用卡行业的梦想，在到处游说而无人认可后，委身于美国弗吉尼亚州地方银行（Signet Bank）的信用卡部门，这就是美国第一资本金融公司的前身
1994 年	Signet 银行将信用卡部门独立出来，新成立的公司命名为 Oakstone 金融公司，由费尔班克担任 CEO。同年，Oakstone 金融公司以每股 16 美元的价格进行 IPO，并在 1995 年改名为第一资本金融公司
1996 年	第一资本金融公司设立金融服务公司 Capital One FSB，提供消费贷款服务，这为其拓展其他金融业务，如汽车分期贷款和房贷奠定了基础。当年，第一资本金融公司还进军英国及加拿大市场，首次开拓国际业务
1998 年	第一资本金融公司的股价首次突破 100 美元，从而被纳入标准普尔 500 指数。该公司成为 20 世纪 90 年代华尔街的明星公司，其股票的表现在金融类股票中最为突出。至此，第一资本金融公司的金融帝国正式崛起
2003 年	第一资本金融公司分别于 1998 年和 2001 年收购 Summit 金融服务公司（Summit Acceptance Corp.）与美国最大的在线汽车贷款服务商 People First Finance, LLC. 等企业。2003 年，第一资本金融公司将此前并购而来的上述企业整合成第一资本汽车金融公司，开始发力汽车贷款业务。目前，第一资本汽车金融公司已是美国前五大的汽车金融服务商和最大的二手车金融服务商
2005 年	第一资本金融公司通过收购 Hibernia National 银行进军零售银行业务
2006 年	第一资本金融公司以股票加现金的交易方式斥资 146 亿美元收购 North Fork 银行，提升其在小微贷领域的竞争力
2008 年	第一资本金融公司通过收购 Chevy Chase 银行扩大其在住房按揭领域的市场份额
2011 年	第一资本金融公司收购荷兰国际集团旗下的直销银行，进军直销银行领域，并跻身于全美最大的直销银行之列
2012 年	第一资本金融公司收购了汇丰银行的美国信用卡业务，一跃成为继摩根大通和美国银行之后的全美第三大信用卡发行商

（续表）

年　份	事　件
2015 年	第一资本金融公司以 90 亿美元收购通用电气旗下美国医疗保健金融部门，进入医疗金融行业
2017 年	第一资本金融公司拥有 3 656.93 亿美元的总资产，贷款总额高达 2 387.61 亿美元，存款总额达 2 471.95 亿美元，拥有 5 000 万个客户账户及 655 家分支机构，已经跻身美国前十大银行之列

　　数据来源：第一资本金融公司年报。

四、安快银行等国际先进银行的并购经验

　　凡事预则立，不预则废。优秀的中小银行如何抢占先机，迎战汹涌而来的并购时代和行业变局？结合安快银行等国外先进银行的成功经验，发起并购的银行应具备以下五个方面的条件。

1. 核心竞争力和可复制的成熟模式

　　"没有金刚钻，不揽瓷器活。"尽管安快银行致力于做大做强，而且更多通过并购来做大做强，但戴维斯坚持认为，"为了做大而并购的理由是苍白的"。在每一次启动并购之前，安快银行的决策层都会讨论一个核心问题："如果我们收购另一家银行，我们运用安快的资源——我们所拥有的工具和产品——能让这家银行发展得比先前更好吗？"

　　安快银行的并购会优先考虑并购对象所处的市场环境，这个市场环境必须是"充满潜力的市场环境，而且是安快企业文化和价值定位会发扬光大的市场环境"。

无独有偶，富国银行也多次上演"蛇吞象"的并购大戏，通过1 600多次梯次收购的方式发展壮大，这一切都建立在其神奇的"交叉销售之王"的基础上。该行始终专注于本土市场的精耕细作，培育核心竞争力。富国银行前董事长兼CEO约翰·斯坦普提出：企业成长有三种方式——从现有的客户手中获得更多的业务（也就是加强交叉销售）、从竞争对手那里挖到客户或收购其他企业。约翰·斯坦普认为：如果做不到第一点，也就必然做不到第二点，更不用说做到第三点。因此，中小银行发起收购兼并，首先要立足于自身强大的核心竞争能力和成熟的可复制的商业模式。

2. 充足的可及时补充的资本

中国银保监会曹宇副主席指出，要让有资本的银行来发起并购，资本充足显然是发起收购兼并的先决条件。在这方面，强大的股东背景、良好的公司治理结构和股东沟通机制有助于提升资本的保障能力，上市银行占有先机和优势。同时，有志于此的中小银行应该着重培养资本的内生能力，还要使资本充足水平保持一定的余地和弹性。

3. 并购原则和技巧的掌握

企业并购是一个"技术活儿"，银行业的并购由于其专业属性，具有更高的技术含量。有志于通过收购其他银行实现快速扩张的银行必须尽早确立自己的并购原则和并购目标，加快学习和掌握并购技巧。安快银行认为并购要克服以下两大障碍。

一是确立并购的战略性原则。扩大规模并不是战略性原则，战略性原则可以是战胜或者收编市场上的竞争对手，也可以是带来你自己不能生产的新产品，还可以是帮助你打入新的市场。一项收购不应只是促使企业扩大规模，而应该使企业变得更好。

二是需要克服的障碍与交易的财务指标有关。这涉及能否给股东带来利益的问题，简单地说，就是这项交易能提高他们的每股收益。富国银行有著名的"并购六原则"：①文化兼容性；②项目可操作性；③有助于改善客户关系；④充分认清风险；⑤内部收益率15%；⑥三年内实现并购增值。这些原则具有很好的参照性。

在并购技巧方面，即使是富国银行这样的"并购老手"，在2008年对美联银行的收购过程中，兹事体大，还特意将准备卸任却并购经验丰富的理查德·柯瓦希维奇留任一年，以确保并购成功，其慎重态度和经验值的重要性可见一斑。

4. 并购时机和并购政策的把握

戴维斯坦陈：某个时候为了推动一宗成功的银行收购，安快银行往往要关注和跟进目标银行数年之久。国外银行的"超级收购"大都选择在经济萧条和金融动荡的危机时期，这是为了有效地降低收购成本和排除收购阻力。戴维斯介绍说："当大衰退给金融业造成严重破坏时，很多银行倒闭，居民存款由美国联邦保险公司承保。同任何其他保险公司一样，美国联邦存款保险公司有着强烈的愿望，要将由银行倒闭所带来的有可能持续的损失降到最低。对此，美国联邦存款保险公司的一个策略就是，让一些实力强大、运营良好的银行接管那些羸弱倒闭的银行。"

戴维斯自豪地说："在安快银行，我们有机会在经济大衰退的末期营造势头。作为一家在纳斯达克上市的公司，我们定期向投资者及股东公布公司的财务业绩，并分析未来的发展前景。金融分析师对一家上市公司的判断，会使该公司的股票价值有不同的表现，因为他们对该企业的股票进行了评级。他们对于购入股票、卖出股票和持有股票的相关评级，会对投资者如何进行投资产生重要的影响。"这对安快银行的发展和发起并购至关重要。于是，在2008年金融危机中，"机遇送上门来了，在这段时间，安快银行投标并成功接管了四家倒闭的银行，其中三家位于华盛顿州，一家位于内华达州。当我们前去接管时，所到之处，所有人都欢迎安快银行"。

如果没有充足的实力底气和对并购目标的胸有成竹、对并购政策的精研吃透，显然是做不到这一点的。为了推动银行业收购兼并的健康发展，监管机构和相关部门、地方政府也有责任携手打造公平公正的法治体系，制定公开透明的交易规则，减少并购行为的不确定性。

【链接】

台州银行发展史上的"历史性机遇"

在金融动荡的时刻把握机遇做大做强，不仅是国外银行的先进经验，中国很多优秀银行也是这么走过来的。1998年，台州市椒江区港口城市信用合作社不良贷款率已经到了90%，出现支付危机。台州市人民银行认为不宜简单以破产处理，希望"银座"（台州银行的前身）接手。

陈小军（台州银行现任董事长）意识到这是"历史性机遇"，在此之前，浙江没有一家城市信用合作社能够跨区经营，兼并如果实现，"银座"将迎来更大发展。股东们经过激烈争论，最终同意"银座"以数千万元的资本兼并港口城市信用合作社。1998 年 7 月 21 日，在人民银行的批准与支持下，"银座"管理人员进驻港口城市信用合作社调查摸底。最终，在当地政府的支持下，"银座"通过市场化运作方式，成功兼并了港口城市信用合作社。

事实证明，这次兼并的价值不仅仅在于打破了地域限制，更重要的是它为"银座"赢得了发展的机会。2001 年，地方政府和监管部门为化解金融风险，规范城市信用合作社发展，决定以"银座"为主组建台州市商业银行，2002 年 3 月 22 日，台州市商业银行正式挂牌，后来更名为"台州银行"。

----

5. 建立具有包容性的企业文化和通畅的沟通机制

并购发起银行应及时安抚被并购银行员工的恐慌和不安情绪。在并购交易达成意向，到最终实施并购之前，安快银行优先要做的事情是：沟通，沟通，再沟通！安快银行认为其极具包容性的企业文化是其并购运作高效的最重要原因。每次并购敲定后，安快银行都会第一时间召开员工大会，戴维斯会亲自对被并购银行的员工发表讲话。他知道，员工在这个时候都很焦虑、很紧张，他们不清楚接下来自己的职业生涯会发生什么。

戴维斯会向这些新员工报告融合计划和举措，介绍安快银行的文化和价值观，最终，他会把话题集中到新员工特别关心的问题之上——"你会怎么样"。安快银行选择把一切事情都摆在桌面上，通过绝对坦诚的态度，让员工得到他们想知道的答案，并尽可能为他们顺利度过这段不确定时期提供必要的帮助。并购后的 6 个月到 1 年内，新员工参加安快银行的卓越庆典，其活跃程度一点都不逊色于有 10 年资历的老员工，这体现了被并购银行的员工能够很快适应并融入安快银行的文化。安快银行不担心被并购银行的高管流失，他们担心的是银行柜员、客户经理和其他与客户打交道的一线员工，因为这关系到客户的稳定性、业务的稳定性和品牌的忠实度。

而对于更多的规模偏小、竞争力偏弱、抗风险能力不强的中小银行而言，利率市场化的推进和金融脱媒的演变等将构成严峻的发展及生存挑战，其关注的重点应该是在某个领域、某个地区形成自己的竞争优势和经营特色，确保资产质量，增强成本控制能力和创利能力，提升自身被并购的价值，而不应该是一味地抗拒和排斥被收购与被兼并。

毕竟，与破产清算或政府接盘相比，体面、平稳、较高估值的市场退出也不失为一种经营成功，还减少了金融动荡，有利于整个金融生态的丰富和金融结构的稳定。

【链接】

并购的陷阱

并购是机遇，也是挑战；是巨大的市场蛋糕，也可能是陷阱和深渊。并购的危险之处在于：如果并购标的存在巨大未知的风险，或者整合不够顺利和成功，带来的常常是灭顶之灾，有时风险还会延爆。比如美国的美联银行，在 2008 年金融危机爆发前，美联银行的市场地位和美誉度都要比富国银行高出一筹。很多人都无法想象也不敢相信，美联银行会被富国银行并购。据了解，美联银行的马失前蹄主要是由于其基础业务——房贷业务损失惨重，而肇因就在于 2006 年该行收购了加利福尼亚州的 Thrift Golden West 金融公司，这家公司是选择性可调整利率抵押贷款的始作俑者之一。美联银行将这一产品"发扬光大"，最终酿成了大祸而不可自拔。可以说，这一危险因子在美联银行的体内潜伏了近两年的时间，当时一笔看似完美的并购交易成为美联银行的梦魇，这就是并购的陷阱。

无独有偶，海南发展银行的破产也基于此。海南发展银行起初经营情况不错。虽然兼并了 28 家信用合作社、托管了 5 家信用合作社的债权债务，使得海南发展银行账面上实力增强，但由于这些信用合作社大多是不良资产，海南发展银行也背上了沉重的包袱，而且兼并后的海南发展银行员工人数剧增为 3 000 多人，是原来的数倍。

海南发展银行兼并信用合作社后，其中一件事就是宣布只保证给付原信用合作社储户本金及合法的利息。因此，许多在原信用合作社可以收取 20% 以上利息的储户在兼并后只能收取 7% 的利息。1998 年春节过后，情况开始急转直下。不少定期存款到期的客户开始将本金及利息取出，转存其他银行，并表示因为利息降低，不再信任海南发展银行。随后，存款未到期的储户也开始提前取走存款，市面上流言纷纷，各营业网点发生了大规模的挤兑，最终使得该行走向末路。

07

启示：

远离风口，越过山丘

不经意间，笔者在一家中小型银行已经沉浮十余年。这几段漫谈式的文字，权当余绪。

一、互联网企业的崛起

2017 年，四大银行纷纷与几家互联网巨头签订了战略合作协议，建设银行牵手阿里巴巴，农业银行牵手百度，工商银行牵手京东，中国银行牵手腾讯，各得其所，皆大欢喜。

这也应了马云的那句话：如果银行不做出改变，那我们就想办法改变银行。

2006 年工商银行市值 2 141 亿美元，2017 年市值 3 448 亿美元，增长 61%；2006 年建设银行市值 1 446 亿美元，2017 年市值 1 769 亿美元，增长 22%；同期美国的富国银行市值由 1 200 亿美元增加到 3 000 亿美元，增长 1.50 倍。[①] 考虑到 10 年之间货币贬值、购买力下降等因素，银行业领军企业的市值变化相对平稳。反观互联网企业，

---

① 截至 2020 年 2 月 28 日，富国银行市值又跌至 1 755 亿美元。

2007 年阿里巴巴市值 100 亿美元，腾讯市值 100 亿美元；2017 年，阿里巴巴市值 4 450 亿美元，增长 43.50 倍，腾讯市值 4 800 亿美元，增长 47 倍。互联网企业在市场估值方面已经将传统银行业远远抛在身后。

二、这些年，银行跟过的"风"

有一段时间，互联网业界出现了一种"风口说"，认为"创业，就是要找风口，赶上了风口，就能飞上天"。银行业被认为是受互联网冲击严重的行业之一，这也使得银行成为互联网思维影响甚巨的行业之一。这些年，银行跟过的"风"包括但不限于：

社区银行狂飙。2017 年年底，《证券日报》发表了一则报道，《"北上广"社区银行集体关店，京城今年已歇业 68 家》，与过往这种消息被热炒相比，这篇报道水过无痕、静然无波。业界对此司空见惯，在心理上、情感上都已接受这一无言的结局。

小微金融冒进。小微金融绝对是银行转型的一个方向。问题是，即使是做正确的事，如果不能够用正确的方法去做，也收不到好的效果。2011 年前后，笔者在某基层支行当行长，见证和经历了各银行千帆竞渡进军小微金融蓝海的盛况，银行在某市场上拼的就是不断加码、简单粗暴的联保法宝。一个持续三年、高度稳定的单户 200 万元，4 户共计 800 万元的联保组合，在短短半年时间内做到单户 1 000 万元，6 户共计 6 000 万元的大联保拼团，各商户另外的联保组团还不知道有多少，完全超出商户正常经营所需。最终，银行损失惨重，深陷其中的部分银行至今心有余悸、身有旧伤。

表外业务乱象。银行不可能不做同业业务，但变了质地乱搞同业、乱加杠杆、乱做表外业务，终于在 2017 年下半年被监管部门定性为"市场乱象"。

从 2012 年至今，银行业的总资产回报率、净资产回报率一路走低，行业大势观察者童文涛发表了一番言论："如果对银行业过去十年做一个小结，你会发现，2012 年是一个分水岭，前五年行业 ROE、ROA 一路上升，后五年一路下滑。这或许说明一个事实：始于 2012 年的金融创新热，引发行业、资管浪潮，带来了规模、利润的大幅增长，但增长的背后是经营效率的一路下滑。这种低效、低质量的增长，回答了今天银行业面临的根本困境：长期的套利、空转使行业弱化了服务实体经济尤其是新经济的能力，距离终端客户越来越远。而更可怕的是，由此产生的机会主义和战略短视，毁坏了这个行业本有的健康文化。"

多少被踏空的风口变成了虎口，多少被冒进的蓝海染成了红海。飓风所及，银行没有飞起来，那些企图"浴火"的"凤凰"却被吹落一地鸡毛。

三、如何看待金融科技热潮

互联网大潮退去，金融科技之火爆燃。

2018 年各家银行年报披露的一大特点，就是金融科技的分量进一步加重，"金融科技"成为当前中国银行业的第一大热词。

　　招商银行董事长李建红认为：银行业最大的挑战来自金融科技。他指出：银行业最大的挑战其实不是来自同业而是异业。麦肯锡咨询公司有一个预判：当前的标准普尔500指数成分股，15年以后可能有75%会被今天貌不惊人的小企业取代，一家大企业不是被另一家大企业打倒，而是被一批貌不惊人的小企业颠覆、替代。银行业的发展挑战主要在金融科技领域，在看清楚这个问题后，我们就要下力气、更大投入。以前银行、实体经济一般都是以资本为核心来开展业务，未来光以资本核心还不够，还要以科技和人才作为核心来发展。基于这样的考虑，发展金融科技还要加大投入。

　　科技的推动力不容忽视，"金融＋科技"的裂变威力惊人。怎么样面对汹涌而来的金融科技大潮？作为"大数据决策"的发起者、金融科技的行业领军者，全球市值最高的金融机构——摩根大通对金融科技的认识和实践值得我们借鉴和深思。

　　一方面，摩根大通在科技上的投资达到90多亿美元，其中30%用于对未来的投资，该行还建立了由超过200名分析师和数据科学家组成的大数据团队，"可以与任何一家硅谷的公司相媲美"。早在2013年的致股东信中，杰米·戴蒙就把"技术淘汰"列为摩根大通未来发展的三大隐忧之一；2014年，戴蒙更对整个银行业发出了自己的警告："属于硅谷的时代即将到来。"从信贷到支付，硅谷的初创公司通过良好的客户体验和敏捷的市场反应，让戴蒙觉得"每一家硅谷公司都想来瓜分我们的午餐"，戴蒙应对门外颠覆者的方式，就是把摩根大通定位为一家科技公司，"这意味着随着我们越来越依靠科技为客户提供解决方案，对于摩根大通银行的业务运营而言，我们的科技团队与业务精英们同样重要"，其对金融科技的重视和执着可见一斑。

　　另一方面，摩根大通对金融科技的认识始终客观、冷静。在过往写给股东的信中，戴蒙表达了三个重要的观点。

　　第一，金融科技不是新事物。戴蒙说道：金融科技和创新贯穿我的整个职业生涯，只是今天更快。纵观过去的几十年，银行业一直都在投入大量的新技术。可相佐证的是，早在 1965 年，花旗银行曾经成立有一个特别的"战略规划小组"，这个小组的成员之一后来成为美国国家航空航天局局长。该小组的研究指出：当时的花旗银行主要靠利差过日子，没什么前途。他们认为，花旗银行不应该只是一家银行，而应该是一个全球性的，以科技、信息为基础的金融服务公司。银行新的机会在于"资本增值和服务"，通过运用信用科技使自己能够在全球范围内提供有偿的金融服务。此后银行业的发展完全证实了他们预见的准确性，却也反证了金融科技从来不是天降甘霖，凭空而降，也不是洪水猛兽，突如其来。

　　现代银行业的发展史，就是不断开发、应用和普及金融科技的进化史，从早期的算盘，到电脑，到网络，到移动工具，金融业既是金融科技的集大成者，也是金融科技的大受益者大赢家。尽管当前的金融科技在加速迭代，但并没有一个瞬间的改变行业轨迹的大事件发生，对待不属于新事物、新概念、新题材的金融科技，既要警觉，也要淡定，不警觉无以应时代之变，不淡定容易被打乱节奏。

　　第二，金融科技本质上是一种工具。戴蒙曾多次阐述了他对金融科技的认识和思考，但是这一切的思考都被放在"服务客户是我们的天职"这一主题下。戴蒙开宗明义地指出，"我们不断创新，旨在为客户提供更优质、更便捷、更低价的服务"，也就是说，背离金融服务本质的金融科技研发都是南辕北辙、缘木求鱼。

对此，西泽研究院院长赵建的分析十分透彻："对于此次互联网金融大潮，商业银行有点反应过度，过于看重了互联网科技的冲击而忽略了金融的本质，有些银行几乎被体制外的互联网企业拉入'星球大战'式的'军备竞赛'，投入了大量的人、财、物。在新的科技革命面前，互联网金融的重要性不言而喻，尤其是在渠道方面的替代性，但最重要的是要回归工具的本质。金融本质上是一种商业模式，核心点在于风险管理；互联网本质上是一种技术，核心点在于效率和成本的竞争力。如果不能正确处理好互联网与金融之间的这种关系，那么其战略导向将可能发生偏移，从而带来不必要的战略风险。"

至今，没有一家银行的困难局面是互联网金融造成的，说互联网金融对某家银行造成了大的冲击，这绝对是文过饰非。金融科技是否是互联网金融的变种？很多人会不以为然。然而互联网金融热潮已然消退，殷鉴不远，金融科技如果虚火过盛，就可能会重蹈覆辙。

第三，金融科技首在微创新。戴蒙提出"大小之处皆需创新"，"许多重大创新源于日积月累的细节方面的改进，直到量变积累到一定程度发生质的飞跃，而正是这些细小方面的创新使产品或服务更好、更快"，而在他列举的创新项目中，无一例外的是一些微创新项目。

可见，即使是摩根大通这样家大业大、实力雄厚的金融巨头，更重视的也是微创新和应用创新，而不是漫无边际的科技创新。任正非说过：创新是有边界的，只能聚焦在主航道上，或者略宽一些，无边界的技术创新有可能会误导公司战略。任正非还表示，不要妄谈颠覆性。一中一外两位高人，英雄所见略同，对当下中国银行业的金融科技风潮应有一定的警示作用。

推而论之，笔者认为，中小银行在金融科技方面的发力应该更加聚焦和审慎，这是因为，中小银行其实并不具备在互联网和金融科技革命中一飞冲天或者弯道超车的能力。

首先，没有一家银行是通过互联网或者金融科技力量做大做强的。很多人称颂富国银行在 2008 年金融危机中的"弯道超车"，实际上富国银行的规模裂变是因为其在危机中捷足先登，收购了规模比它更大的美联银行。不仅是富国银行，那些称雄全球金融舞台的国外大行，无一不是通过兼并重组实现华丽转身的。反观国外一些以互联网金融为卖点的直销银行、网络银行，要么规模小得可怜，要么难逃被传统大行收购的命运。

其次，既有的竞争格局已不足以支撑银行迅速做大。很多人抨击中国银行业搞垄断，事实上，中国的银行不是少了，而是多了，而且是严重过剩了，如果不是依托地方政府和国有企业的海量存款及贷款业务，中国银行业的经营效率至少要打个对折，发展要困难得多。可以说，现有的市场已容纳不下更多的银行，也无法支撑众多银行像过去的黄金十年那样保持普遍高速增长。

最后，由于金融行业对于社会经济稳定性的独特影响力，注定其无法像科技企业那样去运营。保罗·格雷厄姆曾经说过，"互联网企业就像蚊子一样，群体前景光明，个体九死一生"，传统银行这种大象，如何随蚊子起舞？试问谁敢把钱交给一家九死一生的银行？

身陷时下愈炒愈热的金融科技热潮，中小银行应该坚定地走自己的发展道路。一方面，科技支撑能力不足依然是中小银行的短板和瓶颈，支撑尚且乏力，引领又何从谈起？先走稳了再学跑吧，诚如田惠宇所言，"只有足够庞大的客户数量，才能承载科技的高投入和高风险，才能形成足够价值的数据量"，中小银行的正确做法还是执行追随战略，快步跟进。另一方面，在某些领域、某些环节，中小银行完全可以依靠紧贴市场、紧跟客户需求进行"微创新"，在这个问题上，有两句话发人深省。

一句是理查德·柯瓦希维奇说的："这不是源于使用技术手段去挖掘需求，也不是源于外部顾问的建议，它源于我们的客户和我们那些服务客户的员工。我们在富国银行所做的一切源于客户的需要。"

一句是沃伦·巴菲特的"黄金搭档"查理·芒格说的："我们只是寻找那些不用动脑筋也知道能赚钱的机会。正如巴菲特和我经常说的，我们跨不过七英尺那么高的栏。我们寻找的是那些一英尺的、对面有丰厚回报的栏。"

四、银行业面临的"三座大山"

风口只是传说，新时期的"三座大山"却横亘眼前。

对于中小银行而言，过去的几年确实是很不平凡的几年。

一是银行去杠杆大幕开启。这里面既有宏观政策主动调整的因素，也有银行发展到了某个节点的客观需要。截至 2016 年年底，中国银行业总资产达到 232 万亿元，折合当时的美元为 33 万亿，超越整个欧元区，相当于两个美国和近五个日本的银行业资产。根据银保监会国有重点金融机构监事会主席于学军的统计，从 2007 年到 2016 年，中国银行业的总资产增长了 4.40 倍。这样一个庞大体量的巨大消耗和急速膨胀的发展模式显然是不可持续的。去杠杆、去产能的任务落实到了银行业的身上，这不仅将深刻地影响银行业的发展路径、发展格局，甚至将改写银行业的经营管理哲学，对整个银行业而言是巨大的挑战，中小银行面临挑战的严峻性尤甚。

二是金融严监管渐成常态。银行业是一个受到严格监管的行业，但过去很多年，这种监管是"母爱"式的，打一下哄一下，循循善诱，充满温情。2017 年以来，强监管、防风险陡然提到了空前的高度，无论是将防范化解重大风险（其中金融风险是重中之重）放到三大攻坚战的首要之战，还是监管部门负责人"监管的标准会越来越高，监管会越来越严，对违规违法和不审慎经营行为的处罚力度会越来越大"的严厉措辞和密集表态，以及对某行一次性开出的 7.22 亿元天价罚单（尽管在国外银行业中司空见惯，在国内金融史上却是史无前例的处罚力度），充分显示了监管的严肃性和威慑力。严监管新常态的形成，直接的影响是过去一段时期某些银行打擦边球、空转套利的玩法不灵了，银行要生存、要发展、要盈利，必须"干活弯腰"，老老实实地去赚辛苦钱。

三是市场生态正在发生重大变化。比尔·盖茨曾经把银行比喻成"21 世纪的恐龙"。恐龙是怎么灭绝的呢？它不是因为遇上了竞争对手或者天敌，而是整个地球的生态环境发生变化。当前，银行业赖以生存的市场生态正在发生重大的变化，科技的发展正在改变人们的生活、消费和金融理财习惯，而在国内，银行业还面临着重要战略客户——各级地方政府和企业的投资、融资习惯和经营管理逻辑的转变。这些变化或静水流深、潜移默化，或画风突换、瞬时爆裂，既有黑天鹅，又有灰犀牛，可以说，银行业的发展进入了一个礁多滩险、风高浪急的"三峡河段"。

五、中小银行转型路上的"哀牢山"

这些年来的中国银行业转型，被认为大面积普遍性地陷入"空转"，原因并不在其他。其实转型的方向有了，方法有了，方案也有了，就是缺乏坚持、缺乏定力、缺乏决心、缺乏胆识。

转型没有捷径，没有风口，特色竞争力的培育没有速成，需要的是坚持和坚守，需要的是抵制短期诱惑、短线机会的定力和智慧，需要的是看准方向后"滚石上山，爬坡过坎"的决心和意志。

关于交叉销售，富国银行是这样说，也是这样做的。

> 如果有人告诉你，很轻易就能从现有客户中赢得更多的金融服务机会，你不要相信。大家应该明白，富国银行在这个领域钻研了 1/4 个世纪。
>
> 你必须花费巨大的投资和漫长的时间在系统和培训上，需要正确的员工导向和认知，需要花时间去弄懂客户的财务目标，然后向他们提供正确的产品方案。
>
> 你不能寄希望于通过一年半载的时间，就能在存量客户的深度开发上取得较大的进展。这就是许多银行放弃了这个目标的原因。所以坏消息是交叉销售做起来很难，但它也是好消息。因为你一旦做到了，它就是你不可复制的竞争优势。如果做起来容易，每个人都会去做。[①]

---

① 柯瓦希维奇，斯坦普. 富国之道：富国银行董事长写给股东的信［M］. 王礼，译. 广州：广东旅游出版社，2016.

关于零售转型，有人说，"招商银行目前在零售银行业务上积累的强大实力与丰富经验，更多是以时间换取的，技术、专业含量并不高"，这不是和富国银行的心得讲到一块儿去了吗？

银行人面对的不是风口，而是山丘，或许正是一座"哀牢山"。

在这座山上，从 2003 年开始，褚时健"干活弯腰"，斗志昂扬。

在这座山上，橙子终于在 2008 年成功挂果。2012 年，褚橙成为橙子品类中的"互联网爆品"。

2019 年 3 月 5 日，褚时健安然辞世，"人生总有起落，精神终可传承"。

银行业的发展前景不如互联网行业的梦幻瑰丽，橙子的利润也远不如褚时健做过的烟草来得猛烈，然而，每个行业都有专属于它的巅峰和荣光时刻，也有更多更长的平淡时光。褚老适应平淡，习惯平淡，超越平淡，专注在平淡中增添一丝亮色，经年累月培植一片"风景这边独好"的果树林，是谓"转型"。

每个希望推动银行成功转型的银行家，心中都应该有一座"哀牢山"。

总之，中小银行转型漫道真如铁，而今迈步从头越。远离风口，越过山丘！

附录

解读：

安快银行董事长、行长
写给股东的信

2017 年 5 月 26 日，招商银行股东大会上，股东向管理层建言：
"招商银行的管理层是国内银行最好的管理层……我有一个建议，管
理层可否每年给股东写一封信？这样可以把优秀的管理文化传承下
去。"招商银行董事长李建红立时答复："董事会和管理层会讨论这些
意见。"其后的 2018 年、2019 年，招商银行行长田惠宇的年报致辞（虽
不称之为"致股东信"，形式、体例大致相似）甫一推出，即以迥异过
往的人文风格被频频刷屏，逐步成为中国银行业竞相追逐的新风尚。

管理层为什么要给股东写信？引《人类简史》一言概之：宗教、
种族、国家、法律、公司、金钱，以及资本主义和市场经济，等等，
都是故事，人们因为相信这些故事而团结在一起，并完成了现在几十
亿人的全球分工协作。

致股东的信，正是企业掌门人讲给股东、讲给员工、讲给社会的
一个关于信心的故事——跟着我，不会错！唯其如此，沃伦·巴菲特、
杰克·韦尔奇、杰夫·贝佐斯、约翰·斯坦普、杰米·戴蒙等，纷纷写
信"布道"。企业掌门人的现身说法，往往胜过局外人的诸般演绎、
众说纷纭，更加原汁原味，更加意味隽永。

以下摘译的是安快银行掌门人 2004 年至 2019 年写给股东的信。[1]

---

[1] 本章所选的致股东信，标题均为笔者概括添加。

2004 年：没有什么是不可能的

我们认为没有什么是不可能的，

我们继续重塑我们做生意的方式。

致我们的股东：

毫无疑问，2004 年是安快控股又一个成果丰硕之年。我们当前的策略——独特的和创新的产品交付系统、对重新制定高质量服务标准的热情，以及对员工的充分授权，使我们从竞争对手中脱颖而出，继续取得优异的成绩。

我们的两个子公司——安快银行 和 Strand, Atkinson, Williams & York①——都实现了强劲的增长。安快银行的资产增加到 49 亿美元，

---

① 安快投资的前身，1928 年创建于美国俄勒冈州波特兰，是一家本地投资服务公司，主要为西北太平洋地区的客户提供服务。

较 2003 年的 30 亿美元增加了 64%。一方面是有机增长 ①，其中贷款增长 20%，存款增长 10%。另一方面我们并购了洪堡银行（Humboldt Bancorp），获得了 16 亿美元的资产，并从而进入了快速增长的北加利福尼亚州市场。从西雅图到萨克拉门托，安快银行现在有 92 家商店，达成这一长期战略目标使今年的年报特别惊艳。

2004 年，不包括合并相关费用，安快控股公布的收入为 5 070 万美元，摊薄后每股收益约合 1.40 美元，相比 2003 年的 3 550 万美元和 1.24 美元，分别增长 43% 和 13%。扣减合并相关费用，摊薄后每股净收益为 1.30 美元，相比 2003 年摊薄后每股净收益的 1.19 美元，保持同步较快增长。2004 年的突出亮点还包括安快银行的股票市值首次超过 10 亿美元。此外，我们的信贷组合保持优质状态，不良贷款率和净核销比例分别为 0.65% 和 0.17%。

我们将优先发展为股东提供最大回报且在未来具有强劲增长潜力的业务。这种持续的评估推动着我们的商业信用卡业务快速发展，2004 年第四季度，扣除交易成本后，我们的信用卡交易收入达到 560 万美元。我们 2004 年的业绩当然不会被投资者忽视，他们对安快银行的未来非常有信心。安快控股 2004 年 12 月 31 日的收盘价达到每股 25.21 美元。

---

① "有机增长"是这些国际大行高管人员的高频热词，主要是指相对于通过并购等外延式增长的立足自身的内涵增长。摩根大通、富国银行、花旗银行、汇丰银行等国际大行既重视并购，也强调有机增长。比如，约翰·斯坦普多次强调：做不到有机增长，就必然无法有效实现并购目标。杰米·戴蒙曾表示："虽然我们现时几乎所有的业务都处于行业领先地位，我们仍然有成长空间。我们希望通过投资于有机增长，并通过并购和结成伙伴关系填补一些战略性的空白。对于我们来说，理想的有机增长意味着要把大量的小事做好。"

我们认为没有什么是不可能的，我们继续重塑我们做生意的方式。

我们的业绩取得基于我们坚信没有什么是不可能的。当我们以这种心态开始工作，安快银行员工的创新和创造力是无止境的。我们不断地创新改进经营方式，更好地为客户服务，同时使我们有别于我们的竞争对手。2004 年，我们推出了安快银行"下一代"商店（新概念商店）设计方案，以及通过丽思·卡尔顿酒店的^①培训师为我们的员工提供专题培训项目，帮助我们重新定义高质量服务。

2004 年，我们成功地实现了另一个主要战略目标，即并购总部位于北加利福尼亚州的洪堡银行，这是我们四年来的第五次重大并购，这一并购使我们增加了 27 个银行网点，推动安快银行跻身主要的地区性金融机构行列。洪堡银行与安快银行的整合顺利、快速、高效，没有对客户的服务造成中断。该交易于 2004 年 3 月宣布，7 月实现洪堡银行的停牌，并在 2004 年年底前成功完成了全面整合。

对洪堡银行的并购，就像我们进行的其他并购一样，为我们在新

---

① 丽思·卡尔顿酒店以"金牌服务"著称，其金牌服务标准包括以下几方面。

座右铭：以绅士淑女的态度为绅士淑女们忠诚服务。

信条：一、我们的服务宗旨，是令丽思·卡尔顿酒店成为一个让客人获得体贴关怀和舒适款待的地方；二、我们保证为客人提供最完善的个人服务及酒店设施，让客人身处一个温馨、舒适而又优美的环境；三、我们的服务经验除可令客人身心舒畅，甚至可满足客人内心的需求与愿望。

优良服务的三个步骤：第一，真挚热诚地问好，应尽可能称呼客人的名字；第二，预见客人所需，应做好充分准备，并须遵从客人的意愿办事；第三，欢欣地道别，跟客人亲切地说再见，应尽可能称呼客人的名字。

二十道基本准则：这些黄金准则印刷在一张口袋大小的卡片上，为酒店数万名员工所熟知、信奉并执行。

的市场区域推进有机增长奠定了基础。随着现有和潜在客户对我们加深了解，对我们独特的交付系统和独一无二的客户体验产生好感，他们最终给我们带来了很多新的业务。我们的新员工通过体验我们的服务文化，融入安快银行，他们将充分发挥北加利福尼亚州经济高速发展的优势，在未来几年里，保持强劲的进取和创新意识。

我们正在投资新的商店，改进基础设施和提升综合服务能力。

2004 年，安快银行在俄勒冈州的本德和图拉丁开设了新的商店，2005 年我们计划在北加利福尼亚州的本德、梅德福、波特兰、纳帕和其他几个地方增开新的商店。我们致力于建立新的商店，这表明我们仍专注于内生的有机增长。鉴于我们以往的成功经验，我们也将继续评估在以下情况下获得新合作伙伴的机会，包括具有战略意义，且对我们的股东来说在财务上是增值的并购交易。[①]

安快银行未来的增长将需要更强大的基础设施及更多的培训资源。为了满足这些需求，安快银行宣布在 2004 年完成两个主要设施的建设。在 2 月，安快银行在俄勒冈州的罗斯堡开设了一个培训和零售支持中心，该中心是安快银行大学和零售管理后台功能的所在地。在 5 月，我们在俄勒冈州的格雷沙姆建成了新数据处理中心，足以容纳我们所有的技术资源。

最后，Strand, Atkinson, Williams & York 再次创新发展纪录，实现了 24% 的收入增长。我们对我们的产品和服务在 Strand, Atkinson, Williams & York 的经纪客户和安快银行的私人客户之间"异花授粉"

---

① 此处可参照富国银行的"并购六原则"：文化兼容性、项目可操作性、有助于改善客户关系、充分认清风险、内部收益率 15%、三年内实现并购增值。

（cross-pollination）① 策略的成功尤其感到高兴，这一策略旨在为高净值个人提供量身定制的金融服务和产品。两个部门之间正在相互推荐客户和业务，并扩大与深化我们的客户关系，这反过来又降低了安快银行的整体客户流失率。

差异化、个性化的服务推动安快银行走向成功。

安快银行的成功诀窍在于我们与众不同，坚持差异化的经营策略。包括我们以本地决策、充分授权和融入社区为特征的文化，转化为一个令人兴奋的、激励人心的工作环境。我们非常高兴《俄勒冈商业》杂志将安快银行列入 2004 年的"俄勒冈州 100 家最佳企业雇主"榜单中银行业企业的第一位。这是一个巨大的成就，尤其考虑到近年来通过并购有这么多人进入，充分说明了这些新的伙伴已经融入了安快银行。我们相信这个奖励真实客观地反映了安快银行员工对公司文

---

① 这实际上是"交叉销售"策略的另一种形象化的表达。2016 年富国银行虚假账户事件以后，交叉销售曾被一些媒体批得体无完肤，也让一些银行人产生质疑。其实，真正做交叉销售的远不止富国银行一家银行，也远不止银行业一个行业。交叉销售的真谛是什么？怎么样科学地推进交叉销售？在标杆银行的掌舵者那里，经常会听到他们的真知灼见。

2006 年，杰米·戴蒙是这样看待交叉销售的：

在人们眼中，"交叉销售"多少包含些贬义——好像它是一种强迫客户做出的不自然的行为。事实上，它应当被更恰当地描述为"产品线的自然延伸"，这种模式在很多公司已经成功地推行了百年之久。如沃尔玛不断地扩张其产品销售范围。20 年前，谁能想到它会卖莴苣和西红柿？这种产品线延伸同样适用于商业银行、投资银行、股票经纪人甚至传统制造业，如通用电气的飞机引擎公司现在就在为航空公司提供融资服务。从这方面来看，交叉销售的成功之道是：让客户成为赢家。

通过延伸我们的产品线，我们可以利用已经取得的大量投资完善分析体系，强化品牌并赢得客户的信任。我们明确地知道，最好的"天然产品"是金融服务，这是个人客户和公司客户望从我们这里获得的。客户对这些产品在哪里"生产"没有兴趣，对于他们来说，重要的是能否以更低的成本获得更好的产品，乃至一揽子解决方案。而我们的挑战在于，能否从客户的角度来看待这个问题，并确保我们的资源能相应地集中使用，协同发挥。

化的忠实程度。

安快银行的主要独特之处在于，我们坚定不移地致力于坚守社区银行的定位。我们相信随着安快银行的不断发展，我们必须不惜一切代价，继续专注于按照一家社区银行的模式进行运营和管理，同时充分发挥一家强大的地区性金融机构所具备的规模优势。

2004 年，我们成功启动了"连接志愿者网络"项目，该项目被公认为是全美社区服务的典范。该项目为安快银行的员工每年提供 40 小时的带薪休假，用于为所有安快银行所服务的社区提供志愿者服务，重点为那些从事青年和教育项目的非营利组织提供支持。

今天，安快银行正在做一件我们认为在我们的行业中从未完成的事情：在发展壮大至拥有强大的地区影响力的同时，继续在各方面坚守社区银行的定位。在我们不断发展壮大的过程中，我们要抵制在绝大多数大型机构中都广泛存在的官僚主义行为和倾向[1]，我们是旗帜鲜明地拒绝那些世俗的认知的。我们有决心、有目标、有紧迫感，以确保我们永远不会忘记本地决策和个性化客户服务的重要性。

我们已经组建了一支经验丰富、有才能、有远见，始终致力于公司发展的高级管理层，这是一支完全专注于围绕我们的未来和股东的长期利益进行决策和投资的团队。

---

[1] 从某种意义上说，中小银行能不能发展壮大，就在于能不能有效抵御成长过程中官僚主义习气累积的"地心引力"。在中小银行的发展过程中，官僚主义行为和倾向容易使各级员工的创业激情消退，由此给组织管理造成混乱，导致管理效率下降、服务体验变差、经营成本高企等问题，最终使银行丧失核心竞争力和发展源动力，陷入中等规模陷阱。具体分析参见本书第一章"中小银行的'经营困境'与'成长陷阱'"一节。

衷心感谢 1 400 名热情的员工，他们为公司的发展做出了不懈的努力。

致以最好的祝愿！

总裁兼 CEO　雷·戴维斯

董事会主席　安林·福特

┃2005 年：本地化不设限┃

> 我们一直认为：
>
> 安快银行的文化是我们最宝贵的财富，
>
> 我们全身心、全系统地投入，来培育它。

致我们的股东：

2005 年不仅仅是业绩成功的一年，我们还在安快银行创造了独特的、持之有效的商业模式。2005 年，安快银行的投资回报率达到 14.50%，过去五年，安快银行市值复合年均增长率达到 27.40%。这些数字令人印象深刻，但更重要的是，多年前，我们建立了一个颠覆传统银行模式的愿景，我们精心打造了一个完全不同的愿景，这一愿景的基本内涵包括卓越的服务、创新的交付系统和坚定的社区使命感。从那时起，我们的业绩增长有了坚实的基础，几年来的发展充分证明了这一愿景的强大驱动力。

2005 年安快银行的业务增长完全来自我们现有的商店和业务团

队——这是我们的文化持续推动业务扩张的生动注解。2005 年安快银行资产总额达到 54 亿美元，较 2004 年增长 10%。与此同时，2005 年的存、贷款总额双双获得 13% 的增长，继续保持两位数的增长势头。此外，我们原本已经极好的信贷质量得到进一步提升。

2005 年，我们在加利福尼亚州纳帕和华盛顿州贝尔维尤继续增设新的银行商店，这些商店延续了我们致力于打造非凡客户体验的创新理念。在 2006 年，你在我们重点的市场上会看到更多的新商店。我们还将引入另一种新概念商店模式，这将再次让业界感到惊艳，并给我们的客户带来更多的惊喜。

我们为过去一年在加利福尼亚州市场的成功感到非常自豪。2005 年 5 月，久居纽约的资深银行业高管比尔来到萨克拉门托地区，担任安快银行加利福尼亚州区的总裁。在比尔的领导下，我们的商业和零售业务保持强劲增长，我们能够吸引一流的人才来支持安快银行的持续增长。

从西雅图到萨克拉门托，安快银行现在拥有 96 家商店，在这一区域内已经具备较大的市场影响力——这一影响力建立在我们独特的经营定位之上：不管我们的经营规模如何扩大，我们持续聚焦客户服务。这一定位的核心所在，就是安快银行仍然是一家社区银行，在我们的经营机构遍及的每个地方开展我们的社区服务。与此同时，我们的规模和战略目标也在不断扩张，将使安快银行成为美国西海岸最大的独立社区银行和商业贷款机构之一——这将是一个相当了不起的发展成就。

安快银行的社区银行战略包括三个至关重要的方面[①]：第一，尽可

---

① 社区银行战略的三个支柱：本地决策、充分授权和融入社区。

能多地在当地做出决定；第二，银行的每个员工都被充分授权，做出对客户有利的决策，帮助每个商店与其社区之间建立牢固的纽带；第三，通过我们的"连接志愿者网络"项目，通过安快银行及员工深入地融入所在社区来进一步加固这些纽带关系。"连接志愿者网络"项目通过员工的亲身参与，向社区捐赠爱心、奉献时间，加强我们与社区之间的联系。通过该项目，安快银行的伙伴们在 2005 年为 200 多个非营利组织和公立学校提供了将近 12 000 小时的志愿者服务。

我们一直认为，安快银行的文化是我们最宝贵的财富，我们全身心、全系统地投入，来培育它。管理层致力于确保安快银行充满活力的文化得以传承，在第一线，新加入安快银行的员工会欣然接受并参与它的持续进化。[①]

虽然扩展战略伙伴关系仍然是一个增长的选择，在 2005 年，管理层更加专注于促进新商店和现有商店的业务增长。关注有机增长使我们把握主动，能够适时科学地评估和把握并购机会，只有当并购目标具有良好的战略和财务状况时，我们才会出手去做。这种战略能够更好地保护股东的权益，维系和提升安快银行的文化。有机增长将继续是我们业务发展的重点，展望未来，我们也会守正出奇，继续把增进战略伙伴关系作为业务增长点。

另一些与增长息息相关的机会包括：在安快银行的商店和商业银行中心推进既定的产品交叉销售策略，通过安快控股的分支机构和子

---

① 戴维斯喜欢这样的比喻：培育和守护企业文化就像抚养青春期的孩子一样。他所指的不是以一种家长式的作风去守护企业文化，而是要像抚养青春期的孩子一样，时刻警醒和关注企业文化不走样、不变质。"你需要不断追问：'你在做什么？你要去哪里？你和什么人在一起？'"

公司 Strand, Atkinson, Williams & York 提供基础性银行服务、私人银行服务和经纪服务，除了提供额外的收入机会，这种"异花授粉"既扩大和深化我们与现有客户的关系，还进一步促进业绩增长，增强我们业已强劲的商业贷款业务。2005 年，安快银行继续因其经营特色和行业领军者地位而受到广泛认可。

2005 年，我们获得了来自全国和地方媒体的许多荣誉。安快银行获选《商业周刊》"2005 年最佳创意"奖项，我们和苹果、星巴克这样的品牌列在一起——通过在与客户交互时提供非凡的客户体验来创造热情和忠诚的粉丝。此外，微软选择安快银行在珍珠区的形象店作为样板，在其名为"未来银行"的视频中进行推介。在区域一级，《波特兰商业》杂志的年度调查将安快银行评为"俄勒冈州最受尊敬的金融服务公司"，《俄勒冈商业》杂志将我们列入"俄勒冈州 100 家最佳企业雇主"。

这封信只是关于安快银行许多令人兴奋的故事的一个简短的概述。我们是一家充满活力和创新力的公司，这一份互动性强的年报将让您更深入地了解我们的品牌文化。我们期待您能喜欢这种基于网络的新格式，并把它传播给其他人。

当您读到这封信的时候，我们正在为安快银行的成功书写新的篇章，我们的经营区域已经横跨美国的三个州，在组织的每一个层次上，我们强大、自律的管理者都在不断要求员工努力实现非凡的创新目标，鼓励他们打破常规、拒绝平庸去实现这些目标。基于我们对员工的这种充分的信任，我们能够不断地吸引新人才，促使他们不断地贡献新理念、新思路、新方法，我们的创新基因仍然强大。我们独辟蹊径，为业绩增长和进一步扩张做好了准备。与此同时，安快银行的发展方向始终清晰而坚定。

在 2006 年，我们期待着继续展示我们富有特质的文化和差异化竞争策略的成功。在过去一年乃至更久以前，从媒体和其他出版物的积极评论可以看出，不仅是客户，还包括我们的投资者，都关注到了安快银行在金融市场上、在同行中形成了非常鲜明、非常耀眼的经营特色。

作为我们成功的基石，我们感谢您一直以来对安快银行的支持和对我们未来愿景的信任。

向您致以最好的祝愿！

总裁兼 CEO　雷·戴维斯

董事会主席　安林·福特

2006 年：银行就是你的生活方式

我们相信，

那些始终坚守一个价值主张的金融机构，

能够超越利率的竞争，

经过困境的磨炼和危机的洗礼后变得更加强大。

致我们的股东：

2006 年将以"业务强劲增长"和"发展重大成就"为标签写入安快银行的史册，包括创纪录的新店开张、对西塞拉利昂银行（Western Sierra Bancorp）的成功并购和安快银行品牌的持续提升。2006 年，《财富》《快公司》《纽约时报》等地方性和全国性媒体都对安快银行进行了正面报道。这一年的许多成就再一次证明了年前我们将业务奠基于卓越的服务、创新的交付系统和坚定的社区使命感这一决定是非常正确的。

增长

2006 年，有机增长仍然是我们的重点。虽然它是具有挑战性的一年，安快银行存、贷款有机增长分别达到 13% 和 11%，能够维持两位数的增长，再次证明了我们的经营策略是卓有成效的。

2006 年，安快银行重新在俄勒冈州和加利福尼亚州开启了强劲的扩张步伐。我们新开设了 7 家商店——在安快银行的发展史上是最多的一年，这包括 5 家新概念商店和两家新邻居商店，所有这些已经产生积极的效果。在俄勒冈州本德等新市场，我们第二家商店的加入带来了安快银行市场份额的迅速增长。事实上，仅仅两年半的时间，到 2006 年年底，我们这两个市场的存贷款规模将接近 1 亿美元。①

我们今年的强劲增长在很大程度上也必须归因于对西塞拉利昂银行的成功并购。这次并购为我们增加了 31 家位于加利福尼亚州北部的商店，扩大了我们的网点网络，同时新增了 15 亿美元的资产。这次并购整合的过程非常顺利，准时完成，没有超出预算，没有负面的客户反应。借此，安快银行的规模扩大了，为客户、员工、股东提供了更大的银行网络和更多的发展机会。同时，我们将继续信守安快银行对客户和所服务社区的坚定承诺。

当安快银行整体的业绩优秀时，我们对加利福尼亚州地区的有机增长感到大失所望。随着对西塞拉利昂银行的并购完毕，我们的团队将集中努力在该地区重铸发展之魂。我们正在取得进展，尤其是第四

---

① 两年半的时间，存贷款规模不到 1 亿美元，相比于早些年国内一些股份制银行开业一年动辄几十亿元的存贷款规模，安快银行的经营业绩可以说是太弱了。然而，在政府融资平台清理和大型企业纷纷金融脱媒的情况下，2019 年年初，很多银行对公存款纷纷跳水，方知精耕细作才是经营正道和发展常态。

季度，我们在加利福尼亚州地区大力推动了存款增长。

财务

安快银行现在站到了总资产 73 亿美元的新高度，资产总额较 2005 年增长了 36%。在这一年中，我们的股票价格达到了历史新高，我们的季度现金股息增长至每股 0.18 美元，增长了 50%。我们也高兴地报告，安快银行过去五年股价年复合增长率达到 17%。

其他一些引人注目的成就还包括安快银行已经坚实的信贷质量得到持续提升，比如我们的住宅抵押贷款产品从 2005 年以来增长了 14%。我们认为这种增长是非常积极的，因为整个行业同比下降了约 20%。①

2006 年，安快银行基于经营的平均股本回报率是 9%，相比 2005 年的 9.82% 有所减少，这种减少是由于并购西塞拉利昂银行增加的商誉费用。虽然我们密切关注我们的平均股本回报率，但我们更相信我们的平均"有形"股本回报率，这排除了商誉因素，更代表公司经营得怎么样，并允许全面考虑正在进行中的公司并购因素。相比 2005 年的 22.96%，2006 年的平均有形股本回报率是 21.55%。过去三年，安快银行的平均有形股本回报率高于同行平均水平，反映了公司拥有足够的资本来支持未来资产的有机增长。

----

① 事后看来，这种增长并不是"非常积极的"，具体可参阅 2008 年的致股东信中关于不良贷款情形的内容。反观富国银行，"从 2004 年到 2006 年，我们失去的抵押贷款规模为 2%～4%，换算成贷款金额，仅是 2006 年，我们失去的抵押贷款规模就在 600 亿美元到 1 200 亿美元。我们很庆幸地做到了这一点"（见《富国之道：富国银行董事长写给股东的信》中"2008 年：合作共赢"一章）。

创新

就创新和品牌而言，2006 年是令人喜悦的一年。^① 首先，我们推出了我们革命性的新邻居商店，这些商店就像咖啡馆一样融入所在社区，被设计成社区中心，较小的物业面积和先进技术的应用使每平方英寸的生产力得以最大化。其次，提供了个性化的、社区主导型体验。在每个社区商店，居民和游客都可以享受一杯"安快"牌咖啡，读报纸，上网冲浪，浏览本地商品，了解社区活动，当然也可以办理他们的银行业务。

相比于建立一个典型的银行分支机构，这些商店设计得更小，建造得更快。我们的新邻居商店可以在 45 天内建成，和我们的新概念商店及传统银行分支机构相比，要节省 60% 的建设成本。这些商店代表了对传统方法建立银行网点的重大调整和转变，让安快银行市场辐射的扩大速度比以前快得多。

我们相信，通过促进企业、组织和客户之间的联系，并通过提供一个深思熟虑的产品和服务组合，可以创建和谐的社区关系。我们也相信，如果你想建立商店，你需要给人们一个来访问它们的理由。在 2006 年，我们推出了一个"发掘当地音乐"的项目，它使我们的客户及公众欣赏和支持当地的独立音乐变得更容易。作为安快银行创新商店内体验的延伸，这个项目使我们的客户和公众与安快银行品牌的互动达到了全新的水平，同时加强了安快银行品牌对社会的承诺。目前，我们通过安快银行的网点、在线 **www.umpquamusic.com** 和

---

① 在创新和品牌上，安快银行 2006 年的三项举措：单位生产力最大化；提供个性化、社区主导型体验；新物理网点在设计上，要求缩小面积，加快建造速度，减少金钱和时间的投入。

iTunes 音乐商店销售音乐产品。

品牌识别

2006 年，我们也见证了安快银行的声誉、品牌忠诚度和品牌知名度达到了历史高位。这一整年，安快银行都被公认为是行业创新的领导者、独特文化的引领者。以下两个重要的奖项表明了我们的策略如何继续被本地和国家媒体所高度关注和认可。

《波特兰商业》杂志授予安快银行"俄勒冈州最受尊敬的金融服务公司"称号。这个奖项是根据公司行业属性、创新、客户服务和社区参与等综合指标，由超过 2 500 名 CEO 集体投票产生的崇高荣誉。

在今年晚些时候，我们又很高兴地了解到，在《财富》杂志"美国 100 家最佳企业雇主"榜单中，安快银行名列第 34 位。我们承认，媒体赞誉并不会自动转化为更好的财务业绩，然而，它对员工和客户产生的持续和积极影响，将对我们长远的差异化战略影响深远、意义重大，对于我们的股东更是如此。

社区

作为一家社区银行，我们相信安快银行有义务来支持我们的地方社区，在社区我们可以做得与众不同。在过去的一年中，我们对"连接志愿者网络"项目的成功感到特别满意，由于它的社区服务对青年一代产生的积极影响，该项目也受到了国家的重视。今年它获得了俄勒冈州州长亲自授予的"优秀员工志愿者项目"奖项，这个奖项在州内享有盛誉。

安快银行的"连接志愿者网络"项目是一个行业领先的志愿项

目，它为安快银行每一名全日制员工安排每年 40 个小时的带薪假期，为那些致力于青年及社区发展的组织和学校提供志愿者服务。通过"连接志愿者网络"项目，2006 年，我们的员工在他们的社区总计提供了近 15 000 小时的志愿者服务，较 2005 年增加了 25%。915 名安快银行员工参与了所在社区的众多项目，惠及 400 家慈善机构和学校。我们对我们的志愿者感到自豪，期待这个项目在未来几年变得越来越重要。

竞争环境

在过去的一年中，您的管理团队能够安全地引导安快银行渡过困境。我们的行业仍然受到经济和政治的双重影响：《萨班斯－奥克斯利法案》[①] 的限制，长期收益率曲线反转的压力，银行市场的过度开放，核心存款的激烈竞争和住宅建设放缓的经济影响。以上因素只要继续存在，就会影响我们的行业和安快银行自身。我们相信，那些始终坚守一个价值主张的金融机构，能够超越利率的竞争[②]，经过困境的磨炼和危机的洗礼后变得更加强大。在过去的 12 年里，安快银行的价值主张始终体现为本地决策、充分授权和融入社区。我们相信这个

[①]《萨班斯－奥克斯利法案》是美国立法机构根据安然有限公司、世界通讯公司等财务欺诈事件破产暴露出来的公司和证券监管问题所立的监管法规，简称《SOX 法案》或《索克思法案》。对《萨班斯－奥克斯利法案》的批评，主要来自某些企业与美国金融业者，他们认为该法案的一些规定过于严格，增加了企业（特别是小型企业）的审计成本。

[②] 在安快银行的致股东信中，不止一次提到"超越利率的竞争"，非常引人深思。这些年来，中国的银行千军万马向大零售转型，在竞争白热化、同质化程度不断加深的情况下，各家银行大打价格战，利差急剧收窄挤压着银行的盈利能力乃至生存空间。各家银行应该从"超越利率的竞争"中获得启发。

成功的基础永不过时，在未来将对我们非常有用。在安快银行，即使可能发生短期的挫折，董事会和管理团队将继续从长远出发，管理好公司，同时，我们也将竭力减轻外部压力的影响。

2006年，安快银行继续挑战这样一个设想：通过专注于创新和改善客户经验，一家银行能够达成什么目标？① 在这一过程中，我们得到一份让人惊喜的年度成绩单：业务强劲增长、财务成功和国家认可。我们继续致力于提供独特、有价值的客户体验，即不管我们的规模多大、发展多快，我们都能很好地适应客户的生活需要，确保安快银行永远是一家社区银行。

作为我们成功的一个重要组成部分，我们由衷地感谢您对安快银行愿景的坚定支持、信任乃至信仰。

致以最好的祝愿！

总裁兼CEO　雷·戴维斯

董事会主席　安林·福特

---

① 外界对安快银行模式的广泛质疑，也集中在随着规模的不断扩大，其能否始终专注于创新特色和聚焦客户体验。

2007 年：创新是为了践行诺言

> 如果我们为了加快成长而牺牲文化，
> 那么文化的丧失就是我们最大的风险。

致我们的股东：

在过去的 14 年[①] 里，我们把安快银行从一家仅有 1.40 亿美元资产、位于俄勒冈州南部的小银行发展成美国西海岸最大的社区银行之一，拥有 147 家商店，超过 80 亿美元资产。

这种优质增长是一种特色化战略的结果，这种战略把创新的焦点与 "不管规模多大，安快银行都是一家社区银行"[②] 的深度承诺有机结

[①] 1994 年起，戴维斯开始执掌安快银行。

[②] 为什么会做出这一深度承诺？为什么美国的这些银行都坚称自己是一家社区银行？这是一个值得思考得问题。读者可以参考富国银行关于其经营定位的相关论述：

通过对美联银行的并购，富国银行的规模翻了一番。我们不再被定义为一家地区性银行，而成为一家全国性的银行，业务辐射全球。伴随着企业规模和经营范围的扩大，我们应当做些什么，让富国银行区别于其他的大型银行？我们该如何定义自己？对此，我们有清醒的认识。富国银行是一家以社区为基础的多元化金融服务公司。

（转下页）

合起来。我们彻底改变了银行分行的概念，通过创建充满活力的商店，吸引和取悦客户。我们创造了一种全美和国际公认的客户服务的文化。我们开发了新的方式来服务我们的社区，包括我们的"连接志愿者网络"项目，为每位员工提供长达 40 小时的带薪休假服务于其网点所在的社区。仅在 2007 年，我们的员工就投入了 22 000 多小时的志愿者服务。

（接上页）

以社区为基础的传统，让我们有别于其他任何一家大型银行。以社区为基础的意思是：富国银行是一家扎根于社区的银行，而不仅仅是一家在社区开设网点的银行。我们的银行不仅开设在每一个社区，更直接参与社区的经营与生活，我们的银行属于我们扎根的每一个社区。不管是北卡罗来纳州的教堂山，还是艾奥瓦州的梅森市，或者加利福尼亚州的罗斯维尔，我们的网点广泛地分布在全美的各个社区。

我们以鲜明的社区认同感为荣。我们知道每一家网点所在社区的历史和来源。我们的网点与它所在的社区有着千丝万缕的关系往来。所以，我们每一次沟通都围绕着怎样工作才能对客户和他们所在的社区最有利。因为每位客户（和我们每一名员工）都生活在一个地方，都属于社区的一部分。他们在社区工作、玩耍、纳税、组建家庭、教育孩子、购买日用商品、实践信仰、照顾邻居和支持当地的非营利组织。

富国银行首先是本地的，然后才是全国的。我们并非生来就是一家全国性的银行，这就决定了我们的地方性。我们的出身是一家扎根于社区的小型地方银行，我们的员工在社区的街头巷尾与客户们打成一片；然后我们才凭借自己的努力，成长为在社区银行业务上颇有心得的区域性银行；最后，通过不断地并购与扩张，我们才成长为一家全国性银行。回望历史，富国银行的每一项业务，比如抵押贷款、投资理财、保险，都是从一个村、一个镇、一个县、一个州做起，最后扩展到整个国家的。我们来自民间，而非与此相反。既然我们是地方性的，又是全国性的，我们就要做到"超越本地性的全国化和超越全国性的本地化"。

"超越本地性的全国化和超越全国性的本地化"，这句略显拗口的话意味着，富国银行在规模上确实是一家全国性的银行，但行为却像一家更小一些的银行。这意味着从客户的角度来看，他能够知道当地富国银行网点柜员的姓名，但富国银行可以给他提供的服务和产品，也可以延展到全球。"超越全国性的本地化"意味着我们必须比本地的小型银行提供更好的产品、更多的渠道、更先进的技术和更丰富的产品线；"超越本地性的全国化"意味着同其他全国性银行相比，我们在社区的产品与服务更贴近客户，更符合客户的需求。我们不仅要让员工与客户成为社区中的伙伴，也要能给客户提供专业的、个性化的、即时的服务。

此外，我们还建立了行业内最强大的金融管理团队之一，在具有挑战性的时代和积极有效的增长时代，我们的管理团队都能应对自如，这个团队的专业知识是我们不断创造辉煌业绩的重要原因。尽管金融业处于有史以来最艰难的经济环境之一，但在过去一年，安快银行取得了巨大成功。我们及时、直接、诚实地发现和解决问题，建立了强有力的合作伙伴关系，在金融市场上建立起良好的声誉。由于我们过去一年的努力工作，我们可以坚定地相信，随着本轮周期的结束，安快银行将一如既往地强大。

信贷概述

安快银行有经验丰富的信贷管理团队，坚守信贷原则。安快银行一直没有参与次级贷款，在我们的资产负债表上没有任何基于次级贷款的证券投资。换句话说，我们对这部分市场没有敞口。尽管有这种远见卓识，安快银行也未能完全幸免于房地产危机的影响。

截至 2007 年年底，安快银行的贷款余额为 61 亿美元，其中 8 130 万美元为坏账。年末不良资产总额占安快银行总资产的 1.18%。全年净冲销贷款额为 0.38%；信贷损失准备金占贷款和租赁总额的 1.42%。

安快银行的不良贷款问题主要集中于我们总贷款组合中被标为"住宅开发贷款"的部分。这些是发放给土地开发商和建筑商用于购买或开发单一家庭住宅的贷款。[①] 截至 2007 年年底，安快银行的住宅开发贷款总额达到了 6.74 亿美元，占安快银行总贷款余额的 11%。其

---

① 根据富国银行高级副总裁萧兵博士的介绍，美国建筑业产值占比约为 17%，是一个大的行业。同时美国的房产开发是分散性的，很多是单干户，银行介入的门槛比较低。此类"住宅开发贷款"即是中小银行针对这一市场开发的贷款产品。

中位于加利福尼亚州北部的这类贷款为 2.83 亿美元，占安快银行贷款总额的 5%，这是受房地产市场低迷影响最严重的地区之一。

安快银行董事会为拥有业界最强大的信贷管理团队之一而感到高兴和自豪，我们的信贷专家正在处理这些问题贷款，在所有领域——包括我们的风险管理专员、客户经理和特殊资产处置专家——我们相信我们在这方面拥有深厚的人才储备和专业技能，这对我们很有好处。

收益报告

2007 年，安快银行存、贷款的有机增长为 5%，低于往年，但它客观地反映了当前的经济环境情况。我们的股息从 2006 年的每股 0.60 美元增加到 0.74 美元，增长了 23%。

2007 年，安快银行公布营业利润为 6 530 万美元，摊薄后每股盈利为 1.08 美元。这一指标低于去年的 1.65 美元，主要有两个原因：首先，由于当前的利率环境，我们的净息差下降了大约 50 个基点，稀释后每股收益降低了 0.33 美元；其次，我们增加了 3 920 万美元的贷款损失准备金，稀释后每股收益降低约 0.39 美元。随着经济环境趋于稳定，我们预计这些比率将趋于正常。我们将再次期待经营业绩的改善。

这些因素导致安快银行的股价下跌，该股在年底的收盘价格为每股 15.34 美元，这种下降与金融行业的其他公司是一致的，但我们所有人对此都不满意，我们正在努力改善 2007 年的业绩。

拓展、创新和认可

尽管金融行业在过去一年面临挑战，但安快银行继续推行其增长战略。2007 年，我们完成了对北湾银行（North Bay Bancorp），这是一家位于加利福尼亚州纳帕市索拉诺县的金融机构，拥有 7.28 亿美元的资产。这次并购为安快银行在繁荣的市场区域中增加了 10 家商店，在以上市场区域安快银行将能够有效地服务和竞争。我们还在继续扩展我们的社区商店布局，2007 年我们增设了两家新邻居商店。这些商店是我们增长战略的重要组成部分，使我们能够以最小的资本扩大在关键市场的实体存在。

2007 年 11 月，安快控股宣布在波特兰开设创新实验室，这一独一无二的创新实验室是由我们的创意策略部门与战略伙伴合作设计的，旨在向安快银行交付提高客户服务体验的创新技术。实验室也将作为安快银行新创意、新技术和交付系统的孵化库，在网点实务环境中提供必要的资源，在全面推广之前测试这些新创意。事实上，我们的 2008 年度股东大会将在我们的创新实验室举行，我们竭诚邀请您参加。

随着公司的不断发展，保持并提升企业文化对我们的成功至关重要。我们已经说过很多次了，我们的文化是安快银行最宝贵的财富。如果我们为了加快成长而牺牲文化，那么文化的丧失就是我们最大的风险。我们很高兴地向您报告，截至 2007 年年底，安快文化比以往任何时候都更加强大。我们的年度员工文化调查反映了我们在基础设施、沟通和对我们服务社区承诺等方面的进步。尤其值得一提的是，安快银行连续两年被《财富》杂志评为"美国 100 家最佳企业雇主"之一。今年我们排名第 13 位，高于去年的第 34 位。安快银行也连续三年被《波特兰商业》杂志评为"俄勒冈州最受尊敬的金融服务公司"。

虽然这些荣誉很难用金钱来衡量，但它们对安快银行的成功有着非同寻常的意义。正是这些"表外"资产激励着我们的员工抓住每一天，不断夯实公司向上跃升的基础。您可以放心，安快银行的文化将继续是我们未来成功的主要因素。

2008 年将是我们贯彻执行美国证券交易委员会新"通知和使用规则"[①]（e-proxy）的第一年。您会收到一份简短的"互联网适用通知"，告诉您如何在线访问股东大会代理材料。同时，我们将根据您的要求为你邮寄印刷品，您也可以访问我们的网站 www.umpquaholdingscorp.com 浏览代理材料。我们希望您能轻松过渡，如果您有任何问题或顾虑，请您致电联系我们的投资者关系团队。

安快银行的董事会和管理团队正全力应对当下的严峻挑战。我们相信，我们拥有正确的团队，能够应对由房产危机引发的经济低迷。我们正努力为公司的未来发展科学定位，并作为最强大的社区银行之一跨越这一经济周期。我们期待着在新的一年里收到您的来信，我们会继续向您汇报我们的进展。

总裁兼 CEO　雷·戴维斯

董事会主席　安林·福特

---

① 美国证券交易委员会的新"通知和使用规则"规定，公司可以对向股东发放委托材料形式做出调整。比如"通过互联网分发委托材料"，如果有股东提出需求，也可以以邮寄方式发送纸质委托材料。很多上市公司全面支持这一规定，目的是尽可能减小对环境造成的负面影响，同时最大程度节约发放委托材料的成本。

2008 年：我们只会比危机发生前更强大

> 我们超过 1 700 名员工是我们公司的强大后盾，
> 他们积极地服务于我们所在的社区。

致我们的股东：

我们所在的金融服务行业正在经历史无前例的剧变，我们国家乃至全球经济也正在经历前所未有的压力。然而，尽管形势严峻、环境险迫，您的公司在 2008 年仍然保持盈利，还能够继续充实资本状况为未来发展做准备。在致股东和客户的信函或当面交流中，我们已经说过很多次，我们正在做充足的准备，有效地应对当前的挑战和形势，当这场经济危机告一段落，我们只会比危机发生前更加强大。以下是我们 2008 年的一些工作重点和 2009 年的工作计划。

信贷

2008 年，由于我们在信贷管理方面存在缺陷和不足，以及贷款损失准备金方面前所未有的负担，我们的住宅开发投资组合受到了很大的影响，尤其在萨克拉门托和本德市场。通过我们的信用和贷款专家的不懈努力，在 2008 年，我们的住宅开发投资组合资产余额由 6.74 亿美元下降至 3.84 亿美元。我们的建筑商和开发商债券承销准入没有出现大的问题，然而，我们没有预测到房地产市场会下跌得那样快，导致待售房屋迅速增多，库存严重，很多原本很好的借款人到处寻找现金来归还他们的贷款本息。我们将继续关注好的承销和账户管理实践，这攸关我们未来发展的基础。

就像之前和大家所沟通的，安快银行从来没有购买或发放次级贷款，我们只是内部承销了我们所有的抵押贷款。为了协助那些遭受经济困难的安快银行房主客户按期支付贷款本息，2008 年我们采取了一个抵押贷款调整计划，已被市场广泛接受。截至 2008 年年底，我们发放了超过 7 500 笔抵押贷款，凭借我们在抵押贷款承销方面的专长，我们仅仅出现了两例止赎[①]事件。截至 2008 年年底，安快银行贷款本息逾期在 30 天或以上的住房抵押贷款余额不到 2.40%。[②]

[①] 所谓"止赎"，是指贷款人无力还款，贷款机构强行收回其房子的情况。如果出现购买者因故不能按期还贷，超过期限的房屋便被止赎，即停止赎回，房屋便归放贷机构所有。2009 年整个美国房屋止赎数接近 300 万户。

[②] 有一组数据可供参照，2010 年 10 月，富国银行发布的投资说明书揭示了当时美国各大银行住房抵押贷款的逾期和违约情况。当时，富国银行发放的每 12 笔住房抵押贷款中就有 1 笔逾期，花旗银行的比例是 11∶1，摩根大通为 9∶1，美国银行的比例高达 7∶1。（参见《富国之本：全球标杆银行的得失之道》第 144 页）。尽管统计口径略有差异，相形之下，安快银行的住房抵押贷款质量要好得多。

资本 / 股息

维持一个充足的资本水平是 2008 年的首要任务，未来它仍然是非常重要的。2008 年 11 月，安快银行作为首批社区银行之一，得到来自美国财政部的资本投资购买计划 ① 的支持。这项投资将我们的总风险资本从 2007 年年底的 10.90%——原本已经处在"资金充足的"的水平，进一步提高至 14.60%，其目前仍然牢牢地雄踞这一高位。资本购买计划不像其他的一些问题资产救助计划项目，它旨在提升健康的银行的资本水平，恢复金融系统的稳定和信心，并确保企业和消费者的信贷保持持续的流动性。我们很高兴地报告，2008 年安快银行发放贷款总额为 20 亿美元，尽管经济形势恶化，失业率上升和消费者信心下降，安快银行第四季度贷款活动持续强劲，该季新发放贷款达 4.55 亿美元。

为了将股利与利润做到一致，我们在 2008 年第四季度减少了每股 0.05 美元的普通股股息。不用说，我们期待着某一天，我们可以将股息增加到历史的最高水平。

---

① 2008 年次贷危机爆发后，全球经济金融形势迅速恶化，美国于 2008 年 10 月通过《紧急经济稳定法案》，出台"问题资产救助计划"（Troubled Asset Relief Program，TARP），授予财政部 7 000 亿美元资金额度，用于购买和担保金融机构的问题资产，帮助金融机构重启中介职能，为经济复苏提供必要的信贷支持。然而，单纯处置不良资产很难让市场恢复金融稳定，奥巴马就职后将 TARP 调整为一揽子救助计划，实施"先救助，再处置"，具体包括银行支持计划、信贷市场计划、住房市场计划及其他救助计划等，并配套实施投资和减税计划、宽松的货币政策，以刺激经济恢复、促进就业。银行支持计划可以进一步细分为资本购买计划（CPP）、定向投资计划（TIP）、资产担保计划（AGP）及社区发展资本计划（CDCI）。财政部通过 CPP 对 48 个州 707 家不同规模、有生存可能的金融机构以认购优先股的形式，补充资本金，重建金融体系信心；通过 TIP 中救助两家系统重要性金融机构——花旗银行和美国银行，认购 200 亿美元的优先股。

股票价格

安快银行普通股的价格远低于历史水平，提升股价对于我们每个人而言都是非常重要的。应该说明的是，2008 年安快银行的股价表现明显跑赢了市场和行业指数的大势。2008 年安快银行每股价格收于 14.47 美元，较 2007 年 12 月 31 日下跌 5.70%。相比之下，标准普尔 500 指数在 2008 年下跌了 37%，纳斯达克银行指数同期下跌了 23.90%。由此您可以看出，您的管理团队一直专注于持续盈利和每股收益持续增长。

增长

贷款增长至关重要，在资本购买计划实施后，政府也要求我们履行提高信贷市场流动性的社会责任。我们已经宣布了一系列新的贷款项目，如有针对性地向葡萄酒行业、能源供应、市政建设和公共机构提供贷款，以及一些新的住房抵押贷款产品。毫无疑问，安快银行一直在我们所服务的市场发放贷款。

2009 年 1 月，我们充当投保人，从联邦存款保险公司手中接收了克拉克县银行（Bank of Clark County）[①]的一般性存款，在这个过程中开始接管其在华盛顿州温哥华的两个新网点，欢迎许多新客户和 41 名新员工加入安快银行的大家庭。在我们的地区出现社区银行的倒闭是一段艰困时期的不幸信号，但我们很高兴能够提供这种援助。

---

① 克拉克县银行约有 4.47 亿美元资产和 3.67 亿美元存款，在金融危机中陷入经营困境。

补偿

对一些华尔街机构和投资企业的天价薪酬有巨大的舆论鞭挞和社会非议，这些非议大部分是合情合理的。不幸的是，我们所有的银行人似乎都打上了同样的标记。在过去的几年中，管理层和董事会一直在努力设计一个科学的高管薪酬计划，这个计划包含许多最佳的理念和方法，最重要的是，它能将管理层与股东的利益有机结合起来。它是一个综合性的薪酬计划，基本工资、年度奖励与公司和个人当期业绩挂钩，长期激励则以股价变化及每股收益的增长情况为依据，与同业对标。

"绩效薪酬"适用于所有安快银行高管，对高管的激励性薪酬将公司和个人的业绩紧密挂钩。不幸的是，连续两年，安快银行未能满足其每股收益目标，因此没有主管或经理收到与公司财务表现不相一致的激励支付。

在我们的薪酬计划中，我们不推行"金色降落伞"①，如果他们重新达成收益目标，我们计划提供基于业绩的补偿奖励。

我们的员工

连续三年，安快银行荣幸地位列《财富》杂志"美国 100 家最佳企业雇主"榜单。我们超过 1 700 名员工是我们公司的强大后盾，他们积极地服务于我们所在的社区。我们将社区银行的信念融入心灵，通过我们的"连接志愿者网络"项目，我们的员工奉献了将近 26 000

---

① "金色降落伞"指的是雇用合同中按照公司控制权变动条款，对失去工作的管理人员进行补偿的分离规定。一般来说，员工被迫离职时（不是由于自身的原因）可得到一大笔离职金。"金色"意味着补偿是丰厚的，"降落伞"则意味着平稳过渡。

小时的社区服务。我们对员工们每一天的付出感到非常自豪，他们给了我们面向未来的信心。

2009 年新举措

回顾过去，2008 年安快银行的工作重点是防范信用风险和充实资本。2009 年，当国家开始摆脱经济衰退，我们希望您的公司能够着眼于发展。我们已经宣布了成立一个新的资产管理部门，抢抓机遇推动非利息收入增长，同时在我们的零售经纪业务子公司雇用了新的管理层。两项调整将为安快银行直接提供成长机会。

此外，我们已经设立了一个抵押贷款再融资机构，致力于帮助我们的客户利用优惠的再融资利率，实现他们的住房抵押再融资。

尽管我们预期 2009 年的经济状况持续低迷，这将导致我们公司面临新的挑战，我们仍然倾心致力于公司的成功，我们都有着一个共同的使命。

谢谢您对公司的坚定信心和一贯支持。

总裁兼 CEO　　雷·戴维斯

董事会主席　　安林·福特

| 2009 年：永不停止创新 |

在经济低迷时期，

建立资本市场通道和保持强势资本状况，

对任何金融机构而言都是至关重要的。

致我们的股东：

　　在过去的两年里，美国已经经历了近几年最严重的经济衰退之一，这一衰退对大多数行业、公司和个人造成了非常罕见的深远影响。[①] 在整个金融服务行业，资本市场一片狼藉，严重的信用问题给全国许多幸存的金融机构带来了巨大冲击。在这封信中，我们希望和您交流这场危机给安快银行造成的影响，以及您的管理团队所采取的行动，以帮助您的公司迅速走出阴影，创造更美好的未来。

---

　　① 据不完全统计，2007—2011 年，美国破产的金融机构达到 400 余家。

2009 年财务业绩

去年的财务业绩表现很差，不足以让您的管理团队引以为傲。我们的经营数据直接受到贷款损失准备金的规模影响，2009 年总计达到 2.09 亿美元。从另一个角度看，在房地产危机引发经济衰退以前，安快银行的年度贷款损失准备金控制在 200 万~700 万美元范围内。显然，2009 年的风险成本是巨大的，它导致安快银行今年亏损 1.66 亿美元，其中包括 1.12 亿美元的商誉减值，尽管如此，它没有影响到我们资本充足水平和流动性。扣除这个商誉减值因素，公司的净损失可以降低至 5 410 万美元。值得关注的是，税前和风险拨备前的核心利润，也就是说正常的经营利润超过 1.60 亿美元。显然，安快银行的核心引擎仍然强劲。信用风险是今年亏损的主因。今年其他部分的业绩如下：

- 住宅抵押贷款方面。这个部分今年的业绩优异，贷款总量达到 7.57 亿美元，比 2008 年高出 131%。
- 社区银行方面。这个部分也取得了很好的业绩水平，存款增长超过 8.50 亿美元，而有息存款的成本降至 2009 年第四季度的 1.35%。
- 贷款投放方面。有一个说法是"银行拒贷惜贷"①，对于安快银行而言，这完全不符合事实。2009 年，安快银行新增贷款 17 亿美元，充分说明我们与当地社区共生共荣，共渡难关。
- 信贷质量方面。管理层继续积极解决公司面临的信贷问题。我们将不良资产减记以处置价值并冲销任何相关减值。在 2009 年

① 经济下行乃至危机时期，信贷需求不旺，信贷供给的意愿也受到抑制。在这一时期，各国政府都会呼吁和号召银行增加信贷投放以刺激经济，银行是否拒贷惜贷也成为社会舆论关注和检视的焦点。

年底，我们的不良资产率达到 **2.38%**，这个数字高于我们的预期，但还不到同行平均不良资产率的一半。尽管我们已出于监管和会计目的冲销了贷款，但我们将继续收取尽可能多的合同余额。在我们度过这场经济衰退和解决相关信贷问题的过程中，我们的信贷专业人员经历了艰难的两年半。我们为他们感到骄傲。

资本

在经济低迷时期，建立资本市场通道和保持强势资本状况[1]，对任何金融机构而言都是至关重要的。您的公司资本充足，情况良好，2009年年底，公司的资本充足率超过 17%。公司还先后成功地完成了两次增资扩股，一次在 2009 年 8 月，另一次在 2010 年 2 月，资本总额分别提升到 2.59 亿美元和 3.03 亿美元。2009 年 8 月的增资扩股是为了偿还美国财政部资金购买计划的投资资金，同时使安快银行能够捕捉并购机遇。第二次增资扩股是为了偿还资金购买计划的投资和进一步充实我们已经比较充足的资本水平，通过把握美联储救助型并购机会[2]，安

---

① 杰米·戴蒙曾经说过：在危机时期，拥有充足甚至更多的资本不仅能够有效抵御危机的冲击，而且往往有意想不到的收获。这个收获主要说的是下文中的救助型并购的机会。

② 在金融危机爆发后，美国金融市场上出现了大量的救助型并购。一方面，很多金融机构急剧陷入困境，仅在 2008 年，美国就有 25 家银行宣告破产，更多陷入困境的金融机构不得不寻找一个资金雄厚的伙伴，通过合并逃避破产的危险；另一方面，那些有实力的金融机构会利用危机迅速实现低成本扩张，那些陷入资本补充或流动性困境的金融机构常常以极低的价格被贱卖，即使是像贝尔斯登这样曾经风光一时的明星投行，在危机前的股价曾一度高达 150 美元，后来按照每股 9.35 美元的价格被卖出，华盛顿互助银行的被收购价格也仅为危机前股价最高点的 1/20。与此同时，危机发生后，美联储等监管机构采取提供贷款融资等方式支持并购，并放宽了长期以来限制资本运营公司和私人资本大量入股银行的规定，为陷入困境的银行增加注资拓宽新来源。安快银行也利用了救助型并购的机会，从而成为本次金融危机中的赢家。后文中所谓"我们并不乐见被联邦存款保险公司指定为其他银行的接管者，即便接管的是我们的竞争对手"的表态是言不由衷的，充满了"资本的伪善"。

快银行提升了在战略市场上的地位。这两次增资扩股都受到投资者欢迎，取得了成功。

在我们的季度股东信中，我们已向您报告，我们如何偿还政府投资资金视经济情况而定。2010 年 2 月，我们从美国联邦储备理事会获得批准后开始偿还资金购买计划的资金，并于 2010 年 2 月 17 日成功还款。

联邦存款保险公司协助并购

在过去的几年里，金融行业正在发生巨大的变化，其中一个重要的趋势是将一些经营陷入困境的银行合并。我们并不乐见被联邦存款保险公司指定为其他银行的接管者，即便接管的是我们的竞争对手，因为这种接管或者说吸收式合并会以不同的方式影响很多人，包括这些银行的员工、客户、供应商和股东，这些影响常常是负面的。然而，经营状况良好的健康的银行随时要准备介入并接管那些陷入困境的银行。2009 年 1 月，安快银行接管了华盛顿州温哥华的克拉克县银行，2010 年 1 月接管了华盛顿州西雅图的常青树银行（Evergreen Bank）。这两次并购给我带来总计超过 7 亿美元的资产和 9 个网点，这将为安快银行即刻增加收益。安快银行将继续把握更多的并购机会。安快银行有一个严格的方法来把握这些机会，包括审慎评估这些并购行为的战略意义。在过去的一年中，我们通过做大普吉特海湾区域市场来提升安快银行在华盛顿州的竞争地位。

发展思路和新举措

随着经济形势开始走出低谷，我们相信，找准新的发展思路对任何健康公司迎来更美好明天都至关重要。几个月以来，安快银行的管理团队一直在从事这项活动，具体如下所示：

- 我们的财富管理部门在 2009 年前期组建，包括零售经纪业务、安快银行私人银行、安快投资，以及安快控股的附属机构弗格森·威尔曼资本管理公司（Ferguson Wellman Capital Management）[①]——俄勒冈州主要的资金管理公司之一。
- 我们的国际银行部门成立于 2009 年，总部设在旧金山。这个部门已经开始产生正向的现金流，我们期待未来几年迎来更大的增长。
- 我们扩大商业贷款团队，准备应对未来几年新贷款的增长。在加利福尼亚州的旧金山和核桃溪，俄勒冈州的波特兰和华盛顿州的西雅图，我们的商业贷款团队得以壮大，包括信贷管理员和特殊资产专家的加盟，以应对未来公司贷款的加速增长。
- 我们也积极开设银行商店。在写下这封信时，我们有超过 10 家商店正在加快建设或者正在进行物业的租赁谈判。在过去的 15 年里，我们的有机增长战略实施得非常成功，我们仍然致力于继续推动有机增长。

总之，2009 年是一个艰难之年，我们很高兴能够成功地跨越这一

---

① 弗格森·威尔曼资本管理公司成立于 1975 年，是一家在太平洋西北部沿岸地区开展业务的私人投资咨询公司。其服务范围为：工会和公司退休计划、捐赠基金和基金会，以及单独管理账户达到 300 万美元以上的个人和家庭投资组合。

难关。即使在非常困难的情况下，安快银行的员工们依然通过我们的"连接志愿者网络"项目，继续帮助和激励那些需要帮助的人。仅仅是 2009 年一年里，我们的员工提供了超过 30 800 小时的社区志愿者服务。安快银行第四年当选《财富》杂志"美国 100 家最佳企业雇主"之一，被《福布斯》杂志列入"美国最佳银行榜"第 19 位。

和 2009 年一样，2010 年美国的经济"乍暖还寒"，将继续对您的公司构成挑战。然而，我们正在为经济的全面复苏做好准备，随着经济继续复苏，我们期待在不久的将来向您报告更好的经营业绩。谢谢您一直以来的信任和支持。

总裁兼 CEO　雷·戴维斯

董事会主席　安林·福特

｜ 2010 年：主动培育新的发展动能 ｜

> 过去的一年艰险重重，尽管如此，
>
> 我们没有坐等一切尘埃落定后好时机的到来，
>
> 而是主动培育新的发展动能，
>
> 为跨越当前的经济周期不断蓄势。

致我们的股东：

在过去的一年中，我们的国家继续遭受经济危机的后续影响，影响程度堪比"大萧条"时期。诚如许多金融专家所言，这一次经济危机在 2010 年年初即已结束，对此我们深有同感。然而不幸的是，我们继续承受经济危机的后续影响，就像 2005 年卡特里娜飓风对墨西哥湾海岸造成的灾难性影响一样，这场"经济风暴"已经被证明对所有人而言都是深具破坏性的。国民经济需要长时间才能恢复。好消息是，经济复苏虽然缓慢、艰难，却正在取得进展。这在最近的经济报告中已经获得证实，包括可支配收入的持续增加、新就业岗位的创造和企业利润的反弹。更可喜的是，这一复苏是可持续的。

许多分析师认为，2009 年和 2010 年金融行业已经全面触底，2011 年将是转折之年，2012 年金融行业的经营业绩将回归到危机以前的水平。您的管理团队赞同这一观点。2010 年我们采取了许多必要的重大举措，推动安快银行在危机后比以往任何时候都更强大。

尽管经济不景气，安快银行 2010 年仍在以下多个领域取得进展。

新资本和并购

- 1 月，安快银行从联邦存款保险公司成功地接管了常青树银行在西雅图的银行业务，增加了 7 个银行网点和 3.53 亿美元的资产，扩大了我们的机构覆盖范围。常青树银行已成功融入安快银行，其网点进行了重新设计，员工培训完成。

- 2 月，安快银行宣布撤销 3.04 亿美元的普通股。这部分资本的募集是为了应对美联储协助并购的资本补充需要，以及回购 2008 年 11 月执行政府资金购买计划所发行的优先股。

- 2 月 17 日，公司从政府手中回购危机时投资安快银行的 2.14 亿美元优先股。安快银行在短时间内持有这些资金，为此向政府支付了 1 350 万美元股息及 450 万美元权证回购 8.40% 的回报率。

- 2 月 26 日，安快银行接管雷尼尔山太平洋银行（Rainier Pacific Bank）的银行业务，该银行总部位于华盛顿州的塔科马，由此，安快银行增加了 14 个网点和 4.46 亿美元资产。雷尼尔山太平洋银行也被完全归并到安快银行。

- 6 月 18 日，安快银行接管内华达州安全银行（Nevada Security Bank）的银行业务，包括其加利福尼亚州分部和西尔维拉多银行

（Silverado Bank），这是我们的第四起美联储协助并购交易①，这起并购把我们的经营范围扩展到了一个新的州——内华达州，由此我们增加了 4 个网点和近 4.80 亿美元资产。像前面提到的两起并购交易一样，对内华达州安全银行的融合工作已经完成。

财务业绩

在过去的一年中，安快银行盈利能力逐步修复，摊薄后普通股每股收益达到 0.15 美元。管理层认识到这一股东回报是不令人满意的，必须也必将逐步提高。先行指标表明，受包括贷款损失准备金的降低和"核心盈利水平"的回升等利好影响，股东回报将会回升。

2010 年无担保贷款损失为 1.14 亿美元，相比 2009 年同期的 2.09 亿美元，已大幅减少 46%。在经济危机的最糟糕时期，安快银行不良资产率低于 2%，显著优于同一时期地区性银行同业平均 5% 以上的水平，这体现了安快银行信贷人员在处理不良信用方面的出色表现。对于信贷质量方面的突出成就，我们还要归功于在经济周期过程中对不良贷款的早预警、早识别和早处置。

安快银行的核心盈利指的是信贷成本（贷款损失准备金等）、非经营性项目产生净现金流、优先股股息支付和所得税扣减以前的收益水平。这个指标是很重要的，因为它体现了银行真实的收益能力。从另一个角度看，2010 年，安快银行的核心收入达到 1.62 亿美元，相比 2009 年的 1.50 亿美元，增长 8%。换句话说，安快银行的核心动力动能十足，马力强劲。而许多金融机构在这一波经济下行周期中将会出

①　即并购克拉克县银行、常青树银行、雷尼尔山太平洋银行和内华达州安全银行，累计增加了 27 个网点和超过 16.90 亿美元的资产，并将经营区域扩展到内华达州。

现核心收益大幅下滑直至归零的情况，这意味着在扣减税收和信贷成本后，其收入能力非常疲软。核心收益能力强的金融机构通常拥有更加强大的资本实力和更多的发展机遇，我们认为安快银行是其中的佼佼者、弄潮儿之一。

2010 年年底，安快银行资本充足率超过 17%，有形普通股权益资本比率为 8.74%。这两个比率都远高于最低监管要求的水平。

安快银行流动性充足。2010 年年底，银行在美联储存放有大约 9 亿美元的现金存款，再加上资产负债表上其他的流动资产，整个银行的流动资产总额超过 45 亿美元。尽管强劲的流动性提供了发展的弹性，但它也有负面影响，因为现金存款的收益率仅为 0.25%，相比目前高达 5% 的平均贷款收益率，过多的现金资产闲置压低了我们的净利差和每股收益。我们想把这些多余的现金通过贷款使用出去，一旦贷款需求扩张，我们将通过过剩的流动性实现更高的收益率。

依托我们的核心盈利和资本实力，以及灵活调控的流动性水平，安快银行将继续追求我们的增长战略。

融入社区及相关的奖项和赞誉

• 2010 年，安快银行的 1 700 多名员工向我们所在地区的 1 132 个非营利组织提供了超过 36 000 小时的志愿者服务。我们非常自豪地宣布，自"连接志愿者网络"项目启动以来，安快银行的员工服务累计超过 150 000 个小时。2010 年是该项目持续推进的第七年，七年来，我们为每一位全职员工提供每年 40 个小时的带薪休假，以保障他们为所在社区的学校和非营利组织提供无偿服务。

- 安快银行连续五年当选为《财富》杂志"美国 100 家最佳企业雇主"之一。考虑到安快银行已经成功融合了 23 个金融机构的品牌和队伍，我们对此感到特别自豪。通过新员工统一集训和其他融合措施，23 家机构的团队成员成功地融入了安快银行的大家庭。
- 安快银行连续六年当选为《波特兰商业》杂志"俄勒冈州最受尊敬的金融服务公司"。
- 公司的"许愿星"项目进入第 15 个年头，根据家庭的需要表达节日祝福。这个项目自启动以来，已经配套提供了 43 万美元资金，社区参与的程度非常高。

信贷质量

众所周知，在过去几年里，信用风险一直是美国银行业挥之不去的梦魇，安快银行同样不能置身事外。我们自省在过去几年中围绕信贷风险付出的代价至为惨重。我们的信贷人员已经通过考验，有足够的纪律性来做"正确的事"。忽视信用问题和潜在的损失对我们没有什么好处，我们必须痛苦地面对现实。为此，当我们积极解决不良贷款时，在如实报告信贷质量问题上，我们将始终坚持公开透明的原则。基于以上原则，我们高兴地看到，当我们即将走出经济危机时，安快银行的信贷质量已大大优于危机袭来之时，这是一个不小的成就。

过去的这一年里，贷款向下迁徙为不良的情况已大为缓解，贷款状态向上迁徙的数量是向下迁徙的数量的两倍还多。2010 年第四季度，安快银行向上迁徙的贷款总量两倍于向下迁徙的贷款总量。截至 2010 年年底，安快银行的拨贷比达到 1.82%，监管机构对此感到满意。不良资产率下降为 1.50%，而我们的总风险敞口与总资本比率下降至三年来的最低点（39.50%）。2008 年以来，安快银行坚持实时快速地核销不良贷款，而不是保持更高的存款准备金和推迟减记。一些机构选择推迟核销进程，将贷款减值准备金长期保留在其准备金账户上，直至最后一刻。相比之下，我们相信我们的做法能够更加科学准确地反映不良贷款和准备金的真实情况。

贷款业务

金融机构今天面临的最大挑战之一，就是保持优质商业贷款的持续稳步增长，这主要是贷款需求不旺、企业难以达到信贷门槛要求和现有借款人信用额度更低或申贷通过率更低等原因造成的。尽管安快银行 2010 年贷款投放超过 16 亿美元，由于正常的贷款还款、核销和未偿余额的缩减，安快银行的"经典组合"（不包括通过并购获得的贷款）贷款余额下降，2010 年为 57 亿美元，低于 2009 年年底的约 60 亿美元余额。

为应对这些负面趋势，管理层多策并举，打出组合拳，包括：

- 在最具有潜力的贷款增长市场上，招聘和充实新的商业／企业贷款团队，其中包括西雅图、波特兰、旧金山海湾地区。这些新专业人士具有多年的商业贷款经验，为安快银行在未来一年开发新贷款建立了强有力的团队保障。
- 为了吸引新的企业客户，加大国际银行部门的资源投入。
- 创建债务资本市场部门，重点开发银团贷款和利率套期保值产品，给客户更多的选择，帮助他们扩大和发展他们的业务。

• 重塑小企业战略，推动安快银行做深做透细分市场。我们相信细分市场有相当大的增长机会。

住宅抵押贷款业务是安快银行 2010 年的一大经营亮点。2010 年该项贷款投放达到 7.85 亿美元，首次实现收入超过 2 100 万美元。尽管这一前所未有的增长是拜利率水平降低至历史低位所赐，我们为信贷抵押贷款专业人员和支持人员赋能授权，他们将致力于维持这项业务在未来几年的增长。

监管成本

政府推动的金融监管体制改革花费巨大，将显著抬高安快银行的监管成本。确定无疑会造成成本增加的政策包括《多德－弗兰克华尔街改革与消费者保护法案》等新法规的实施、新的消费者金融保护机构的设立，以及新的资本和流动性要求，等等。严监管、强监管的趋势不容逆转，监管成本的抬高不容回避。[1] 安快银行支持和拥护金融改革，然而，新监管法规的推出对银行而言代价不菲，包括增加法律合规人员配备、开发用于跟踪和报告的新系统的费用，以及增加支付给联邦存款保险公司的评估费用。举例来说，仅在 2010 年，安快银行就向联邦存款保险公司支付超过 1 500 万美元的存款保险费，较 2007 年增加 1 300 万美元。这一成本最终完全由股东埋单。

---

① 严监管、强监管是国际金融业的潮流所向。监管成本、合规成本高企成为经济危机后美国银行业的一大挑战。笔者从对美国银行业的实地踏访了解到，单个机构合规成本过高成为推动中小银行兼并重组的一大动因。

社区银行

在社区银行的存款增长方面，2010 年又是硕果累累的一年，全年存款总计增加了 20 亿美元。存款的有机增长和并购所得各占半壁江山，存款结构持续优化。

2010 年，安快银行新开设了 6 家商店，截至 2010 年年底，安快银行在美国俄勒冈州、华盛顿州、加利福尼亚州和内华达州共计拥有 184 家网点。我们已宣布 2011 年计划新开 10 家商店。一些人质疑在贷款增长乏力的情况下，为什么我们还要不断拓展和引进新的存款？答案很简单，吸收存款是银行特许经营权的真正价值所在，是经济下行期优秀金融机构拓展市场份额、保障未来贷款需求的实力证明。[①]因此，通过行之有效的发展战略，我们将继续大力拓展存款资源。

财富管理部门

我们的财富管理部门起步于 2009 年，已迅速发展壮大。财富管理部门的服务体系包括零售经纪业务和专门为高净值客户提供金融服务的安快投资、安快银行私人银行，以及为客户提供完整的信托产品服务的安快银行信托服务，还包括一家外部资产管理机构弗格森·威尔曼的战略联盟。现在这个部门的架构已基本完善，我们将在未来的年报中向你汇报最新的进展。

小结

在过去的 16 年里，我们的发展战略一以贯之——坚持一个核心

---

① "存款立行" 的具象化表达。

价值主张，让我们的专业服务参与有效竞争，超越价格战，实现公司的有机增长。[①] 我们的价值观根植于我们与生俱来的安快银行文化，它帮助安快银行在我们所服务的社区，经营辐射的范围内建立起强大的品牌和良好的信誉。我们的文化已经成为我们最宝贵的资产，在安快银行不断发展壮大的过程中，我们将继续培育和发扬光大我们的文化。

过去的一年艰险重重，尽管如此，我们没有坐等一切尘埃落定后好时机的到来，而是主动培育新的发展动能，为跨越当前的经济周期不断蓄势。我们承认当前的收益并不令人满意，但我们也认识到这主要是最近的信贷周期所致。

我们致力于如下工作重点：积极处理问题贷款，推动优质的资产扩张；扩大我们的机构覆盖范围，提升市场份额；评估和把握潜在的并购机会；坚持奉行我们多年形成的文化和价值观。通过这些努力，我们坚信，我们的核心盈利将继续扩大，当信贷成本正常化时，我们的净利润将再次上升。

我们相信，安快银行正在引领行业革命和创新。我们将在美国西部不断扩大经营范围，不断积累和发挥规模经济优势，同时始终坚持社区银行的定位和经营特色。

我们谢谢您的支持。

总裁兼 CEO　雷·戴维斯

董事会主席　安林·福特

---

① 安快银行的发展战略关键词：核心价值主张、专业服务、超越价格战、有机增长。

2011 年：在价格之外竞争

> 当前，金融世界发生了重大变化，
>
> 规模和灵活性比以往任何时候都更重要。

致我们的股东：

2011 年安快银行净赚 7 400 万美元，较 2010 年的 1 600 万美元增长了 362.50%。[①] 我们相信这一增长是公司成功地走出了几十年来最困难经济时期之一的明证。

在过去的一年里，我们取得了很大的进步，我们的经营网点覆盖了四个州，我们向这些网点员工的努力、奉献及其对安快银行文化的持续信仰和支持表达敬意。今天的安快银行比历史上任何时候都要强大。2011 年公司的总股东回报率也有所上升（上升了 4%），超过了

---

① 金融危机之后，率先走出困境的银行往往都将迎来一波超常规增长。比如，2009 年，富国银行净利润较 2018 年增长 362%。

KBW 区域银行指数 [①]（KBW 区域银行指数同期下降了 5%）。

尽管我们在 2011 年的表现有所改善，但我们意识到，为了安快银行更好的未来和更大的股东回报，我们还有很多工作要做。这封信向你报告 2011 年我们围绕持续提升所做的主要工作。

资本

安快银行在过去的一年保持了非常充足的资本水平。2011 年年底，股东权益总额为 17 亿美元，全部由普通股构成。有形普通股权益比率达到 9.14%，高于 2010 年年底的 8.74%。总的风险资本充足率达到 17.16%，远远高于"资本充足"的监管标准。我们令人羡慕的资本状况对推动安快银行持续健康发展至关重要。然而，我们的资本过剩确实对我们的股本回报率构成压力。我们用多余的资本来为股东提供最大回报，这一点很重要。2011 年，董事会一致决议将我们的年度现金股利提高 20%，并批准了一起 1 500 万股的回购计划，同时积极捕捉市场上具有战略意义的潜在并购机会，董事会将继续评估可提高我们股东总回报的所有选择。[②]

[①] Keefe, Bruyette & Woods（KBW）是一家提供全方位服务的精品投资银行和经纪交易商，专门研究金融服务领域。其在北美和欧洲开展业务，为机构和私人投资者及金融服务公司提供股票销售与交易、资金筹集和战略咨询服务。KBW 区域银行指数（KBW regional banking index）由美国 24 家全国性或地区性大型金融机构的股票为成分股，为美国银行业股价表现的重要指标。

[②] 国际先进银行在资本管理方面有三大特点。一是资本内生，即资本增长的方式仍然是传统方式——内生增长，而不是依靠不可预测的市场。二是适时回购，杰米·戴蒙多次确认，虽然资本的第一个用途也是最重要的用途是投资于增长，但当产生多余的资本时，也应该考虑回购股票。历史上，这些银行曾经不断地回购股票。三是推动并购。

信贷质量

我们在风险管理和信贷质量方面的专业团队是行业中最好的，他们清收不良贷款的努力取得了成效，使我们的资产负债表中出现了一些最好的信用指标（在接下来的评论中，我们所说的无担保贷款指的是安快银行自身发放的贷款，不包括通过联邦存款保险公司救助型并购项目形成的、属于联邦存款保险公司的损失分担保险计划的不良贷款）。例如，我们的未覆盖不良资产下降了29%，我们的无担保贷款损失准备金下降了59%。截至2011年年底，缺乏有效担保的不良资产率下降至1.09%，这是自2008年第一季度末以来的最低报告比率，明显低于美国西北地区银行同业的平均水平。随着信用指标不断改善，受益于风险处置成本的降低，我们将相应地提升银行的收益水平。

贷款投放

在过去几年里，我们许多人都听说过"银行已经不发放贷款了"。对于那些资本受限的金融机构而言，这一说法可能是真的。然而，正如我们前面提到的，安快银行资本充足，在我们服务的所有社区中，我们都在坚定地提供贷款。对于安快银行和其他积极发放贷款的银行而言，我们的努力没有获得人们的认可，这有些让人感到遗憾。但事实是，2011年我们的贷款投放超过24亿美元，较2010年增长50%。

在过去的几年里，许多银行贷款减少，主要是因为贷款需求下降，或者是没有对促进贷款投放所需的资源进行投资。与此同时，安快银行在 2011 年仅是信用贷款就增长 2.29 亿美元，较 2010 年增长 4%。我们的成功要归功于几个月前围绕提升信贷增长动能所做出的决定，例如：

- 创建我们的小企业银行部门，专注于小企业贷款。
- 在以商业和工业贷款为主的高增长市场中增设我们的商业银行中心。

2011 年，安快银行的住宅贷款部门实现了 10 亿美元的按揭贷款投放和创纪录的 2 660 万美元收入。我们的贷款投放同比增加了 27%，抵押贷款收入增长了 25%。[①] 这一成绩的取得，主要归因于我们的按

---

① 尽管各家银行都在金融危机中的房贷市场上损失惨重，但房贷始终是银行争抢的"香饽饽"。与安快银行对按揭贷款的大干快上相似，在 2008 年美国次贷危机爆发后不久，尽管美国房市崩盘房价低迷，摩根大通与富国银行一样，仍致力于成为美国最主要的住房按揭银行。杰米·戴蒙表示："按揭贷款是并将继续是世界上最大和最重要的单一金融产品之一。凭借我们的品牌、规模、系统、零售分支机构及我们在交易、对冲和承销按揭贷款的优势，我们有能力成为这一业务的赢家。"他进一步分析道："零售分店特许经营权和品牌为我们的抵押贷款业务带来巨大竞争优势。有 570 万位客户已经办理了我们的按揭业务。但是在 5 000 万位客户的基础上，我们认为按揭业务客户数量可以翻倍。一旦我们完成目标，按揭业务将成为摩根大通的重要业务。那些有良好客户关系并善于大规模服务和处理的公司才能成为行业中的赢家——这正是我们所擅长的。此业务的标准化收益应约为 20 亿美元，跨周期的 ROE 约为 15%。我们将继续通过增加销售力量和引进应用技术来改善客户体验。在过去的一年中，我们增加了 700 个按揭贷款办理点，现在我们总共有 3 800 个按揭办理点，因此，我们可以服务更多的客户。我们计划在 2012 年再租借 1 000 个按揭贷款办理点。"

为什么国内外银行都热衷于发放房贷？试析如下：第一，房贷的风险较低。特别在经济下行信贷风险不断攀升的情况下，个人住房贷款是相对安全的资产之一。以农业银行和建设银行为例，2016 年建设银行总体不良贷款率为 1.52%，而房贷不良率只有 0.28%；农业银行总体不良贷款率为 2.37%，而房贷不良率只有 0.43%。当然这只是在

（接下页）

揭贷款专业人员服务范围的扩大和我们始终致力于为购房者提供合适的贷款产品所做出的不懈努力。

企业银行项目

随着公司的发展，管理层会不断增强为我们的企业客户提供服务的针对性。在过去的几年里，我们增设了一个国际业务部门，并在2011年通过增设债务资本市场服务部和租赁集团，以及升级我们的财资管理产品，扩大了企业银行服务。当安快银行致力于跻身我们服务的每一个市场银行前三甲之列时，这些工作都是必不可少的。安快银行有能力和我们的企业客户一起成长，为他们提供全套的商业银行服务。

（接上页）

相对正常的情况下。2008年美国房地产市场崩盘引发次贷危机，很多银行的房贷不良率达到10%以上。然而后来的事实证明，即便发生了如此极端的情况，最终那些没有放宽信贷条件（比如大规模发放可调整利率贷款和零首付按揭）的银行（像摩根大通、富国银行、安快银行等），其按揭业务风险相对可控，损失并不惨重。第二，房贷的获客效应和交叉销售效应显著。比如，享有全球银行业中的"交叉销售之王"美誉的富国银行就把房贷作为其四大核心产品之一，这是因为，房贷需求量大，客户覆盖面广，"钱包份额"大，客户的黏性强，与客户的账户关系长。杰米·戴蒙则认为："对于我们大多数客户来说，买房可能是其一生中最大的一笔投资。更重要的是，这是一次包含个人情感的交易，他们通过这笔交易，开始成家立业、度其一生。因此，提供按揭贷款——帮助我们的客户拥有和住在他们的房子里，这是我们与客户间最重要的情感联系之一，这也是一个有潜力加深我们与客户间关系的产品。"第三，房贷是最好的证券化基础资产来源。因为量大，且有稳定的现金流。房贷是最传统、最广泛、操作性最强的证券化资产来源，这也说明了以房贷为标的的次贷危机为什么影响会这么大。第四，房贷的收益并不低。尽管房贷的名义利率并不高，但在"低资本消耗＋分期还本付息"的特性下，房贷带给银行的收益并不低。第五，房贷属于标准化的信贷产品，能够以批发的方式做个贷，是迅速做大信贷规模的最有效工具之一，也是有效调控信贷规模的最便捷手段之一。

综上分析，就不难理解为什么银行这么青睐房贷产品了。

社区银行

在过去的一年里，我们新开了 9 家商店，这是安快银行创业以来开设机构最多的一年。我们的 194 家银行商店目前已遍及美国的 4 个州，并为我们的 26 家商业银行中心提供支持，共同支撑我们在业务辐射范围内持续聚焦有机增长。我们在 2011 年的策略是扩大在俄勒冈州波特兰和华盛顿州普吉特海湾区域的网点布局，现在这些设施都开放了，我们将关注点转向旧金山湾区市场。我们计划到 2012 年年底前，在旧金山开设首家安快银行旗舰店。

受益于低利率环境，安快银行的存款利息成本从 2010 年的 1.08% 降至 0.74%，降幅达到 34 个基点。在这期间，我们也从存款结构的积极变化中受益，不含利息存款占存款总额的比例从 17% 上升到 21%。存款总额同比下降 2%，下降部分完全由对利率敏感的定期存款构成。①

安快银行继续采用关系银行战略，这一战略行之有年，被证明是非常有效的。受益于我们的品牌实力、美誉度和独特的文化魅力感召，安快银行成为所在市场上企业和个人客户的首选银行，我们完全能够在价格之外进行有效的竞争。

文化和价值

多年来，我们一直向你报告"安快文化"的力量，今年也不例外。公司董事会和管理层都致力于继续打造一家有特质的社区银

---

① 安快银行主动优化负债结构，这种优化是以"壮士断腕"式地放弃了部分存款为代价的，这也体现了后文中提到的"完全能够在价格之外进行有效的竞争"。

行——一个结合小型社区银行的服务和融入社区优势与大型银行丰富完善的产品和金融服务专长的银行。我们认为这在整个金融行业中都是具有开创性的，因为对许多机构来说，业务发展、规模壮大往往是以固有文化的流失为代价的。

我们不会让官僚主义和程序主义控制你的公司。让我们欣慰的是，安快银行的文化越来越强大，不仅如此，今天我们比历史上任何时候都充满活力，"小伙伴"们的卓越才干和使命感不断得到展现。2011 年，安快银行在金融圈久负盛名的特质文化得到传承，包括：

- 安快银行连续七年被《波特兰商业》杂志评为"俄勒冈州最受尊敬的金融服务公司"。
- 连续六年被《财富》杂志评为"美国 100 家最佳企业雇主"之一。
- 在 J.D. Power and Associates[①] 的 2011 年零售银行满意度调查中，安快银行在美国西北地区银行业中客户满意度排名最高。

我们特别自豪的另一个领域是安快银行的"连接志愿者网络"项目。这个项目为我们的员工提供每年超过 40 个小时的带薪休假，使其为他们选择的关爱少年儿童组织、学校或社区发展计划提供志愿者服务。坚守社区银行的定位意味着始终支持和回馈我们服务的社区。

---

① J.D. Power and Associates 是一家全球性的市场资讯公司，建立于 1968 年，主要就顾客满意度、产品质量和消费者行为等方面进行独立调研。业务包括行业范围的联合调研、定制（授权）跟踪调研、媒体调研、预测服务、培训服务，以及在用户满意度和质量方面的商业运行分析和咨询。

2011 年安快银行在回馈社区方面达到了新的行业标准，员工参与达到了 90% 以上，合计提供了 44 946 小时的志愿者服务。我们的"连接志愿者网络"项目为非营利组织带来了极大的支持，也感染和惠及了我们每一名参与的员工。

客户与创新

随着技术的不断进步，新的工具和资源不断涌现，对于客户来说，银行环境也必须不断改善。安快银行在增加创新产品吸引新客户的同时，继续满足现有客户的需求。我们的目标是向我们所有的个人客户和企业客户提供基于所有渠道的一致性服务体验，这种体验超出客户的期望。我们承诺继续投资于新技术，包括面向客户的项目计划，通过多种渠道交付产品和提供服务（如手机银行新应用），扩展和增强 ATM 功能，提升基于网站的服务等。在渠道创新中，我们的商店将继续发挥关键作用，提升我们的店内体验。我们期待着在接下来的几年里，在这方面加快我们的创新行动。

新常态

进入 2012 年，金融业将继续面临挑战，在金融领域定义"新常态"（the new normal）① 的过程中，它遭遇了强劲的逆风。大型金融机构将不得不应对全球金融问题和资本约束，同时，社区银行为保持业

---

① 令人惊奇的是，美国也在这一时间出现了"新常态"的表述，美国金融业在"新常态"下，大型金融机构面对全球金融问题和资本约束，社区银行需要重塑战略，规模和灵活性的重要意义凸显将导致行业走向整合。这些情况与中国银行业的发展趋势高度一致，反映了"新常态"似乎成为银行发展的国际共识。

务持续增长，将需要重塑战略。当前，金融世界发生了重大变化，规模和灵活性比以往任何时候都更重要。我们相信，随着我们一些同行认识到为股东创造价值越来越困难，这种新的金融环境将导致行业整合。

安快银行很好地利用了这些可能出现的机会。公司拥有近 120 亿美元的资产，通过利用我们的声誉为客户提供更好的服务和卓越的客户体验，我们具备在这种环境下有效竞争的能力和实力，并开创更美好的未来。

您的董事会

多年来，我们经常评论，安快银行持续成功的一个主要原因是有董事会的坚强领导和吸引顶尖人才的能力。他们杰出的领导能力，将继续带领安快银行进一步成长和成功。

在此，谨代表安快银行的所有员工和董事会，感谢各位股东的支持和鼓励！

这是我们现任董事会主席安林·福特的最后一封年度信，他在光荣"服役"40 年后从董事会退休。我们会非常想念他的，感谢他明智的建议和领导。我们需要用更多的新人才来为我们的董事会更新血液。2012 年，我们欢迎佩吉·福勒担任我们的董事会主席。

总裁兼 CEO　雷·戴维斯

董事会主席　安林·福特

2012 年：积极寻找扩张机会

> 我们致力于打造一家
> 集小银行的服务和融入社区特色、大银行的丰富产品
> 和金融专业知识之长于一身的金融机构。

致我们的股东：

我很高兴地报告，尽管过去一年美国的经济仍然疲软，但您的公司表现良好。2012 年，安快银行净利润达到 1.01 亿美元，较 2011 年的 7 400 万美元增长了 37%。

我们的成绩包括令人羡慕的资产负债表、收入的强劲增长和 42% 的普通股现金分红。这些成绩的取得，缘于过去几年我们始终坚定不移地苦练内功，强化内部管理，缘于经济复苏效应的逐步体现，更缘于我们 2 400 名员工的坚定承诺和不懈付出，他们始终拥抱和提升我们的公司文化。

尽管 2012 年我们取得了不错的经营业绩，但我们的股价没有实

现增长，市值没有得到体现，因此，管理层和董事会都对您——我们的股东——感到遗憾和满含歉意。① 然而，不管是高管层还是董事会，都对安快银行的未来充满信心，也有足够的动力和定力去坚持我们的行动计划，为股东提升即期和长远的股权回报。

以下是过去一年，我们为提升公司业绩所推出的主要举措。

资本

维持强劲的资本水平是银行抓住战略机遇推动未来发展、实现长期成功的一个非常重要的组成部分。安快银行的资本非常充足，我们的股东权益总额达到 17 亿美元，全部是普通股。我们的有形普通股权益相比有形资产比率为 9.35%，较 2011 年的 9.14% 继续提升。2012 年，安快银行的资本充足率达到 16.52%，大大超过监管优质水平。

---

① 建设银行首席经济学家黄志凌认为：资产规模、盈利能力、资产质量等评价指标只能反映银行某一方面的能力，不能全面反映银行的综合实力和竞争力。市盈率等市值指标是一种长期趋势性判断，隐含了不同银行在盈利能力、产品定价、风险管控及公司治理等可持续核心竞争能力方面的差异，代表着市场对一家银行商业模式的综合认知。简言之，市场价值是"好银行"的试金石。更直观地，投资者关心股价，自然，上市银行高管也就特别关心这一指标。然而股价常常会在一段时期里滞后，或者偏离银行的真实业绩，在这种情况下，上市银行董事长、CEO、董秘等相关高管不仅会觉得"没面子"，也常常会感到特别大的压力。2011 年，摩根大通净利润再次刷新纪录，主要业务全部跻身行业前三甲，年末美股收盘价却只有 33.25 美元，甚至低于五年前的水平。不仅如此，2011 年摩根大通的股价增长落后于标准普尔 500 指数 22 个百分点，跑输银行指数 41 个百分点。面对这样一种情况，一向淡定的杰米·戴蒙感到压力很大。在 2012 年的致股东信中，他拿出了很长的篇幅专门交流他对摩根大通股价低迷的认识和后市预测，后来的事实完全证明了他的分析和预判。此后，摩根大通逐步走出股价低谷，市值不断攀升，直至成为当前全球市值最高的银行和金融机构。摩根大通尚且如此，像安快银行这样的中小银行就更加忧谗畏讥。在此，戴维斯和新任董事会主席福勒"感到遗憾和满含歉意"。

我们理解，拥有这么高的资本充足率也有弊端。也就是说，在资本合理利用以前，资本过剩会对股东的投资回报带来压力。高管层会积极做出部署，在合适的时机通过支付更高股息或者股票回购的方式，将过多的资本返还给股东，在这个方面，我们的管理层拥有丰富的经验。

信贷质量

通过坚守信贷纪律和努力付出，我们的信贷团队再一次展示了令人难以置信的能力，他们的工作成效是有目共睹的——信贷指标持续稳步改善。2012 年年底，安快银行总资产的不良贷款率为 0.75%，处于五年来的最低水平，同时在美国西北部银行业中显著领先。

信贷质量的改善对股东回报的提升贡献良多，它直接带来风险处置成本的降低和收益的提高。2012 年，我们已经看到了这个过程的积极迹象，当年我们的风险处置成本是 2 100 万美元，较 2011 年的 2 400 万美元下降了约 13%，我们希望这个趋势延续下去。

战略扩张

因为安快银行强大的资本实力，管理层得以关注我们的总体发展战略，积极寻找扩张机会，以提升我们的股东回报和扩大机构覆盖范围，不管是新设机构还是并购其他银行分支。2012 年，我们延续了在旧金山湾区的机构扩张，包括：

• 并购加利福尼亚州循环银行（California-based Circle Bank），增加了六个新的网点。

- 在圣何塞和旧金山两地的新旗舰店发布公告，将在 2013 年上半年开业。

我们还增加和扩展了关键部门，包括：

- 在加利福尼亚州中部海岸开立了一个新的农业和商业银行中心。
- 扩大商业地产部门。
- 在俄勒冈州、华盛顿州和加利福尼亚州扩大家庭信贷部门，成立了四个新的家庭贷款中心。

这些增长允许我们利用安快银行的声誉和规模，加强在现有市场的影响力，增强我们为消费者和企业服务的能力。

贷款增长

安快银行的资本实力也意味着我们能够进一步增强放贷能力，积极向我们所服务市场内的企业和消费者增加贷款。2012 年，我们的贷款总量超过 38 亿美元，较 2011 年增长了 58%。体现在贷存比上，从 2010 年的 68% 增长到 2012 年的 76%。2012 年，我们的贷款增长了 7.93 亿美元，即较 2011 年增长了 13%。

安快银行的商业贷款仍然是贷款增长的重要来源。2012 年商业贷款总量达到 16 亿美元，较 2011 年增长了 14%，这得益于我们商业信贷团队的不懈努力，以及我们在战略市场上针对商业银行团队建设的增加投资。

多年前，管理层认识到，长期的低利率环境将给我们提供家庭信贷业务的发展机会[①]，我们开始加强团队建设以满足客户需求。2012年，我们的家庭信贷部门实现了 8 420 万美元的收入，发放了 2 亿美元的贷款，双双刷新纪录。我们将继续扩大这个部门，借助安快银行的品牌和声誉，我们将具备独特的竞争优势。

在这种低利率环境下，我们也注重为客户提供更加多样化的产品和服务方式，以推动我们收入来源的多样化。我们的资本市场团队在不到两年的时间里产生了超过 1 200 万美元的收入。我们也在扩张我们的财富管理部门，主要聚焦于有吸引力的普吉特海湾区域和旧金山市场。

社区银行

我们继续将重点放在机构覆盖区域的业务有机增长上，同时，安快银行的 200 多家网点巩固了我们在商业银行和房屋贷款中心方面的优势地位。目前，安快银行的机构遍及四个州，且在不断地扩张之中。在经营规模上，我们已经成为一家区域性银行，但我们仍然坚持按照社区银行的模式进行运作。

身处低利率的环境之中，我们继续精心管理我们的存款组合，强调增加我们的低成本乃至不计息存款。这些产品是衡量我们客户关系的重要标准，也是利用我们的商店概念和客户体验的策略。我们的不计息存款占比从 2011 年的 21% 进一步提升至 2012 年的 24%。[②] 我们还成功地向客户推广了一个新的支票产品包，这个产品包能够更贴切

---

① 每一种经营环境和经济周期都是利弊相生的，对于立足于永续经营的银行而言，趋利避害是经营必需。

② 从 2010 年的 18%，提升至 2011 年的 21%，再到 2012 年的 24%，在低利率市场环境下，安快银行执着地降低负债成本。

地反映客户的银行偏好。

　　受益于我们的品牌魅力、我们的信誉和我们的独一无二的文化，我们成功地使安快银行成为企业和个人客户的首选。当前，我们正面临在新的和现有的市场提高市场份额的良好机遇。

文化和价值观

　　我们在 20 年前就开始着力打造我们的文化和建立我们的价值观，20 年来我们不断取得进步。我们致力于打造一家集小银行的服务和融入社区特色、大银行的丰富产品和金融专业知识之长[①]于一身的金融机构。这使我们与众不同、卓然而立，在市场上建立起强大的竞争优势。

　　我们的文化是我们成功商业模式至关重要的一部分，我们视之为最有价值的资产。

　　我们高兴地报告，历经岁月洗礼，安快银行的文化仍然强大且活力无限，我们获得的以下全国性和地区性荣誉充分证明了这一点：

- 连续七年获评《财富》杂志"美国 100 家最佳企业雇主"之一。
- 连续八年获评《波特兰商业》杂志"俄勒冈州最受尊敬的金融服务公司"。
- 获评《福布斯》杂志"美国最大的 100 家银行中俄勒冈州最佳银行"和"美国最佳银行"第 28 位。

---

　　① 可参照富国银行的"社区银行"定位："我们必须比本地的小型银行提供更好的产品、更多的渠道、更先进的技术和更丰富的产品线"，同时，"同其他全国性银行相比，我们在社区的产品与服务更贴近客户、更符合客户的需求。我们不仅要让员工与客户成为社区中的伙伴，也要能向客户提供专业的、个性化的、即时的服务"。

- 在俄勒冈州"最佳工作场所"排名中位列大公司组第 5 位。
- 入围《普吉特海湾商业》杂志"华盛顿州最佳工作场所"评选。
- 获评《萨克拉门托商业》杂志"企业捐赠前 10 强"。

我们也相信，坚守社区银行的定位意味着我们要以有意义的方式支持和回馈我们所服务的社区。安快银行的"连接志愿者网络"项目为每名员工每年提供 40 个小时的带薪假期，他们可以用来加入他们自主选择的年轻志愿者组织、学校或社区发展项目。

该项目的机制化让我们的员工在他们最看重的方面获益良多。2012 年，安快银行的员工在企业志愿服务方面刷新了行业标准，累计向 1 757 家社区非营利组织提供了超过 46 000 小时的志愿者服务。

该项目对于非营利组织和我们服务的社区而言都是一个重要的资源。它也时刻提醒我们的每一名员工：积极参与社区事务是我们作为一家社区银行的义务。

我们的客户和创新

安快银行一直是一家以客户为中心的银行，专注于为我们的客户提供非凡的体验。

这是我们的基因的重要组成部分，它渗入我们的文化灵魂，激励着我们每个人追求卓越。在数字时代，社交媒体和技术变革方兴未艾的今天，它比以往任何时候都更重要。

随着技术不断为消费者创造新的工具和提供新的资源，银行也必须与时俱进。我们积极投资新技术，在所有的交付渠道整合我们的产品和服务，包括新的 App，以及提升 ATM 效能和增强数字服务。

我们在新渠道的创新成果将提升和改善网点服务体验，同时我们继续加强网点转型升级。我们位于旧金山的新旗舰店将成为新概念商店，结合数字和移动技术的新方法来提供超过客户期望的体验。我们期待未来几年加速我们在这个领域的行动，继续挑战我们的思维定式——银行可以而且应该如何运作。[①]

新常态

金融业正面临着监管成本高企和更具挑战性的利率环境，并且面临其财务业绩的"新常态"的再定位。现实中，规模和利用规模经济的能力比以往任何时候都重要。我们预计这个环境将导致更多的行业整合，金融机构的董事会承认增加股东回报将更具挑战性，在某些情况下，甚至是根本不可能的。

安快银行将抓住机遇。我们的资产规模已经达到近 120 亿美元，我们相信，我们的规模、财务实力和声誉使我们成为规模较小的银行寻找一个"安全港"的有吸引力的替代方案。[②]

---

① 1994 年，戴维斯在接受安快银行 CEO 就职面试时，向董事会派出的面试官表示：如果你们希望一切照旧，那么我并不是理想的 CEO 人选。可见他是带着颠覆、变革和重塑的理念投身安快银行的。他曾经面对安快银行的客户和投资者自问自答："我们成为你的咖啡厅如何？为什么不？我们播放能让你翩然起舞的音乐如何？为什么不？"当然，一些媒体只看到和只渲染安快银行颠覆的一面，没有看到安快银行坚守本源的一面。戴维斯同时说："有一点需要注意：我们自称从事零售业务，并不意味着我们不需要成为一家非常优秀的银行，而是意味着我们需要同时成为一家非常优秀的银行和非常优秀的零售商。"

② 在这封信中，安快银行进一步分享了其对金融"新常态"的认识，这一认识与当前我国中小银行所处的发展阶段和经营环境非常相似。安快银行预判"这个环境将导致更多的行业整合"，要"抓住机遇"，就要使安快银行成为规模较小银行寻找一个"安全港"的有吸引力的替代方案。这个论断对有志于做强做大的中小银行应该不无启发。

您的董事会

多年来，董事会的革新意识和我们吸引顶尖人才的能力一直是安快银行持续增长的动力之源、基石所在。

2012 年也不例外，新董事的加入和领导力的发挥是安快银行卓然挺立、持续成功的关键。

过去的 60 年，安快银行取得了令人瞩目的成绩。我们很高兴地报告，尽管存在着各种挑战，您的公司依然前程无量。我们代表安快银行的员工和我们的董事会，感谢您一以贯之的信任和支持。

总裁兼 CEO　雷·戴维斯

董事会主席　佩吉·Y. 福勒

2013 年：业绩源自我们的文化

我们正在建立一个
引人注目的直观的数字平台，
它将扩大安快银行的竞争优势。

致我们的股东：

2013 年是安快银行具有里程碑意义的一年。我们庆祝了安快银行成立 60 周年——以及在过去的几年中所做的投资和行动获得了丰硕的成果。尽管经济环境持续地不确定，政府有关部门和众多的监管政策仍在变化，但安快银行表现良好，实现了 67% 的强劲股东总回报（相比之下，KBW 区域银行指数回报为 46%）。

这一业绩充分地展示了我们战略文化价值的力量。我们的目标是打造一家集大型银行的产品和服务优势与社区银行积极融入社区和提供优质客户体验之长于一身的、美国最具创新力的零售商。这一定位为安快银行创造了强大的竞争优势，为我们的股东、合作伙伴、客户和社区创造了价值。

　　安快银行战略的成功依赖于无形的因素——我们与其他银行的不同之处，包括安快银行的标志性文化、我们高美誉度的品牌，以及吸引顶尖人才的能力。它还取决于我们始终致力于为客户提供独一无二的体验，安快银行的服务体验是得到公认的。因此，我们将继续积极投资我们的文化和品牌建设，以及我们的旗舰店体验的发展。我们正在建立一个引人注目的直观的数字平台，它将扩大安快银行的竞争优势。

　　下面我们将分享去年取得的主要成果和采取的重要举措，这些举措对我们的成功至关重要。一如既往，公司的业绩取得了令人难以置信的结果。没有 2 400 多名员工的辛勤工作和他们对安快银行的倾心付出，没有我们的文化，这一成功是不可能的。

全年回顾

　　安快银行 2013 年的财务业绩受到许多因素的影响，包括商业、产业和其他经济因素。公司的总收入由于合并费用的增加而略有下降，但全年营业利润（税前）为 1.06 亿美元，较 2012 年有所增加。以下是影响安快银行业绩的主要因素。

并购活动

　　在去年的信中我们提到了我们的打算：寻求新的途径使收入来源多样化，同时积极发现和把握潜在的并购机会。我们很高兴地报告，2013 年我们做到了这一点。4 月，我们宣告并购太平洋金融租赁公司（Financial Pacific Leasing），这是一家全国性的设备租赁和小企业贷款机构，总部设在华盛顿联邦路。这次并购推动了安快银行收入来源的多样化，并使我们能够在全国范围内开拓新的市场机会。

9月，我们宣布了即将并购标准金融公司（Sterling Financial Corporation），这是一家总部设在华盛顿州斯波坎、资产规模达到100亿美元的金融机构，这笔交易也是2013年美国最大的金融并购事件之一。我们希望在2014年第二季度完成整合，这将把安快银行置于一个更高的发展平台，它将拥有220亿美元资产，拥有更多资源、银行网点和更高的收益；它也将进一步展示，一家真正的社区银行是不受规模限制的。

当我们宣布这个交易时，我们公开分享了并购完成后的预期经济收益。其中包括：扩大安快银行的网点覆盖至约180家新店，实现费用协同效应超过8 500万美元，一旦整合完成，每股收益将增长12%。

这次合并需要得到所有监管机构和两家公司股东的批准。我们高兴地报告，在2014年2月25日的特别会议上，安快银行的股东以绝对多数批准了这一合并。此外，成功整合所需要的所有活动都在按计划进行，包括组织机构整合、品牌改造、数据系统转换、员工培训、产品梳理和客户沟通等。

信贷增长

我们的贷款团队加上太平洋金融租赁公司的专业知识，在2013年带来了10%的新贷款增长。这些结果证明了我们的贷款专业人员的实力和价值主张，尤其是在当下的经济和利率环境下。在商业方面，我们的新增贷款超过14亿美元，无担保贷款和租赁业务使我们的未偿还贷款余额增加了4.22亿美元。

尽管再融资申请的下滑影响了全国所有抵押贷方，安快银行住宅贷款仍差强人意。该年度的住宅贷款总收入为 7 890 万美元，而 2012 年为 8 420 万美元。该年度的住宅贷款总收入为 19 亿美元，低于 2012 年的 22 亿美元。

我们的信贷管理专业人员一直在改善公司的信贷质量指标，该指标目前处于衰退前的水平。公司的贷款组合非常强劲，未覆盖的不良资产总额降至仅占总资产的 0.49%。这一成就是我们信贷团队的辛勤工作和纪律严明的结果。

仅仅半年时间，公司对太平洋金融租赁公司的并购就已经取得可喜的成果。此次并购为我们的贷款拓展能力和收入多元化做出了重大贡献：每股营业收益增加了 0.10 美元，增幅超过了 50 个基点。太平洋金融租赁公司是全国公认的设备租赁行业的领导者，其团队的素质增强了安快银行的声誉。除了产生可靠的财务数字外，太平洋金融租赁公司的员工还迅速地融入了安快银行的文化。

资本管理

资本管理是管理金融机构的一个重要方面。在过去的几个季度里，您的管理团队已清楚地表明，在监管机构眼中，一家银行保持资本充足是强制性的。由于进行了谨慎的监控和管理，安快银行一直是一家资本充足的公司，管理层和董事会将继续努力研究如何及在何处配置过剩的资本。截至目前，我们的策略是成功的，如我们对太平洋金融租赁公司的并购、我们即将与标准金融公司的合并，以及向普通股股东派发的现金股息相比 2012 年增加了 76%。即使采取了这些行动，我们也可以充满信心地说，安快银行的资本状况仍然非常强劲，并且符合所有监管要求。

监管

在监管方面，我们支持经过深思熟虑的法规，这些法规可以帮助银行以诚信和完全透明的方式行事，并切实帮助到消费者。我们认识到，新的监管要求带来的额外负担和成本很清晰简单。

所有金融机构的"新常态"，以及如今的监管环境，已成为银行业基础的一部分。换言之，聪明的机构会接受这种新环境，并构建起必要的系统，以便在遵守所有规章制度方面出类拔萃。安快银行的管理团队和董事会已经采取了强有力的立场，明确表明了我们承诺在现在和未来与所有监管机构保持良好的关系。

扩张

在过去的一年里，随着通过新产品和服务开拓新的市场，安快银行一如既往地继续提高我们的客户体验。8月，我们在旧金山开设了一家旗舰店，它刚刚被评为零售设计学院的"年度最佳商店"——这是金融机构首次获得该奖项。这家商店是安快银行独特的零售银行商店概念的最新发展，它将新技术与服务选项相结合，创建出一种独一无二的客户银行体验。我们期待着在 2014 年利用我们的旧金山旗舰店，在西海岸最重要的城市之一增设社区商店，进一步提升安快银行的品牌力量。

过去一年，我们还将财富管理服务扩展到普吉特海湾区域（西雅图）和旧金山市场。我们的声誉使我们能够吸引顶尖人才，而这两个地区的团队已经建立了强大的立足点，并具有显著的增长潜力。

文化

如果没有对公司文化实力的评价，这将不是一份安快银行的年度报告。

我们非常自豪地向您报告，安快银行的文化比以往任何时候都更加强大和充满活力。安快银行的文化是独特的，它建立在赋予我们每位员工力量的基础上，并且维持它不是一份兼职工作，需要大量的关注、沟通、领导力和自律，当然，有时甚至需要一份严厉的爱。我们对建立任何规模的社区银行的努力遭到了其他人的质疑，原因很简单，这在我们的行业中是前所未有的。

这是一个我们欣然接受的挑战，我们正在努力实现它。由于我们的文化，相对于竞争对手而言，安快银行今天提供的产品和服务是比较"大"的，但我们并没有因为"大"而引起官僚主义。这一点不能也不会改变。

不管别人怎么说，保留社区银行的身份是有意义的。是不是一家社区银行与规模大小无关，与您选择如何经营您的公司有关。在安快银行，我们始终专注于以诚信和本地参与为客户和社区提供服务。我们的管理团队专注于这个目标——公司的 2 400 名员工也是如此，我们很高兴与大家分享过去一年的一些亮点，这些亮点强化了我们的承诺，我们的文化依然强大和充满活力：

• 零售设计学院将旧金山旗舰店评为"年度最佳商店"。
• 在俄勒冈州"最佳工作场所"大公司组排名中位列第三。
• 在《福布斯》杂志的"美国最佳银行"排名从第 28 位升至第 19 位。

- 在《萨克拉门托商业》杂志的"最佳工作场所"排名中位列第四。
- 被《普吉特海湾商业》杂志评为"华盛顿州最佳工作场所"之一。
- 被《美国银行家》杂志评为在资产超过 10 亿美元的银行里排名第三的银行。
- 被内华达州北部人力资源协会评为"最佳工作场所"之一。
- 连续八年被《财富》杂志评为"美国 100 家最佳企业雇主"之一。
- 连续九年被《波特兰商业》杂志评为"俄勒冈州最受尊敬的金融服务公司"。
- 员工志愿服务了 43 345 小时,参与到整个地区 1 500 多个非营利组织的 82% 之中。

美好的起点

这是我第 20 年有幸以安快银行 CEO 的身份在我的年度股东信中向你们致辞。回想我刚加入时,安快银行是一家小型的当地社区银行,资产只有 1.50 亿美元,在南俄勒冈州只有几家分行。它也有可能变得卓尔不群、富有特色。

自那时以来,我们一直专注于发挥这种潜力,创造西海岸最有活力的和重要的金融机构之一,以及我们国家的伟大公司之一。尽管在过去的 20 年里,我们有许多重要的里程碑,但 2014 年将是安快银行历史上最重要的一年。

我们即将与标准金融公司进行的整合代表了安快银行的转型时刻。我们期待着为我们的客户和社区带来新的资源、影响和规模,并展示成为任何规模的社区银行意味着什么。

　　我们代表安快银行的管理团队和董事会，感谢我们过去和现在的所有员工对安快银行的不可思议的承诺。我们已经走了很长一段路，但是我们的愿景将激励我们走得更远。我们有动力并受到鼓舞，欢迎变革，拥抱新的监管规则，寻求新的机会，并努力为股东带来可观的回报。

　　展望未来，安快银行的前景从未如此光明。感谢您一直以来对安快银行的投资和信心。希望您继续喜欢我们。

总裁兼 CEO　雷·戴维斯

董事会主席　佩吉·Y. 福勒

| 2014 年：技术创新形成特色 |

我们愿意拥抱变革甚至寻求改变，
我们展示了什么是不同经营规模下
真正的社区银行，
从而为未来铺平了道路。

致我们的股东：

2014 年将被证明是安快银行的一个转型之年，也是我们公司在历史上发展最为强劲的一年。在夯实基础和发展蓄势上，安快银行均收获颇多。

2014 年，通过对我们客户和市场基础的巩固与扩张，安快银行存、贷款业务都实现了强劲的增长。与此同时，安快银行始终保持了优秀的信贷质量、资本充足和流动性水平，从而推动我们的盈利水平再创新高，体现为公司财务素质的各个指标都表现卓越。

除了以上成绩，2014 年安快银行最重要的成就是，即将完成对总部设在华盛顿州的标准金融公司的并购。这笔安快银行发展史上的最大并购业务，使我们成为美国西海岸最大的社区银行。两家公司的合并使我们初步达成了社区银行无边界 ① （地理区域）的目标，这在美国历史上还是第一次。

现在，作为一个拥有 220 亿美元资产的金融机构，在坚守社区银行定位的同时，安快银行能够像那些区域性银行和全国性银行一样，拥有了向我们的客户提供产品和服务的一定的规模。我们向安快银行的股东、客户和员工郑重承诺，我们将继续致力于防止和杜绝大机构中的官僚主义和形式主义 ②，绝不削弱我们标志性的公司文化。我们相信，通过忠于我们的基本信念，坚持运营的透明度和广泛参与社区事务，我们完全可以做到这一点。此外，通过安快银行在具有独特性和差异化客户体验方面的卓越声誉，我们能够更好地实现这一目标。我们坚信安快银行的明天会更好——这不再是一个简单的梦想，而是一天天变为现实。

在安快银行成长的过程中，我们将始终聚焦于我们的企业文化建设，确保安快银行的文化始终强大。让我们面对现实吧：为增长而增长只会起到反作用。我们相信它，我们必须坚定地承诺始终坚持推动和加强我们的文化和品牌建设。因此，我们将继续投资我们的文化建设——我们视我们的文化为最有价值的资产，通过采用创新技术来逐步形成和不断提升我们的客户体验特色，从而推动安快银行奠定强大的市场地位，并为我们的股东、员工、客户和社区创造与传

---

① "社区银行无边界"，说的是经营规模和地域范围不是社区银行的评判标准。

② 在资产规模迈上新台阶之后，安快银行特别强调的是防范官僚主义和形式主义。可见，官僚主义和形式主义是影响银行经营效率和客户体验的一大制约。

递价值。

像往常一样，我们将致力于通过加强管理为安快银行股东创造长期价值。2014 年，安快银行与标准金融公司的合并持续证明了我们增长战略的力量。存、贷款业务的有机增长，加上对标准金融公司的并购因素，推动了安快银行营业利润大幅攀升，我们的年度每股创利达到 1.08 美元，较 2013 年增加了 15%。

我们认为安快银行的成功基于我们一以贯之、高度自律地坚持一切从企业的长远利益出发。2014 年，我们的信贷敞口和存款分别实现了 4% 和 6% 的有机增长，再一次证明了这一点。此外，2014 年，安快银行的核心存款增长到 148 亿美元，净息差扩大到 4.73%①，整体营业利润增长至 2.02 亿美元，其中 91% 的增长源于对标准金融公司的并购。

现在，美国的"经济大萧条"已经终结，安快银行的信贷质量指标不再需要接受外部苛刻标准的审查。尽管安快银行整体的贷款质量很好，我们仍致力于不断减少不良资产总额。通过我们信贷专业人员的努力和整体经济的改善，我们高兴地报告，截至 2014 年年底，安快银行不良资产率下降为 0.42%。这个比例接近于"经济大萧条"前的水平，远远低于银行同业 0.98% 的平均水平，充分显示了我们信用文化的实力。

2014 年，我们的每股收益再创新高，平均资产回报率和平均有形普通股权益报酬率持续提升。

尽管安快银行的整体财务表现非常优秀，但我们注意到，安快银行的股票价格并没有保持同步。市场似乎仍在等待安快银行全面完成

———
① 净息差达到 4.73%，体现了安快银行"超越价格的竞争"策略取得了良好效果。

自 2014 年 4 月以来启动的对标准金融公司的并购，等待协同效应的完全体现。我们乐观地认为，一旦金融协同效应得到体现，且我们的业务继续稳步增长，投资者应该会做出积极反应，安快银行的股东总回报将得到改善。一个积极的信号是，现在安快银行的季度股息收益率超过 3.50%[①]，是美国同业中的最高水平之一。

相比 2013 年的 7 890 万美元，2014 年安快银行的家庭信贷部门实现了抵押贷款业务营收为 7 730 万美元。相比 2013 年的 19 亿美元，2014 年的住房贷款总额为 31 亿美元，如果当前的利率水平继续保持低位，我们将受益于更高的抵押再融资需求，对于我们的家庭信贷部门来说，2015 年将会是又一个丰收年。

并购标准金融公司的最新进展

针对每一个潜在的并购机会，我们考虑两个关键问题。首先，是否存在重大的战略意义？其次，我们的股东是否认为并购将提升我们的财务业绩？[②] 对标准金融公司的并购显然符合这两个要求。

战略意义是显而易见的。通过并购，我们有足够的规模和资源推动我们的管理水平和效率再上新台阶。同时，我们共同的文化和价值观也允许我们作为一家社区银行进行超越价格的竞争，从而实现这些目标，而不必牺牲安快银行的文化或价值主张。

我们的财务指标也表现卓越，预计年度交易成本将节约 8 700 万美元，从而带来 12% 的每股收益增值。

虽然并购尚未完成，但 2014 年我们在两家公司的文化、运营、

---

① 折合为年度股息率 15%，确实比较耀眼。
② 安快银行实施并购的两大目标，具有参考价值。

财务的融合上取得了重要的进展。同时，我们关注的重点是通过明智的投资达到实现效率提升所需要的规模效应，为未来发展增添动力。

从安快银行最初宣布并购开始，我们就实施了一个"优中选优"的并购策略，以确保我们的每一个决定——不论是系统还是商店、产品和人员等关键因素——将大大推动公司发展并强化安快银行的价值主张。这些进展意味着 2015 年看到合并完成后的安快银行将更有实力和更有效率。例如，在技术系统升级方面，我们的目标不仅仅是把两家公司的信息系统整合到一个系统平台上，还包括利用安快银行的品牌和战略来创造一个增强客户体验的机会，从而继续保持和发扬我们的特色品牌。2014 年年末，我们对 27 家商店进行了升级改造，使我们的物理网点设计更加科学合理，更能适应不断变化的客户偏好。安快银行也将对所有并购的网点关闭数周，进行标牌更换和升级改造，使我们在品牌文化上的融合更加平顺。同时，我们将对所有新员工提供文化培训，帮助他们更快地融入安快银行。

资本管理

谨慎的资本管理优先确保了安快银行始终是一家资本充足的金融机构。受益于董事会和管理层的精心管理，安快银行的资本状况是非常优良的，给我们对未来公司增长及为我们的股东进行科学的战略部署提供了充足的资本支撑。

按照《多德－弗兰克华尔街改革和消费者保护法案》要求实施的压力测试（DFAST）将于 2015 年生效，这使得严格的资本管理更加具有特别重要的意义。安快银行正在有条不紊地推进 DFAST 达标项目，一旦项目完成，安快银行的资本实力将得到充分展示。与此同时，《巴塞尔协议Ⅲ》也将于 2015 年 3 月实施，这将为我们的资本和流动性管理提出更加明确的监管要求。像往常一样，我们将继续保持我们坚实的资产负债表 [①] 和精心地做好资本分配。

监管环境

所有银行都面临着新的监管要求带来的业务成本增加。合规成本的规模影响巨大，在这个问题上，现在比以往任何时候都更为重要。安快银行始终拥护那些帮助金融机构在运营上保持一致性和透明度的、经过深思熟虑的监管规定。像往常一样，我们致力于在所有监管机构面前都做到遵章守纪。

安快银行的规模和持续增长帮助我们成功地适应新的监管环境。我们能够吸引优秀的专业人士，也能获得良好系统保障来实现规章制度实时更新。在这个问题上，我们将继续维持明确坚定的"高层态度"，以确保我们的人员可以成功地监控任何需要不断改进的方面、我们所处的状况和所取得的进展。

创新 + 客户体验

多年来，安快银行被公认为在客户体验和揽存策略上独树一帜，再加上我们充满活力的企业文化，使得安快银行在市场上特色鲜明。然而，消费者和商业银行客户的行为不是一成不变的，它随着新技术

---

① 美国的银行家特别重视并不断强调坚实的资产负债表，认为这是在动荡年代抵御金融风暴的最佳法宝。摩根大通有一个"堡垒式资产负债表"的提法，包括如下要素：对资产和负债情况有透彻的了解和科学的管理，确立保守而恰当的会计准则，坚持严格的财务制度，留存充实的贷款损失准备金，确保稳定的评级。摩根大通认为：堡垒式资产负债表不是哲学上的信仰，而是战略上的需求。

的快速发展而变幻万千，为了有效地参与当前和未来的竞争，所有的金融机构将不得不采纳和适应这些新的系统。换句话说，不能接受和拥抱变化，就必然被市场和同行甩在后面。安快银行在系统的敏捷交付和客户的优质体验方面声誉卓著，我们视新技术为使我们能够持续提升客户体验的重要工具。

2014 年，我们的技术团队工作非常努力，为安快银行 2015 年的多个系统升级打下了基础。这些工作包括：新银行核心处理系统、升级版的客户网银系统、更多的数字和手机银行功能、一个新的内部抵押贷款服务平台、一个先进的商业贷款处理和发放系统，以及企业网银系统升级。总之，这些新系统将搭建成一个更为强大的技术平台，通过这个平台，不管我们的客户何时、何地选择何种方式和安快银行取得合作，我们都能够提供直观快捷、高度差异化的客户体验。

文化

正如前面提到的，2014 年我们的成功在很大程度上受益于安快银行最有价值的资产：我们的文化。我们的文化在我们的行业被广泛传颂并且名副其实，这也是我们的价值主张、客户体验和特色品牌背后的推动力量。

安快文化赋予我们每个人去为客户创造独一无二的卓越体验，同时促使我们每个人相互激励追求卓越，推动我们更加努力奋斗，勇于担当，永不自满。

2014 年见证了安快银行组织各个层面的巨大变化和安快文化面临的潜在风险，我们确立了一个雄心勃勃的目标：推动我们的文化与时俱进，在安快银行的资产达到 220 亿美元时，我们的文化必须比资产为 120 亿美元时更强大。

今天，我们高兴地报告，安快银行的文化确实比以往任何时候都更强大。事实上，它在推动公司各个层面、各业务条线和各个地域之间的员工团结一致、团队合作方面，一直都是非常重要的纽带和黏合剂。

安快银行的成就不言自明，让以下的事实说话吧。

我们的文化依然强劲，充满活力

- 安快银行创立了一个前期投资为 1 000 万美元的慈善基金，旨在为我们当前的社区提供繁荣壮大的通道和为社区内的家庭创造经济机会，为儿童扩大受教育的机会。
- 在 2015 年《福布斯》杂志发布的"美国最佳银行"榜单中，安快银行排名第 16 位。
- 连续十年被《波特兰商业》杂志评为"俄勒冈州最受尊敬的金融服务公司"。
- 连续九年入选《财富》杂志"美国 100 家最佳企业雇主"榜单。
- 被《俄勒冈州商业》杂志评定为俄勒冈州的"领导者企业"。
- 安快银行的社会媒体在"美国独立社区银行家"组织中排名第一。
- 基于卓越的品牌和零售经验，安快银行的旧金山旗舰店被授予"中心杯"荣誉称号。[①]

---

① 戴维斯喜欢不厌其烦地列举所获得的荣誉。他曾经这样解释："人们问我：'你为什么要在乎这些荣誉呢？它们给你的企业的最终发展带来了什么？'表面上看，它们可能的确没有给我带来直接的好处，但在行业内，在我们所经营的社区，它们提高了安快银行的名声，带来了信誉，鼓舞了员工的斗志，而这种正能量，又反射到我们的客户身上。它们吸引着那些想要为我们工作的人——这些人愿意将自己所能提供的最佳服务，奉献给我们的顾客，奉献给身边的同事。"

"连接志愿者网络"项目

- 2014 年，经过一年的巨大调整和变化，安快银行 67% 的员工参加了"连接志愿者网络"项目，为 2 200 多家非营利组织提供了 53 545 小时的带薪假期志愿服务。

- 自 2004 年该项目启动以来，安快银行的员工提供了超过 335 000 小时的志愿服务，相当于 162 名全职员工一年的工时。

未来动力

2014 年是一个蕴含挑战而又鼓舞人心的转型之年，通过安快银行 4 500 名员工的共同努力、激情付出和坚定承诺，2014 年也成为安快银行一个非常成功的丰收之年。

我们愿意拥抱变革甚至寻求改变，我们展示了什么是不同经营规模下真正的社区银行，从而为未来铺平了道路。当我们展望未来，安快银行将继续挑战自我，为我们的客户，社区、员工和股东达成更高的目标。

谢谢您对安快银行的持续投资和热切关注。

总裁兼 CEO　雷·戴维斯

董事会主席　佩吉·Y. 福勒

| 2015 年：更快地适应和发展新技术 |

我们的行业像所有行业一样，

必须比以往任何时候都更快地适应和发展新技术，

进一步把握客户的偏好和行为变化。

致我们的股东：

2015 年是安快银行的又一个转型之年，也是我们历史上经营业绩最好的年度之一。尽管利率环境充满挑战，但我们公司的业绩不俗，盈利指标大幅提升。我们并购标准金融公司——安快银行历史上最大的并购即将完成，只剩下三个系统转换留待 2016 年。

在财务方面，安快银行取得了喜人的业绩，总收入增长了 20%，贷款和存款分别增长 10% 和 5%。此外，安快银行的资产回报率、有形普通股权益回报率、效率比均较 2014 年有所提高。2015 年，我们也通过增加季度股息的方式向股东提供了更多的回报。安快银行的股息收益率和核心净息差（4.08%）在同业中名列前茅。

　　然而，正如您所知，低利率环境和全球经济的不确定性正给美国经济造成动荡，金融市场的不确定性正在影响包括银行业在内的许多行业的股票表现。但是安快银行的基本面是强劲的，这反映在我们的资产负债表上，以及优质的信贷质量和充足的资本实力。

　　安快银行的经营业绩也体现了安快银行独特价值主张的重要性：作为一家资产总额达到 230 亿美元的金融机构，我们致力于把大型银行的产品及服务优势与本地银行对社区的熟悉和参与传统结合起来，我们的成功奠基于我们对安快银行标志性企业文化与品牌的坚守。这些无形资产将我们与竞争对手区分开来，形成了一种独特的优势，富有特质的客户体验和银行服务方式使我们的员工能够与同业进行超越价格的竞争。

　　然而，我们也认识到，我们的行业像所有行业一样，必须比以往任何时候都更快地适应和发展新技术，进一步把握客户的偏好和行为变化。因此，我们继续在技术和创新方面加大投资，增强我们面向未来的特色优势。2015 年，安快银行完成超过 15 个技术系统的转换和升级，打造更加强大、先进和开放的平台。当新的数字工具变得可用时，我们可以进行创新并迅速采取行动来拥抱它们。

　　我们相信，未来卓越的客户体验将是那些跨越物理和数字的体验频道。为此，2015 年，安快控股创建了一家新的子公司——Pivotus 公司，专注于利用安快银行的优势及其他志同道合的公司的资源来重新定义银行业的运作模式和未来，以及客户将如何使用金融产品和服务。

　　我们在 2015 年的成功是安快银行 4 000 多名员工辛勤工作的结果，他们孜孜不倦地工作，为我们的价值观、客户体验和文化赋予生命。尽管经济环境对金融行业仍然是一个挑战，但我们在安快银行的所有人都一如既往地专注于为我们的股东、客户、合作伙伴和社区创造价值，不管是现在，还是在遥远的未来。

我们感谢您对安快银行的投资和兴趣，祝您新年万事如意。

总裁兼 CEO　雷·戴维斯

董事会主席　佩吉·Y.福勒

2016 年：随时随地提供个性化银行服务

> 我们相信，未来，卓越的公司
> 将是那些能够用精心设计、高度智能的方式，
> 将人力和数字能力完美结合在一起的公司。

致我们的股东：

2016 年是安快银行强劲跃升的一年。除了成功完成领导层的交接外，公司完成了最后一次系统转换，并战略性地将我们的商业银行能力扩展到新的市场，同时实现了稳健的经营业绩。

首先，关于管理层的换届[1]，这是机构董事会最重要的职能之一。安快银行的董事会顺利完成了管理层的换届，强调了连续性、演变和对我们的文化（公司最宝贵的资产）深入的承诺。在董事会的支持和指导下，我们每个人今年都出色地承担了新的任务，并对公司未来充

---

[1] 最重大的变化是雷·戴维斯卸任 CEO。

满信心。

关于公司的财务表现，我们对在 2016 年取得的进步和发展势头感到满意，包括存 / 贷款的强劲增长、稳定的信贷质量、严格的费用管理和充足的资本水平。剔除掉策略性的贷款销售，安快银行 2016 年存款增长了 7%，贷款增长了 8%。这包括商业投资组合的强劲增长，例如我们的租赁和设备融资业务增长 30%。此外，我们保持着良好的信用质量，不良资产率仅为 0.25%。

2016 年年底，安快银行资本管理卓有成效，这是我们继续奉行稳健资本战略的一个重要成果，我们仍然专注于提供可持续的股东价值。我们很高兴地向您报告，2016 年，在稳定的健康的股东分红之后，我们的每股普通股有形账面价值增长了 11%。

重要的是，要注意到这个机构在财务和战略上的实力。这是我们历史上最重要的银行整合，在其正式完成后，我们现在可以期待充分利用安快银行的独特之处——我们的品牌、我们的文化和全新的驱动力，让我们与众不同的客户体验重现生机。作为一家总资产 250 亿美元的银行，在美国一些增长最快的市场拥有自己的文化，安快银行以服务客户和社区为宗旨，将实现强劲的有机增长。

我们相信，未来，卓越的公司将是那些能够用精心设计、高度智能的方式，将人力和数字能力完美结合在一起的公司。[1] 展望未来，我们有信心把安快银行打造成这样的公司之一。我们将一以贯之

---

[1] 这是一个重要论述，也体现了安快银行在经营策略上的重大转变。读安快银行的致股东信可以发现，大致从 2015 年开始，安快银行逐步强调金融科技和数字能力建设。在此之前，安快银行更加强调的是人性化、个性化的服务；在此之后，安快银行希望通过金融科技和数字能力建设强力助推人性化服务。

地继续投资于我们的客户经验和文化，同时精简我们的流程，使我们的客户与合作伙伴受益。我们还将锐意创新，专注于为所有人在任何时间、任何地点提供个性化银行服务的工具。在不久的将来，借助 Pivotus 公司，我们期待引入新的数字银行体验，让客户享受与安快银行商店现在提供的同样高水平的个性化服务。

我们 2016 年的成功和 2017 年的承诺都要归功于安快银行 4 300 名才华横溢的员工的努力和承诺，他们孜孜不倦地工作，将我们的价值观、客户体验和文化落到实处。我们坚持彼此扶持，为客户、社区和股东提供卓越的业绩。

感谢您对安快银行的投资和关注。

总裁兼 CEO　科特·O. 哈沃

董事会执行主席　雷·戴维斯

| 2017 年：提供客户愿意为之支付的价值 |

> 我们正在使组织进化以反映客户如何选择银行：
> 建立一家智能的、流线型的、以客户为中心的公司，
> 提供客户愿意为之支付的价值。

致我们的股东：

2017 年是安快银行的关键一年。除了成功完成领导换届和业务发展，我们还推出了"安快下一代"战略，这是一项长期的战略举措，旨在实现安快银行的现代化，实现强劲的业务增长和稳健的财务业绩。总的来说，这些成就为未来打下了坚实的基础，将有利于我们的股东、客户、合作伙伴和社区。

安快银行的足迹遍及美国最具活力的市场，业绩增长体现了公司在这些市场的价值定位的正确和团队丰富的经验。2017 年，安快银行的贷款增长 9%，存款增长 5%，贷款总额的增长只有不到一半来自商业投资组合，这在一定程度上受到新的公司银行部门强劲增长的推

动。作为均衡增长方式的一部分，我们保持着非常优质的信贷质量，不良资产率仅为 0.37%。此外，管理层仍将重点放在谨慎的资本管理和实现可持续的股东价值上，我们强大的资本实力和股东回报证明了其正确性。去年，我们很高兴地报告了 12% 的股东总回报，其中包括每股普通股有形账面价值的增加，以及又一年稳定的股息。

展望未来，无论是战略角度还是财务角度，我们都对安快银行充满信心。作为一家总资产 250 亿美元的银行，我们身处美国增长最快的市场，凭借强大的品牌、文化和客户价值主张，我们拥有绝佳的机会。我们优先投资于高增长领域，这将使我们能够实现强劲、持续的有机增长和股东回报。

通过我们的"安快下一代"战略，我们正在使组织进化以反映客户如何选择银行：建立一家智能的、流线型的、以客户为中心的公司，提供客户愿意为之支付的价值。通过我们的"人性化的数字银行"计划，我们正在投资技术打造更深层、更加强大的客户关系，并以新的方式为社区服务。我们还在继续投资发展我们的文化，使其对在这里工作的所有人都有意义和激励作用，并成为吸引顶尖人才的有力工具。

一如既往，安快银行 2017 年的成功及 2018 年摆在我们面前的机会都要归功于安快银行 4 500 名才华横溢的员工的努力和承诺。他们孜孜不倦地工作，将我们的价值观、客户体验和文化带入生活，我们与他们共创共享，致力于为彼此、为股东、为客户和社区提供卓越的成果。

感谢您对安快银行的投资和关注。

总裁兼 CEO 科特·O. 哈沃

董事会主席 佩吉·Y. 福勒

2018 年：持续投资高增长领域

我们的首要任务始终保持不变：

投资于高增长领域，使我们能够产生强劲、

持续的有机增长和股东回报。

致我们的股东：

2018 年是安快银行重要且成功的一年。在新一轮三年战略的第一年，我们实现了强劲的增长和财务业绩，同时在客户体验、运营、品牌和文化的现代化与发展方面取得了巨大的进步。今天的客户需要并且希望以不同的方式来获得银行服务，安快银行正在制定路线来满足这一需求，从而使我们的股东、客户、员工和社区都能够受益。

安快银行的"安快下一代"战略旨在通过有效且有价值的差异化来实现稳步增长，公司在 2018 年取得的成功验证了我们打法的有效性。与上一年相比，我们的贷款和租赁增长了 7%，存款增长了 6%。此外，我们将非抵押费用收入提高了 12%，同时保持着极高的信用质量，不良资产率仅为 0.36%。这是我们品牌和价值主张的结果，它使我们能够在美国一些最具活力、增长最快的市场中吸引和留住顶尖的人才。

此外，通过我们的"卓越运营"计划，我们对公司进行了重组和精简，以创建一个更高效的组织架构，旨在提供更以客户为中心的体验。结合其他费用管理措施，我们的效率比从 65.1% 显著下降到 60.6%，推动我们的普通有形资产平均回报率从 11.49% 提高到 14.45%。与以往一样，管理层始终专注于审慎的资本管理和实现可持续的股东价值，这也体现在我们强大的资本状况和股东回报上。去年，我们很高兴地把股息从每股 0.68 美元提高到 0.82 美元，增幅超过了 20%。

作为"安快下一代"战略的一部分，我们还推进了"人性化的数字银行"计划，该计划建立在安快银行提供高差异化客户体验以为公司创造竞争优势的传统基础上。去年，我们成功地进行了试点，然后开始推出业内首家远程在线实时支持平台 Go-To①。在去年有限推出的所有指标表明，这个新渠道正在成功地深化客户关系，我们期待在 2019 年将其推广到整个银行。

我们对 2018 年取得的成功感到非常高兴，并有信心在未来，我们在战略和财务方面都处于有利的位置。通过"安快下一代"战略，我们正在对公司进行现代化改造，以满足客户希望通过提供差异化的、有意义的客户价值来实现收入来源的多样化的需求。我们持续投

---

① 这是安快银行推出的首个数字平台，以 App 方式呈现，主要功能是理财专家远程在线实时协助客户解决金融相关问题，如远程开户、财富管理、贷款咨询。目前已做到全天候服务。

资我们的文化，从而使安快银行能够继续吸引顶尖人才，成为我们地区最优秀的工作场所之一。我们的首要任务始终保持不变：投资于高增长领域，使我们能够产生强劲、持续的有机增长和股东回报。

安快银行在 2018 年的增长和成功，是 4 500 名优秀员工的努力工作、专业知识和奉献精神的结果。他们孜孜不倦地将我们的价值观、客户体验和文化带入生活，我们与他们一样致力于为彼此，为我们的股东、客户和社区提供卓越的业绩。

感谢您对安快银行的投资和关注。

总裁兼 CEO 科特·O. 哈沃

董事会主席 佩吉·Y. 福勒

2019 年：打造人性化的数字银行

> 我们"安快下一代"战略的关键是
> 打造"人性化的数字银行"，
> 以创造高度差异化的客户体验，
> 从而增强公司的竞争优势。

致我们的股东：

2019 年对安快银行而言，是重要而成功的一年。尽管经济环境不太平稳，但我们仍然实现了强劲的业务增长，获得了卓异的财务业绩，并在实施为期三年的"安快下一代"战略方面取得了很大进展。客户仍然需要银行，并持续向银行提出新的差异性的需求，安快银行正在开发满足这些需求的新方法，惠及我们的股东、客户、员工和社区。

我们制定了"安快下一代"战略，以推动银行的全面现代化，包括客户体验、运营、品牌和文化诸方面。我们致力于通过差异化战略和开放合作来实现平稳增长。公司 2019 年的增长展现了我们取得的进步。与 2018 年相比，我们的贷款和租赁余额增加了 4%，存款增加了 6%。此外，我们在保持极高信贷质量的同时，将非按揭费用收入提高了 4%，不良资产率仅为 0.23%。这些业绩体现了安快银行的品牌实力和价值主张，使我们能够吸引和留住竞争激烈的银行业的顶尖人才。

此外，我们继续提高我们的效率和效益，安快银行的成本收入比从 60.61% 降到 56.97%，平均有形资产回报率从 14.45% 提高到 14.77%。银行管理层继续聚焦推进谨慎的资本管理和实现可持续的股东价值，这从安快银行强大的资本实力和股东回报中就可以看出。2019 年，我们的每股股息达到 0.84 美元，股息率为 52%。

我们"安快下一代"战略的关键是打造"人性化的数字银行"，以创造高度差异化的客户体验，从而增强公司的竞争优势。2019 年年中，我们整合安快银行所有的销售渠道，成功推广业界第一个人性化数字银行平台"Go-To"App，已经有超过 4.5 万名客户注册。我们正在这个新渠道中建立更深层次的客户关系，并期待进一步扩大覆盖面。

安快银行还继续在商业和公司业务方面加大投资。安快银行拥有近 300 亿美元的资产，是总部位于太平洋西北地区的最大商业银行，在帮助不同规模的企业应对经济不确定性和实现业务增长上具有独特的区位优势。在 2019 年，我们看到了这项优势的发挥，安快银行的资金管理、国际银行和商务卡业务均实现了两位数的增长。随着我们在这些领域的品牌和影响力的增长，我们期待安快银行取得新的长足进步。

安快银行发展的核心始终是我们对企业责任的承诺。我们专注于整合全公司的价值，利用我们的财务实力、运营规模和制度优势来创造价值。在 2019 年，我们的工作重点从青年和教育扩展到经济适用房等领域，并为金融服务供给能力较低的社区拓宽资金获取渠道。我们作为总部位于太平洋西北地区的最大社区银行，为社区提供的服务体现了我们的专业能力。我们还首次发布了《企业责任报告》，详细介绍了安快银行如何积极地投入时间、金钱和专业知识，以明智和可持续的方式开展业务，从而改善社区经济状况。

在充满活力的市场中，凭借优秀的人才、高度差异化的品牌和客户体验，安快银行在战略和财务上都处于有利位置。我们的首要任务仍然是：投资于高增长领域，使我们能够实现强劲的、持续的有机增长，并为股东带来回报，同时推动我们服务的社区繁荣进步。

安快银行去年所取得的成长和成功，来自于我们近 4 000 名优秀员工的奉献、付出和专业素养。他们将安快银行的价值观、客户体验和文化带入生活的激情是无人能及的。我们受到彼此的鼓舞，并始终致力于为彼此及我们的股东、客户和社区带来卓越成果的承诺。

感谢您对安快银行的投资和关注。

总裁兼 CEO　科特·O. 哈沃

董事会主席　佩吉·Y. 福勒